CW01521179

SCÉALTA ÓN RÚIS

Aistriúcháin agus aistí ar mhórscríbhneoirí na Rúise

leis an údar céanna

Irish anti-war movements, 1824-1974

Béara and Bantry Bay: History of Rossmacowen

Cork City Quakers 1655-1939: A brief history

Bantry in Olden Days

Irish Insurance: Historical perspectives

Richard Davis Webb: Dublin Quaker printer

A Biographical Dictionary of Irish Quakers

Four hundred years of Drimoleague

Abraham Abell:
Member of the Royal Irish Academy and Corkman extraordinary

I gComhluadar na gCarad

Merchants, Mystics and Philanthropists: 350 years of Cork Quakers

The Richardsons of Bessbrook:
Ulster Quakers in the linen industry 1845-1921

Laochra an Fhocail

Dr John Rutty (1698-1775) of Dublin:
A Quaker polymath in the enlightenment

Mil as Gach Bláth: Blaiseadh de litríocht an domhain

Crith Aigne: Smaointe na bhfealsamh

Corcaigh Anallód

Na Súiméaraigh

SCÉALTA ÓN RÚIS

*Aistriúcháin agus aistí
ar mhórscríbhneoirí na Rúise*

Risteárd Mac Annraoi

FOILSEACHÁIN ÁBHAIR SPIORADÁLTA

An chéad chló 2016 Foilseacháin Ábhair Spioradálta
ISBN 978-1-906982-54-6

Réamhfhocal agus aistriúcháin: © Risteárd Mac Annraoi
'An Bhanríon Spéireata', 'Vanca', agus 'Cór agus Cailínits':
© Mairéad Breslin-Kelly

Gach ceart ar cosaint.
Ní ceadmhach aon chuid den fhoilseachán seo a atáirgeadh,
a chur i gcomhad athfhála ná a tharchur ar aon mhodh ná slí,
bíodh sin leictreonach, meicniúil, bunaithe ar fhótachóipeáil,
ar thaifeadadh nó eile, gan cead a fháil roimh ré ón bhfoilsitheoir.

Dearadh clúdaigh: Valerie Seery

Foilseacháin Ábhair Spioradálta
37 Sráid Líosan Íochtarach
Baile Átha Cliath D02 W938
www.timire.ie

Foras na Gaeilge

Tá Foilseacháin Ábhair Spioradálta buíoch d'Fhoras na Gaeilge
as tacaíocht airgeadais a chur ar fáil

Arna chlóbhualadh ag Naas Printing Ltd. Nás na Riogh, Co. Cill Dara

Clár

Réamhfhocal

Agus mé ag ullmhú ábhair i gcomhair an dara cnuasach de litríocht an domhain—d'fhoilsigh Coiscéim mo chéad chnuasach dá leithéid, *Mil as Gach Bláth: Blaiseadh de litríocht an domhain*, sa bhliain 2013—chonaiceas go raibh an oiread sin sleachta as scríbhinní le húdair Rúiseacha aimsithe agus aistrithe go Gaeilge agam nó ag daoine eile gur chiallmhar an mhaise cnuasach ar leith díobh a chur ar fáil.

Tá sé spéisiúil go leor nach raibh aon traidisiún ceart úrscéalaíochta sa Rúisis go dtí lár na hochtú haoise déag, agus litríocht na Rúisise sa riocht céanna is a bhí litríocht na Gaeilge ag tús na naoú haoise déag. Ach chuirfeadh úire théamaí na litríochta, maille lena réimsí móra agus an láidreacht lena gcuirtear i láthair iad, iontas ar léitheoir ar bith. Tá fuil agus feoil sna carachtair in úrscéalta agus gearrscéalta na Rúisise, gan trácht ar an ngrá, an ghruaim agus an greann. Údair mhóra is ea an chuid is mó díobh siúd atá faoi chaibidil anseo, agus cáil orthu ar fud an domhain mhóir.

Tá tréithe comónta daonna le feiscint i scéalta na n-údar Rúiseach seo go léir. Tá dath agus spleodar agus fuinneamh na beatha le haithint iontu. Má chuireann siad daoine faoi dhraíocht, tugann siad lón aigne agus anama dúinn chomh maith. Ar éigean is gá aon rud a rá i dtaobh Dostaidheivscí nó Tolstái, agus beidh daoine ag léamh a gcuid úrscéalta choíche is go deo, a fhaid agus a bheidh aon bhuannaíocht i bpáipéar agus i ndúch. Tá splanc éigin beatha iontu a bhaineann le croí agus spiorad agus aigne an duine. Bíonn ciall agus tuiscint nua le baint i gcónaí as na smaointe doimhne a nochtar iontu i dtaobh chuspóir na beatha. Tugann Dostaidheivscí síos go hifreann agus suas chun neimhe thú ar luas dochreidte, a chuirfeadh i gcuimhne duit seanscannán dubh is bán gona íomhánna spréachacha preabarnacha. Léiríonn sé an t-áthas agus an brón atá mar chuid de shaol an duine, agus na débhríochtaí creidimh is mianaigh atá i ngach éinne chomh maith. Maidir le Tolstái, téann a chuid úrscéalta i bhfeidhm ar an léitheoir lena ngluaiseachtaí maorga stairiúla, agus é ag spionnadh brí as saol daoine, idir bheag agus mhór, nach bhfuil ann ach seal i bhfianaise na síoraíochta.

A fhaid agus a bhaineann sé le lucht labhartha na Gaeilge, ní raibh fáil acu ar an gcuid seo d'oidhreacht liteartha an chine dhaonna ina dteanga féin. Caithfear a admháil gur beag de litríocht na Rúise a tiontaíodh chun na Gaeilge ariamh, gan trácht ar chuid mhaith de chlasaicí liteartha an domhain i dteangacha eile. Is ábhar iontais an méid sin féin i bhfianaise úrscéalta móra Dhostaidheivscí agus Tholstái atá le fáil i mbeagnach gach aon teanga eile san Eoraip. Cad 'na thaobh gur fágadh nó go bhfágfaí an Ghaeilge in áit na leithphingne? Má tá locht ar bith ann, ní ar éinne ach orainn féin é, agus is ionainn féin atá leigheas an ghalair, dar liom.

An méid sin féin ráite, is fíor gur deineadh corraistriúchán go Gaeilge in imeacht na mblianta, agus d'fhéadfaí Liam Ó Rinn (1886-1943) agus Mairéad Ní Mhaicín (nó Nic Mhaicín, 1899-1983) a lua, a raibh an Rúisis ar a dtoil acu. Chaith Ní Mhaicín na blianta sa Rúis sna 1930idí, rud ab annamh ag aon Éireannach an uair sin, agus tá an saol Fódhlach faoi chomaoin mhór ag Ó Rinn as aistriúcháin a dhein sé ó theangacha éagsúla na hEorpa. Tá samplaí dá gcuid oibre i gcló sa chnuasach seo. Eisceachtaí ab ea iad mar aistritheoirí, agus meon an phobail claonta i gcoinne na Rúiseach agus an réimis Chumannaigh go ceann i bhfad. Maidir lenár linn féin, is fiú Mark Ó Fionnáin a lua, a d'aistrigh saothar le Daniíl Kharms agus Aleksándr Vredénskii go Gaeilge faoin teideal *Folcadán Airciméidéis* (Coiscéim 2004).

Ní léir dom go mbeidh aon mhórfhonn ar éinne úr-scéalta móra an domhain a aistriú go Gaeilge ceal scéim cheart chuimsitheach le méid áirithe aistriúchán dá leithéid a sholáthar in aghaidh na bliana, ar bhonn conartha nó eile. Sin cúis amháin gur cheapas gurbh fhearr mo dhícheall a dhéanamh leis na blúiríní seo as stór mór litríocht na Rúise a chur ar fáil i nGaeilge ná a bheith ag cnáimhseáil faoi rud nach raibh ann. Ba mhaith liom a chreidiúint go dtabharfaidh an cnuasach seo spreagadh do dhaoine eile chun a thuilleadh de litríocht na Rúise a chur ar fáil as Gaeilge ar bhonn níos cuimsithí fós.

RISTEÁRD MAC ANNRAOI

Céadfhoilsíodh aistriúchán Mhairéad Ní Mhaicín ar 'An Bhanrion Spéireata' i Scealta ón Rúisis, *aistrithe ag Maighréad Nic Mhaicín agus an tAthair Ó Nualláin (Oifig an tSoláthair, 1957). Céadfhoilsíodh a haistriúchán ar 'Vanca' in* Anton tSechobh, Gearr-Scéalta, *cuid a haon (Oifig an tSoláthair, 1939). Céadfhoilsíodh a haistriúchán ar 'Cór agus Cailínits' in Túrgénebh,* Scéalta Sealgaire *(Oifig an tSoláthair, 1954). Táimid an-bhuíoch dá hiníon Mairéad Breslin-Kelly agus den Ghúm as cead a thabhairt dúinn a saothar a athfhoilsiú anseo.*

Céadfhoilsíodh aistriúchán Liam Uí Rinn ar 'An Cainteoir' in Humanitas, Márta 1931. *Céadfhoilsíodh a chuid aistí ar Phúiscin agus Túirgéineiv, agus a aistriúchán ar 'Comhrá', in* Dánta Próis *(Oifig Díolta Foillseachán Rialtais, 1933).*

Táimid buíoch freisin de Phádraig Ó Snodaigh as a chabhair i bhfoilsiú an leabhair seo.

BAIBIL

Iosac Baibil (1898-1940)

B'Iúdach é a rugadh in Óidéasa na hÚcráine, agus ba bheag a chuimhne ar an mbóthar ná an chríoch mhí-ámharach a bhí i ndán dó. Dhein sé a chuid staidéir ar an Scoil Tráchtála in Óidéasa, agus thosnaigh sé ag scríobh in aois a cúig bliana déag. Sa bhliain 1925 chuaigh sé go Cathair Pheadair, agus is ann a chuir an scríbhneoir Macsuim Gorcaí fáilte roimhe agus a thug spreagadh dó. Idir na blianta 1917 agus 1924 chaith sé a shaol mar shaighdiúir, ach ina dhiaidh sin d'fhill sé ar an litríocht agus scríobh sé dhá leabhar a chuir i mbéal an phobail é, *Marcshlua* i 1927, agus *Scéalta ó Óidéasa* i 1928.

Níor léirigh na léirmheastóirí aon róbhá leis ina dhiaidh sin, agus níor foilsíodh mórán dá chuid go ceann tamaill. Ba rómánsaí é Baibil, agus tá blas na híoróine ar a scéalta cruinnscríofa. Is breá leis an geal agus an dubh, an dath agus an foréigean, agus baineann sé taithneamh as contrárthachtaí tobanna is mothuithe láidre. Cuireann sé béim ar shaol pearsanta an duine aonair agus, dála Gustave Flaubert nó Guy de Maupassant, ní chuireann sé aon fhocal amú ina chuid scríbhneoireachta. Gabhadh é sa bhliain 1939 agus caitheadh isteach i bpríosún Lúibianca i Moscó é. Ciapadh é gur ghlac sé le líomhaintí bréige gur spiaire é. Tharraing sé siar an admháil sin ní ba dhéanaí, ach níor dhein sé sin aon mhaitheas dó agus cuireadh chun báis é. Ní raibh ach an t-aon achainí amháin aige: go dtabharfaí breis ama dó le bailchríoch a chur ar a chuid scríbhneoireachta. Ach faraoir géar, níor géilleadh an méid sin féin dó i ndeireadh na dála.

Deireadh Naomh Hipéiteas

Inné, thugas cuairt ar mhainistir Hipéiteas, agus ba é an manach Alairian, duine de na manaigh dheireanacha a chónaigh ann, a threoraigh mé trí thigh na dtiarnaí Romanov.

Ba é seo an áit a dtáinig pobal Mhoscó i 1613 chun impí ar Mhiochail Feodaraivits a bheith ina Shár dóibh.

Chonaiceas an cúinne ar deineadh cis ar easair uirthi, mar a raibh an tSiúr Márta, máthair an tSáir, ag paidreoireacht, a seomra gruama codlata, agus an túr óna mbíodh sí ag breathnú ar sheilg mac tíre i bhforaoiseacha Chostróma.

I dteannta Alairian chuas trasna na ndroichead briste, a bhí báite faoin sneachta carnaithe. Bhaineamar geit as na préacháin a bhí neadaithe ar áiléar na dtiarnaí, agus thángamar amach os comhair teampaill a raibh áilleacht dho-inste ag baint leis.

Sheas sé amach i gcoinne na spéire deataigh ó thuaidh agus é timpeallaithe ag coróin sneachta, maisithe le dathanna dearga agus gorma, agus ba gheall le ciarsúr é, breacaithe ag dathanna Rúiseacha.

Bhí línte a chruinneacháin lom geanmnaí; bhí a clogais ghorma urbholgach, agus loinnir dhíomhaoin ar a fhuinneoga trasnáin gréasacha faoi sholas na gréine.

Ba istigh sa teampall tréigthe a fuaireas na geataí iarainn a bhronn Iavan an Uafáis air mar bhronntanas, agus chuas ó íocón ársa amháin go dtí an chéad íocón eile sa lusca seo gona boladh neamhthrócaireach naofachta agus lofachta.

Ar na fallaí aimhréidhe bhí na naoimh ag rince, tuathánaigh nochta gona n-easnacha lofa i seilbh ag sprideanna, agus taobh leo bhí pictiúr Mhuire na Rúise ar crochadh, bean thanaí le glúnta scartha agus cíocha fada, cosúil le lámha glasa díomhaoine.

Ba ar éigean a bhí ar mo chumas teacht slán ó na naoimh ghruama seo, agus fuair na híocóin ársa greim ar mo chroí suairc le fuaire a bpaisean marfach.

D'fhan a ndia ina luí sa teampall ina chloch ghlan, amhail corpán a níodh ina thigh féin agus a fágadh gan adhlacadh.

Bhí an tAthair Alairian ag fánaíocht leis féin i measc na gcorpán seo. Chuaigh sé síos ar a ghlúin chlé, ag míogarnach agus ag tochras a fhéasóige salaí, agus chuir sé tuirse orm go tapaí.

Ina dhiaidh sin d'oscail mé geataí Iavan IV, agus ritheas faoi na boghtaí dubha go dtí an póirse. Is ann a chonaiceas abhainn an Volga ag spréacharnach agus í i ngeimheal ag an oighear.

D'ardaigh deatach Chostróma san aer, ag briseadh tríd an sneachta. Bhí tuathánaigh, agus fáinne buí seaca thart orthu, ag tiomáint ualaigh sleamhnáin de phlúr, agus a gcuid capall ag satailt ar an leac oighir lena gcrúite iarainn.

Capaill dhearga, clúdaithe ag gal agus sioc liath, b'shin a bhí ann agus iad ag análú go glórach ar an abhainn. Idir an dá linn chuaigh tintreach rósmhar an tuaiscirt ar eitilt trí na giúiseanna, agus bhí sluaite, sluaite anaithnide, ag snámh suas na sleasa cnoic faoina mbrat oighir.

Shéid gaoth ghéar ghreadach isteach chucu ón Volga. Thit a lán de na mná i meirfean sna muca sneachta, ach chuaigh na mná in aoirde de réir a chéile agus iad ag déanamh ar an mainistir ina gcolúin chrónánacha ionracha.

Rinne gáire na mban tormán ar an gcnoc. Bhí píopaí samabháir ag fánaíocht ar fud na slí suas, agus scátaí buachaillí ag baint gíoscáin ag gach cor agus casadh.

Bhí seanmhná ag tarraingt beartanna suas an cnoc ard, cnoc Naomh Hipéiteas. D'fhan naíonáin ina gcodladh ar charranna beaga sleamhnáin agus na seanmhná ag leanúint ar aghaidh, gabhair bhána ar iall acu chomh maith.

'A dhiabhail!' a scairt mé os ard ar a bhfeiscint dom agus mé ag cúlú siar ón ionradh seo nár chualas aon trácht air cheana. 'An bhfuil sibh tagtha chun impí ar an tSiur Márta a mac, Miochail Romanov, a thabhairt daoibh mar Shár?'

'Gread leat, a amadáin!' a d'fhreagair bean a tháinig chun tosaigh. 'Cad chuige go bhfuilir ag cur caidéis orainn ar an mbóthar? An bhfuilir ag súil le bean chéile a fháil inár measc?'

Chrom sí arís i gcoinne a carr sleamháin chun é a bhrú isteach i gclós na mainistreach, agus ba dhóbair di an tAthair Alairian a leagan agus é trina chéile. Bhrúigh sí a cuid soitheach isteach i gcliabhán Sháir Mhoscó, ag rá gur Saivits ab ainm di, agus d'éiligh sí Árasán 19 i seomraí na hardphrealáide.

B'ábhar iontais dom gur tugadh arasán do Shaivits agus dóibh siúd a tháinig ina diaidh.

Míníodh dom ansin go raibh daichead árasán cóirithe ag Aontas na bhFíodóirí sa sciathán loiscthe i gcomhair oibrithe de chuid Muilte Aontaithe Línéadaigh Chostróma, agus gurbh é sin an lá a rabhadar chun seilbh a ghlacadh orthu.

Dhein an tAthair Alairian comhaireamh ar na gabhair agus na háitritheoirí go léir agus é ag seasamh taobh leis na geataí. Ina dhiaidh sin thug sé cuireadh chun tae dom, ag tabhairt amach go ciúin na cupáin a ghoid sé ón bpálás nuair a aistríodh sealús na dtiarnaí Romanov go dtí an iarsmalann.

D'ólamar tae as na cupáin go raibh braoiníní allais lenár ngruanna. Bhí radharc againn ón bhfuinneog ar chosa nochta na mban a shatail thart os ár gcomhair: anseo is ansiúd chonaiceamar go raibh cuid de na mná ag ní fuinneoga a mbailte nua.

Bhrúcht an deatach as na simléir go léir. Thuirling coileach aduain ar uaigh an Ab Saidheona, mar a bheadh sé d'aon ghnó, agus ghlaoigh sé. Tar éis iarracht nó dhó, chuir cairdín tús le hamhrán maoithneach. Agus sháigh seanbhean aisteach a ceann isteach i gcillín an Athar Alairian, gléasta i gcóta a bhí déanta as craiceann caorach, ag iarraidh iasacht pinsín salainn air i gcomhair a cuid bóirse.

Bhí an tráthnóna ann cheana féin nuair a bhuail an tsean-bhean isteach chugainn. Ramhraigh scamaill chorcra anuas thar an Volga. Thaispeáin an teirmiméadar ar an bhfalla lasmuigh daichead céim faoin reophointe, agus chuir na tinte cnámha ar an abhainn lasracha móra faiteacha astu. Dhreap buachaill gan scáth dréimire reoite chun an t-áirse os cionn an gheata a shroisint. Bhí sé ag dreapadh le lóchrann gan téagar, agus fógra a bhí le ceangailt ann. Bhí go leor litreacha breacaithe ar an bhfógra, APSS agus a thuilleadh, maille le comhartha Aontas na bhFíodóirí, an corrán is an casúr, agus bean ina seasamh os cionn seoil ónar shoilsigh léasa i ngach aon treo.

DOSTAIDHEIVSCÍ

Feodar Miochailivits Dostaidheivscí (1821-81)

Deirtear go bhfuil *Na Deartháireacha Caramasov* geall le bheith foirfe, ceann de na húrscéalta is mó cáil i litríocht an domhain. Tá a phlota pas beag scaipithe, rud atá coitianta in úrscéalaíocht na Rúise, agus ina ionad sin cuirtear béim ar fhorbairt carachtar leis an scéal a thabhairt ar aghaidh. Ba mhór an dul amú ar éinne a dhearbhódh nach bhfuil ann ach scéal bleachtaireachta agus dúnmharaithe. Níl sa scéal i ndáiríre ach creatlach le ceisteanna móra anama agus aigne a phlé. Is fíor nach bhfuil sé i gceist ag Dostaidheivscí a bheith teagascach, ach tá an scéal mar chuid dá chuardach anama agus é ar ancaire ina thaithí ghoilliúnach féin. Saghas dráma creidimh atá ann ina dtugtar débhríochtaí agus fimínteachtaí an duine chun solais.

An drúis agus an tsaint is bun le saol na ndeartháireacha sco, ach tá a gcuid suáilcí fite fuaite ina nduáilcí. Duine thar a bheith brúidiúil drúisiúil is ea athair na ndeartháireacha agus táithí go leor aige ar gach aon duáilce, ach ní haon dóithín é. Tá na deartháireacha go léir, ceathrar acu, ag iarraidh teacht saor óna dhiansmacht, ach tá mórán dá thréithe acu féin. Duine díobh is ea Smeirdeacov, mac mídhlisteanach ag feidhmiú mar shearbhónta i dtigh a athar. Ní hé an duine is cliste amuigh é, ach tá sé glic go leor agus glacann sé chuige féin smaointe a dhearthár Iavan mar leithscéal chun a n-athair a mharú, rud a bhfuil na deartháireacha go léir ag tnúth leis ar a ndóigheanna féin. Má thuigeann Tadhg Taidhgín, is maith a thuigeann na deartháireacha seo meon a chéile, agus cuireann Dostaidheivscí i gcoibhneas agus i gcomparáid iad chun an fhírinne a nochtadh. Duine de na deartháireacha is ea Dimitrí (Mite). Fear flaithiúil atá ann, lán de theaspach ach faoi smacht ag a mhianta láidre féin. Ach is trína umhlaíocht agus a chumas fulaingthe is aithrí a thagann sé slán ó olc a chroí faoi dheireadh. Nochtaíonn sé a chroí ciaptha dá dhearthair Aileoise, atá cneasta cineálta, lán de chreideamh, agus a chaitheann an-chuid ama sa mhainistir atá taobh le tigh a mhuintire. Ach tá síol na drúise ann féin oiread agus atá i nDimitrí is a n-athair. Admhaíonn sé an méid sin féin nuair a deireann sé le Dimitrí go bhfuilid beirt ar an dréimire céanna drúise ach ar rungaí éagsúla.

Cuirtear an scéal ar aghaidh trí agallaimh fhada fhealsúnta in áiteanna. Ní féidir a rá go bhfuil tuairimí iomlána an údair le fáil i mbéal éinne de na carachtair ann féin, ach léirigh sé bá éigin le meon Aileoise go háirithe. Chruthaigh an léirmheastóir Miochail Bachtain an focal 'ilfhónacht' le cur síos ar mhodh inste Dhostaidheivscí. Chreid sé go bhfuil tuairimí agus paisin scaipithe na gcarachtar go léir ag feidhmiú mar mhacallaí briste as carachtar agus cuardach Dhostaidheivscí féin.

Tá blas de mhaorgacht agus sollúntacht Eaglais Cheart-chreidmheach na Rúise le brath ar ghluaiseachtaí an scéil, agus is geall le dráma mór é. Léirítear cuid de na miondrámaí ar leataobh, agus cheap Dostaidheivscí gurbh é an dráma ba lárnaí ina úrscéal ná an dara cuid, 'Ar Son agus in Aghaidh'. Is ann a phléann Aileoise agus Iavan ciall na beatha agus bheith Dé. Tugtar le tuiscint go bhfuil an fhírinne ag feidhmiú go neamhspleách ar an duine aonair, ach mar dhlúth is d'inneach de chomh maith, agus is i mbeatha an duine a aimsíonn sí a beocht.

Dealraíonn Iavan a bheith beagáinín fuarchúiseach, ach tá a thuairimí fuara intleachtúla mar ghné de dhrúis a mhuintire. Tá fealsúnacht shaolta an tsóisialachais forbartha aige faoi thionchar fhealsaimh an iarthair, agus í bunaithe ar dhaonnacht a chuireann luachanna an chreidimh ar ceal. Déanann sé rud mór as coibhneas a chreideann sé a bheith iontu, agus é ag ceapadh nach ionann ciall an fhocail 'maitheas' d'aon bheirt. Níl de thoradh ar a chuid réasúnachais faoi dheireadh, áfach, ach go scaiptear olcas an domhain níos leithne. Tá Aileoise faoi thionchar an Athar Sósama, manach naofa a chreideann go bhféadfaí an slánú a aimsiú ach freagracht a ghlacadh as peacaí daoine eile in ionad aon iarracht a dhéanamh ár ndrogall agus easpa cumhachta féin a chur ina leith siúd.

Feidhmíonn an cúigiú imleabhar de 'Ar Son agus in Aghaidh' mar fhearsaid an scéil agus gach aon ghníomh ag brath uirthi. Pléitear lárcheisteanna an úrscéil i bhfoirm agallaimh, agus filleann na carachtair orthu arís is arís eile lena scagadh. Níl sa chuid is mó den imleabhar sin ach agallamh fada idir Iavan agus Aileoise, agus is ann a nochtaíonn Iavan rún a ghníomhartha mar atá le léamh i gceann de na sleachta seo a leanas. 'Ní hé nach nglacaim le Dia, an bhfuil a fhios agat,' dearbhaíonn sé, 'ach is é an saol a chruthaigh sé nach nglacaim leis, nach féidir liom glacadh leis.' Creideann Iavan go bhfuil ionsaí déanta aige ar an eaglais agus an creideamh trí chéile, agus buille marfach buailte aige ar chiall chreideamh Aileoise a admhaíonn nach mbeadh trua aige d'éinne a dhéanfadh díobháil do pháiste.

Leanann Iavan leis, ag míniú brí dán dá chuid d'Aileoise. Scéal na Cúistiúnachta sa Spáinn atá faoi chaibidil aige ann, agus díríonn sé ar an bPríomhchúistiúnaí. Tá an-chuid daoine daortha chun báis aige siúd, ach tá ardmhoráltacht aige féin agus caitheann sé saol simplí ar mhaithe leis an eaglais is a chreideamh. Spreagann sé idir mheas agus uamhan sa phobal. Lá amháin, tar éis mórán daoine a chur chun báis i dtinte móra i lár na cathrach, tarlaíonn go bhfuil sé ag siúl thart agus go gcastar Íosa ina steillebheatha air. Aithníonn sé ar an toirt é, agus gur bagairt é ar an gcóras eaglasta ar fad. Dá bharr sin ordaíonn sé go gcaithfear i gcarcair é, agus daortar chun báis é tar éis triail ghearr, agus gach éinne ag géilleadh don bhreith gan ghearán. Ach tá an Príomh-chúistiúnaí fiosrach i dtaobh Íosa, agus tugann sé cuairt air ina chillín an oíche roimh a bhás. Ceapann sé go mbeidh Íosa i bhfeirg leis, ach is le trua a bhreathnaíonn seisean air, agus tugann sé póg dó. Níl aon chosaint ag an bPríomhchúistiúnaí air sin, agus scaoileann sé saor é. D'ainneoin nach bhfuil sé chun scaradh lena thuairimí daingne dochta féin, maireann an phóg amhail smeachóid a dhónn laistigh dá chroí i gcónaí.

Má chreideann Iavan go bhfuil a dhán ina ionsaí aindiaga ar an gcreideamh, baineann Aileoise ciall eile ar fad as. D'ainneoin go bhfuil Iavan i muinín an réasúin, aithníonn Aileoise go bhfuil croí lasánta creidimh á thiomáint i gcónaí. Chítear dó nach creideamh ach aindiagacht a bhí ag an bPríomhchúistiúnaí sa dán. Baineann cuid d'agallamh na ndeartháireacha leis na cathuithe a cuireadh ar Íosa sa bhfásach. Tá Aileoise ag rá gur thug Íosa droim láimhe leis an arán agus an chumhacht, ach go bhfuil daoine an tsaoil seo sásta éinní a ghéilleadh ar mhaithe leis an arán gan bacaint leis an gcumhacht, agus go neartaíonn an meon sin neart an stáit pholaitiúil mar atá le feiscint chuile áit. Agus b'shin é an rogha a dhein an Príomhchúistiúnaí i ndán Iavan. B'fhearr leis Íosa a dhaoradh chun báis ar eagla go gcuirfeadh sé as d'ord agus eagar na heaglaise atá faoina smacht crua.

Deintear plé ar *An Choir agus an Cúiteamh* agus ar bheatha Dhostaidheivscí sa leabhar *Mil as Gach Bláth*.

Na Deartháireacha Caramasov

Is mise an fheithid sin, a dheartháir, agus deirtear sin mar gheall ormsa go háirithe. Feithidí dá leithéid is ea sinne, muintir Charamasov go léir, agus fiú más aingeal tusa, tá an fheithid sin beo ionat chomh maith, agus tógfaidh sí anfa i do chuid fola. Anfaí, mar is anfa an drúis—agus is measa ná anfa í! Rud uamhnach uafásach is ea an áilleacht! Tá sí uamhnach mar nár tomhaiseadh fós í ná ní thomhaisfear go deo, agus ní chuireann Dia orainn ach tomhais. Is ann a chasann na teorainneacha go léir ar a chéile agus a mhaireann na frithráitis go léir le chéile. Ní fear léannta mise, a dheartháir, ach tá machnamh mór déanta agam ar na cúrsaí seo. Tá an t-uafás nithe rúndiamhracha ann, go deimhin! Cuireann an iomarca tomhas ualach mór ar dhaoine sa saol seo. Caithfimid iad a réiteach de réir mar atá ar ár gcumas, ach ár gcosa a choimeád tirim san uisce chomh maith. Áilleacht! Smaoineamh dofhulaingthe dom is ea é go bhféadfadh fear na hardaigne agus an chroí mhóir tosnú le hidéil na Maighdine Muire agus críochnú le hidéil Shodam. Rud is measa ná sin ná nach séanann an fear a bhfuil idéil Shodam ina anam idéil na Maighdine, agus d'fhéadfadh a chroí a bheith ar lasadh chuici i gcónaí, ar lasadh go fírinneach mar a bhí i laethanta a óige agus a neamhurchóide. Sea. Tá meon an duine leathan, róleathan, go deimhin. B'fhearr liom é a bheith níos caoile. Ag an diabhal amháin atá a fhios ina thaobh. An rud atá ina ábhar náire don aigne, níl ach ciall na háilleachta ag an gcroí dó. An bhfuil áilleacht i Sodam? An raibh an rún sin ar eolas agat? Is é an rud uamhnach go bhfuil idir uamhan agus dhiamhaireacht ag baint leis an áilleacht. Is inti a bhíonn Dia agus an diabhal ag síorachrann le chéile, agus níl i gcroí an duine ach a bpáirc catha. Ach bíonn an duine ag trácht de shíor ar a phian féin. Éist, agus tabharfaimid aghaidh ar na fíricí anois.

'Sea, go deimhin, mara bhfuilir ag déanamh grinn.'

'Ag déanamh grinn? B'shin é a cuireadh i mo leith i láthair na seanóirí inné. Tá's agat, a bhuachaill mo chroí, go raibh sean-pheacaí éigin san ochtú haois déag a dhearbhaigh go mbeadh ar dhuine Dia a chumadh sa chás nach mbeadh aon Dia ann. Agus le fírinne, is é an duine atá tar éis Dia a chruthú. Agus ní hé an rud is iontaí agus is suntasaí go mbeadh Dia ann; is í an mhiorúilt go mbeadh smaoineamh dá leithéid, i dtaobh riachtanas Dé, i gceann an ainmhí allta mhallaithe gur duine é. Tá sé chomh naofa sin, chomh goilliúnach eagnaí, agus is mór an chreidiúint don duine é. Maidir liom fein, bheartaigh mé fadó gan cuimhneamh arbh é an duine a chruthaigh Dia nó arbh eisean a chruthaigh an duine. Ní raghad siar trí na haicsímí go léir a leag buachailli Rúiseacha síos ar an ábhar sin, agus iad go léir síolraithe ó hipitéisí na hEorpa; óir is ionann hipitéis ansin agus aicsím ag an mbuachaill Rúiseach, agus ní aige féin amháin ach a chuid múinteoirí leis, agus go minic níl inár gcuid ollamh iad féin ach na buachaillí céanna. Dá bharr sin, fágaim na hipitéisí go léir ar lár. Cad is aidhm dúinn anois? Táim ag iarraidh mo bhun-nádúr a mhíniú chomh tapaí agus atá ar mo chumas, is é sin le rá go bhfuilim ag iarraidh cur síos ar an saghas duine atá ionam, na nithe a gcreidim iontu agus na nithe a bhfuilim ag súil leo. Sin é, nach ea? Agus chuige sin, insím duit go nglacaim go simplí le Dia. Ach caithfidh tusa an méid seo féin a thabhairt faoi deara: má tá Dia ann agus más fíor gur chruthaigh sé an domhan, leanann de sin, mar is eol dúinn, gur de réir céimseata Eoiclíde agus na haigne daonna a chruthaigh sé é, le coincheap na dtrí thoise den spás. Ach fós féin, bhí agus tá céimseataithe agus fealsúna ann, cuid acu faoi cháil mhór, atá go mór in amhras gur cruthaíodh an chruinne uile—nó an bheith ina hiomláine, chun a rá ar shlí níos leithne—de réir céimseata Eoiclíde. Bíonn sé de mhisneach acu a dhearbhú go bhféadfadh dhá líne chomhthreomhara casadh ar a chéile áit éigin san éigríoch, fiú, rud atá dódhéanta de réir córas Eoiclíde. Ós rud é nach bhfuilim in ann an méid sin féin a thuiscint, táim tagtha ar an tuairim gur doiligh liom teacht ar thuiscint i leith Dé. Admhaím go humhal nach bhfuil ar mo chumas ceisteanna dá leithéid a fhreagairt. Níl agam ach aigne Eoiclídeach, agus conas a d'fhéadfainn fadhbanna a réiteach nach mbaineann leis an saol seo againne? Molaim duitse leis gan cuimhneamh air, a Aileoise, a chroí, ar Dhia go háirithe, é a bheith ann nó as. Níl ceisteanna dá leithéid oiriúnach d'aigne a cruthaíodh le smaoineamh an spáis thríthoisigh amháin. Dá bharr sin, glacaim le Dia le háthas, agus thairis sin glacaim lena eagna, lena chuspóir—a dtéann dínn é a thuiscint in aon chor; creidim sa suaimhneas síoraí taobh thiar dá chruthú, a ndeirtear go mbeimid féin inár gcuid de amach anseo. Creidim sa Bhriathar a bhfuil an chruinne ar fad ag tnúth leis, 'ar le Dia agus arbh é Dia é' agus mar sin de go deo na ndeor. Is iomaí frása atá ann ina thaobh. Dealraíonn sé go bhfuilim ar an mbóthar ceart, nach ndealraíonn? Ach i ndeireadh na dála, creid é nó ná creid, ní ghlacaim le saol seo Dé, agus d'ainneoin go dtuigim go bhfuil sé ann, ní ghlacaim leis in aon chor. Ní hé nach nglacaim le Dia, an bhfuil a fhios agat, ach is é an saol a chruthaigh sé nach nglacaim leis, nach féidir liom glacadh leis. Lig dom é a rá go neamhbhalbh. Creidim, cosúil le páiste, go ndéanfar gach fulaingt a leigheas agus a chúiteamh. Cuirfear áibhéil náireach na mbréag daonna go léir ar ceal, amhail mearú suarach súl. Ní bheidh iontu ach mar atá i ndéantús suarach aigne lag bheag Eoiclídeach an duine, agus ag deireadh an domhain, ar nóiméad an tsuaimhnis shíoraí, nochtfar rud sárluachmhar éigin. Is leor é sin chun an uile chroí a shásamh, agus gach aon doicheall a chur ar ceal, chun íoc as gach aon choir dhaonna agus an fhuil go léir a doirteadh. Cuirfidh sé sin ar chumas gach éinne maitheamh do gach éinne eile agus gach éinní a fhíorú—ach fiú más amhlaidh a bheidh an scéal, ní ghlacaim leis. Ní ghlacfad leis. Fiú má chasann na línte comhthreomhara ar a chéile agus go bhfeicim féin é, chífead é agus déarfad go bhfuilid tar éis casadh ar a chéile, ach fós féin ní ghlacfad leis. Sin é bun is barr an scéil i dtaca liomsa, a Aileoise; is é sin mo chré. Táim i ndáiríre i dtaobh na nithe seo atá á rá agam. Chuireas tús pas beag amaideach lenár gcomhrá, chun an bealach a dhéanamh réidh i gcomhair m'admhála, óir sin an méid a theastaíonn uaitse. Níor theastaigh uait mo thuairimí i leith Dé a chloisint. Ba é an t-aon ní amháin a theastaigh uait a chloisint ná rún croí do dhearthár.'

Chuir Iavan deireadh mothúchánach gan choinne lena rosc fada.

'Agus cad 'na thaobh gur chuir tú "tús pas beag amaideach" lenár gcomhrá?' a d'fhiafraigh Aileoise de agus é ag stánadh go brionglóideach air.

'Ar mhaithe le bheith Rúiseach, ar dtús. De ghnáth, coinníonn Rúisigh comhráite dá leithéid ar shlí an-amaideach go deo. Agus ar an dara dul síos, druideann duine leis an bhfírinne de réir méid a amaidí. Is é an duine is amaidí an duine is soiléire. Bíonn an amaideacht gearr agus tagann sí ón gcroí, ach bíonn an intleacht ag lúbarnaíl agus ag dul i bhfolach. Cneamhaire is ea an intleacht, ach tá an amaideacht ionraic macánta. Stiúraigh mé an comhrá i dtreo mo chuid éadóchais, agus is amhlaidh is fearr a réitíonn an amaideacht le m'áiteamh.'

'An neosfaidh tú cad 'na thaobh nach nglacann tú leis an saol?' arsa Aileoise.

'Neosfad, go deimhin. Ní haon rún é. Is chuige sin a bhíos. A dheartháir, a chroí, níor theastaigh uaim thú a thruailliú nó a chur as do dhaingean. Cá bhfios nach bhfuilim ag súil le leigheas uait?' Tháinig aoibh gháire go tobann ar aghaidh Iavan a chuirfeadh páiste beag cneasta i gcuimhne duit. Ní fhaca Aileoise a leithéid d'aoibh ar a aghaidh ariamh.

[Tugann Aileoise cúl leis an mainistir]

Lonraigh rud éigin i gcroí Aileoise. Líon rud éigin é gur dhóigh sé ann. Bhrúigh deora áthais aníos as a anam… shín sé a lámha amach. Lig sé gáir as agus dhúisigh sé.

Arís, bhí an chónra ann, an fhuinneog oscailte, agus léamh bog sollúnta cruinn an tSoiscéil. Ach níor thug Aileoise aon aird ar an léamh. B'aisteach an rud é, ach bhí sé titithe ina chodladh ar a dhá ghlúin. Anois bhí sé ina sheasamh, agus go tobann, mar a bheadh duine á chaitheamh chun tosaigh, ghlac sé trí choiscéim chinnte thapaí go díreach go dtí an chónra. Ba i ngan fhios dó a theagmhaigh a ghualainn leis an Athair Paissy. D'ardaigh an tAthair Paissy a shúile óna leabhar ar feadh nóiméid, agus bhreathnaigh sé arís air nuair a thug sé faoi deara go raibh rud as an ngnáth ag dul don bhuachaill. Stán Aileoise ar feadh leath-nóiméid ar an gcónra, ar an marbhán clúdaithe ina luí gan bogadh ann, ar an íocón ar a bhrollach, agus ar an gcaipín bíorach gona chros ochtagánach ar a cheann. Ní raibh sé ach tar éis a ghuth a chloisint, agus bhí an guth sin ina chluasa fós. Bhí sé ag éisteacht fós agus ag súil lena thuilleadh a chloisint, ach d'iompaigh sé ar a shála láithreach agus d'imigh sé amach as an gcillín.

Níor dhein sé stad ar bith ag na céimeanna, ach d'imigh sé síos go tapaí; bhí a anam ag cur thar bruach le háthas agus é ag tnúth le saoirse, le spás agus le fairsingeacht. Os a chionn bhí stua na spéire ag síneadh amach i ndoimhne dhothomhaiste agus í lán de réalta boga lonracha. Rith Bealach na Bó Finne ina dhá shruth bhána óna buaic anuas go dtí a bun. Thóg an oíche chiúin úr an domhan ina baclainn gan bogadh. Shoilsigh túir bhána agus cruinneacháin órga na hardeaglaise i gcoinne cúlbhrat na spéire saifíre. D'fhan na bláthanna taibhseacha fómhair ina gcodladh ina gceapacha thart ar an tigh go maidin. Bhí ciúineas na talún cosúil le ciúineas na bhflaitheas. Ba mhar a chéile diamhracht na talún agus diamhracht na réalt.

D'fhan Aileoise ina sheasamh, stán sé agus chaith sé é féin síos go tobann ar an talamh lena chosa. Ní raibh a fhios aige cad chuige, ach rug sé barróg air. Ní fhéadfadh sé a rá cad 'na thaobh, agus ní raibh sé in ann cur i gcoinne a dhúil é a phógadh, gach rud a phógadh. Ach phóg sé é agus é ag gol, á uisciú lena dheora, agus mhionnaigh sé go paiseanta go ngráfadh sé é, go ngráfadh sé é choíche is go deo. 'Déan an talamh a uisciú le deora d'áthais agus bíodh grá agat dóibh': b'shin macalla na bhfocal a chuala sé ina anam.

Cad ba chúis lena dheora?

Ó, bhí sé gafa chomh mór sin ag an áthas go raibh sé ag gol

mar gheall ar na réalta féin a lonraigh chuige as fairsingeacht an spáis, agus ní raibh náire ar bith air i dtaobh a eacstaise. Dhealraigh sé dó go raibh téada ag síneadh amach ó iliomad saolta Dé gan áireamh, ag ceangal a anama féin leo, agus a anam féin ar crith mar thoradh ar an teagmháil. Bhí sé ag tnúth le maithiúnas a thabhairt do gach éinne as gach éinní, agus ag iarraidh maithiúnais chomh maith. Ó, ní ar mhaithe leis féin a bhí sé ach ar mhaithe le gach éinne i dtaca le gach éinní agus ar son gach éinní. Agus ba é an macalla ina anam arís ná 'Ach tá daoine eile ag guí ar mo shonsa chomh maith.' Ach le himeacht gach aon nóiméid, d'airigh sé go soiléir, mar a bheadh sé faoina lámha aige, go raibh rud chomh daingean dochorraithe le stua na spéire tar éis teacht i láthair a anama. Bhí sé mar a bheadh smaoineamh tar éis greim a fháil ar ríocht a aigne—agus go mbeadh sé aige go deireadh a shaoil agus go brách na breithe. Mar bhuachaill lag a thit sé ar an talamh, ach d'éirigh sé aníos ina laoch diongbháilte agus a fhios sin aige, agus bhraith sé láithreach le linn a eacstaise gurbh amhlaidh a bhí. Agus ní fhéadfadh Aileoise dearmad a dhéanamh air ar feadh a shaoil ná choíche.

'Thug duine cuairt ar m'anam ag an uair sin,' a deireadh sé ina dhiaidh agus neart creidimh taobh thiar dá chuid cainte.

Ní raibh ach trí lá imithe thart nuair a d'fhág sé an mhainistir ina dhiaidh, de réir focal a sheanóra a d'iarr air a chuid ama a chaitheamh sa saol lasmuigh di feasta.

An Choir agus an Cúiteamh

[Admhaíonn Rascolnacov a choir do Shóinia]

Chlúdaigh Rascolnacov a aghaidh lena lámha arís, agus chrom sé a cheann. Bhánaigh sé ar an toirt, d'éirigh sé aniar as a chathaoir, bhreathnaigh sé ar Shóinia agus, gan focal a rá agus i ngan fhios dó féin, shuigh sé ar cholba a leapa.

Ar an nóiméad sin bhí a mhothú iontach cosúil leis an uair a raibh sé ina sheasamh taobh thiar den tseanbhean tar éis an tua a scaoileadh as an tsnaidhm, agus é ag ceapadh nach raibh nóimead amháin eile le cailliúint.

'Cad tá cearr leat?' a d'fhiafraigh Sóinia agus scanradh uirthi.

Ní raibh ar a chumas focal a rá. Ní mar seo a theastaigh uaidh é a fhógairt di, agus níor thuig sé féin ó thalamh an domhain céard a bhí ag tarlúint dó ina chroí istigh. Ghluais sí go bog ina threo, agus shuigh sí síos taobh leis ar an leaba, ag breathnú air i gcónaí. Bhí a croí ag bualadh go láidir, ag stad gach re seal. Mhéadaigh ar an dofhulangacht le himeacht gach nóiméid. D'iompaigh sé a aghaidh ina treo agus bhí dath mílítheach an bháis air; bhí a bheola ag oibriú gan neart, agus in ainneoin a dhíchill theip air aon fhocal a rá. Chuaigh racht sceimhle trí chroí Shóinia.

'Cad tá cearr leat?' a d'fhiafraigh sí de arís, ag bogadh siar uaidh beagáinín.

'N'fheadar, a Shóinia. Ná bíodh eagla ort. Amaidí! I ndáiríre agus tú ag cuimhneamh air, níl ann ach deargamaidí,' a dúirt sé de chogar, mar a labhródh othar rámhailleach i ngan fhios dó féin. 'Ach cad 'na thaobh gur roghnaíos tusa thar éinne eile le ciapadh?' a d'fhiafraigh sé di go tobann agus é ag breathnú uirthi. 'I ndáiríre, cad 'na thaobh? Bím ag cur na ceiste céanna orm de shíor, a Shóinia.'

Gach seans gur chuir sé an cheist sin air féin cúig nóiméad déag roimhe, ach chaill sé smacht air féin agus is ar éigean a thuig sé cad a bhí ar siúl aige, agus níor airigh sé ach fuacht gan teorainn ar fud a choirp.

'Ó! Nach mór atá tú ag fulaingt!' a dúirt sí agus dreach pianmhar uirthi, ag féachaint go daingean idir na súile air.

'Níl ann ach corp na hamaidí… Abair, a Shóinia'—dhein sé miongháire faiteach gan neart ar feadh soicind nó dhó ar ábhar éigin—'an cuimhin leat an rud a bhíos chun a rá leat inné?'

Bhí Sóinia ag fanacht go míshuaimhneach.

'Dúirt mé nuair a d'fhágas thú gurbh é sin an uair dheireanach a d'fhágfainn slán agat, b'fhéidir, ach go n-inseoinn duit cé a mharaigh Liosaivéata dá bhfillfinn inniu.'

Chuaigh crith trína corp go tobann.

'Tuigeann tú, mar sin, go bhfuilim tagtha chun é a insint duit.'

'Agus b'shin é an rud a bhí ar intinn agat i ndáiríre inné…' a dúirt sí i nglór caointe agus le deacracht. 'Ach cá bhfios duit?' a d'fhiafraigh sí de, faoi mar a bhí sí ag teacht chuici féin arís.

Thosnaigh Sóinia ag análú le deacracht. Chuaigh a haghaidh i mbáine.

'Tá a fhios agam, cinnte.'

D'fhan sí ina tost go ceann nóiméid.

'Ar rugadh air?' a d'fhiafraigh sí de go faiteach.

'Níor rugadh fós.'

'Conas a d'fhéadfadh a fhios a bheith agat ina thaobh, mar sin?' a d'fhiafraigh sí de i gcogar tar éis nóiméad tosta.

Chas sé timpeall ina treo agus dhírigh sé a shúile uirthi.

'Déan tomhas!' a dúirt sé, ag cogarnaíl agus an miongháire mí-chumtha céanna gan neart air.

Bhí a chorp ar fad ar crith dála duine le crampaí. 'Tusa… Cad 'na thaobh… Cad 'na thaobh go gcuireann tú eagla orm?' a dúirt sí, ag gáire cosúil le páiste.

'Caithfidh sé a bheith amhlaidh. Cara mór leis is ea mé, ní foláir, agus an oiread sin ar eolas agam i dtaobh a ghnóthaí,' a lean Rascolnacov, agus níor bhain sé a shúile dá haghaidh, mar a bheadh sé faoi dhraíocht. 'Ní raibh ar intinn aige Liosaivéata a mharú. De thimpist a mharaigh sé í. Theastaigh uaidh an tseanbhean a mharú... nuair a bhí sí léi féin... agus tháinig sí... agus tháinig Liosaivéata isteach... agus mharaigh sé ise chomh maith.'

D'imigh nóiméad uafásach eile thart. Bhreathnaíodar ar a chéile.

'Bhuel. Nílir in ann aon tomhas a dhéanamh?' a d'fhiafraigh sé di go tobann, ag brath mar a bheadh sé ag titim anuas de chlogtheach.

'Níl... Nílim!' arsa Sóinia go briotach, i nguth nárbh fhéidir a chloisint ach ar éigean.

'Bain lán do shúl as.'

Níor thúisce sin ráite aige gur fhill an mothú a bhí ann cheana, ag reo a anama. Thug sé stracfhéachaint uirthi agus dhealraigh sé ar an toirt go bhfaca sé gnúis Liosaivéata ar a haghaidhse. Ba chuimhin leis go beacht an dreach ar aghaidh Liosaivéata nuair a dhruid sé ina leith lena thua, í ag cúlú uaidh de réir a chéile i dtreo an fhalla agus lámh amháin sínte amach chuige, dreach páistiúil eagla ar a haghaidh, go díreach mar is nós le páistí nuair a chuireann rud éigin scanradh orthu, ag breathnú go mí-shuaimhneach gan bogadh ar ábhar a gcuid eagla, ag cúlú agus ag gol agus a lámha sínte amach. Níorbh fhada uaidh sin Sóinia. Bhreathnaigh sí air ar feadh tamaill gan neart, agus an dreach céanna scanraidh uirthi. Agus de gheit, shín sí amach a lámh chlé, ag leagan a méar ar a bhrollach. Thosnaigh sí ag éirí aníos go mall ón leaba, ag bogadh amach uaidh i gcónaí, agus ag díriú a súl air gan corraí.

Ba ghearr gur chuaigh a scanradh i bhfeidhm air, agus thosnaigh seisean ag breathnú uirthi leis an miongháire páistiúil céanna, beagnach.

'An bhfuil sé tomhaiste agat?' a dúirt sé de chogar ar deireadh.

'A Thiarna!' Lig sí éagaoin uafásach as a cliabh. Thit sí síos gan neart ar an leaba, agus a haghaidh sáite sna piliúir. Ach tar éis nóiméid bhí sí ina seasamh arís, shiúil sí go dithneasach chuige, fuair sí greim ar a dhá lámh agus bhruigh sí go crua iad lena méara tanaí mar a bheidís sáite i mbís. D'fhan sí gan bogadh arís, mar a bheadh sí greamaithe san áit, agus stán sí air. Theastaigh uaithi, leis an bhféachaint dheireanach éadóchasach seo, rian deireanach dóchais a aimsiú ar a aghaidh. Ach dóchas ar bith ní raibh ann; ní raibh amhras ar bith ann; b'amhlaidh a bhí! Bhraith sí aduantas do-inste agus í ag cuimhneamh ar an nóiméad sin níos déanaí: conas a tháinig sí ar an tuiscint thobann nach raibh aon amhras ann níos mó? Ba chinnte nach raibh aon chuimhneamh dá leithéid aici roimh ré. Ach ar an toirt, gan an scéal a bheith inste ina iomlán aige fós, thuig sé go raibh tuairim éigin aici faoi cheana féin.

'Stad, a Shóinia, stad! Ná bí do mo chiapadh!' d'impigh sé uirthi go truamhéileach. Bhí sé ar intinn aige an scéal a insint di ar shlí eile ar fad, ach is ar an dóigh seo a bhí sé inste aige faoi dheireadh.

Léim sí suas mar a bheadh sí thar bharr a céille. D'fháisc sí a dhá lámh ina chéile agus thóg sí céim go lár an tseomra; ach d'fhill sí láithreach agus shuigh sí síos taobh leis ar cholba na leapa, agus a gualainn ag teagmháil lena ghualainn seisean. Chuaigh crith tríthi mar a raghadh trí dhuine a bheadh pollta ag saighead. Lig sí glaoch aisti os ard agus, gan fhios aici cén fáth, chuaigh sí síos ar a dhá ghlúin os a chomhair.

'Ó, cad atá déanta, cad tá déanta agat ort féin?' a d'fhiafraigh sí de le neart éadóchais. D'éirigh sí aníos le barróg a thabhairt dó agus bhrúigh sí ar a mhuineál le lán a nirt.

Thit Rascolnacov siar agus bhreathnaigh sé uirthi le miongháire bróin.

'Is aisteach an cailín tú go deimhin, a Shóinia! Beireann tú barróg orm agus tugann tú póg dom, d'ainneoin go bhfuil an scéal seo go léir inste agam duit. Tá tú thar bharr do chéille, ní foláir.'

'Níl. Níl díol trua is mó sa saol uile ná thú!' a ghlaoigh sí amach, mar a bheadh sí ina toirchim gan a chuid cainte a chloisint, agus bhris a gol uirthi cosúil le duine a mbeadh líonrith air.

Cuireadh a chroí thar bruach ag mothú nár aithin sé ar dtús agus nár airigh sé le fada, agus bhog sé é. Níor chuir sé ina choinne: thit dhá dheoir mhóra óna shúile agus chrochadar ar a fhabhraí.

'Ní thréigfidh tú mé, a Shóinia?' ar seisean agus é ag breathnú uirthi go dóchasach, beagnach.

'Ní thréigfead! Ní thréigfead thú choíche ná go deo!' a dúirt Sóinia de ghlao. 'Raghad leat pé áit is mian leat! Ó, a Thiarna! Ó, nach mór an suarachán de bhean mé! Ó, cad 'na thaobh nár dhein tú teagmháil liom roimhe? Ó, a Thiarna!'

'Táim tagtha anois!'

'Anois! Ó, cad tá le déanamh anois? An bheirt againn! An bheirt againn!' a dúirt sí de ghlao arís mar a bheadh sí dall ar éinní eile, agus rug sí barrog air. 'Raghad go dtí an tSibéir leat!'

Chuaigh rud éigin go smior ann agus bhí miongháire gráiniúil leathdhímheasúil le feiscint ar a bheola arís.

'N'fheadar, a Shóinia, an bhfuilim réidh fós chun dul go dtí an tSibéir.'

Thug Sóinia stracfhéachaint air.

I ndiaidh a comhbhá cráite paiseanta, bhuail smaoineamh uafásach an dúnmharaithe arís í. D'éist sí le guth athraithe an dún-mharfóra anois. Bhreathnaigh sí le hiontas air. Ní raibh a fhios aici fós cad 'na thaobh ná conas ná cad chuige. Ach anois bhuail gach aon cheann de na ceisteanna seo isteach ina haigne i dteannta a chéile. Agus arís ní raibh sí in ann é a chreidiúint. 'Eisean, eisean ina dhúnmharfóir! An bhféadfadh sé a bheith amhlaidh?'

'Ach cad é sin? Cá bhfuilim?' a dúirt sí go hard agus mearbhall uirthi mar a bheadh sí faoi dhraíocht. 'Ach conas a d'fhéadfása, tusa, an chéim sin a thógaint? Conas a d'fhéadfá?'

'Le gadaíocht a dhéanamh, is dócha. Éirigh as, a Shóinia!' a d'fhreagair sé, tuirse agus beagáinín buartha air.

D'fhan Sóinia ina seasamh dála duine ar deineadh balbhán di, agus ar an toirt lig sí glao aisti:

'Bhí ocras ort! Bhí... Bhís ag teacht i gcabhair ar do mháthair? B'shin é?'

'Níorbh é, a Shóinia, níorbh é,' a dúirt sé de chogar, agus

d'iompaigh sé a cheann cromtha uaithi. 'Ní hé go raibh an oiread sin ocrais orm. Le fírinne, theastaigh uaim cabhrú le mo mháthair, ach ní hé sin bun is barr an scéil ach an oiread… Ná bí do mo chiapadh, a Shóinia!'

D'fháisc Sóinia a dhá lámh ina chéile.

'Ach an bhféadfadh sé seo go léir a bheith fíor? A Thiarna, an bhfuil sé fíor? Cé a chreidfeadh é?… Conas a d'fhéadfá d'fheoirling dheireanach a thabhairt uait le neart cneastachta, agus gadaíocht is dúnmharú a dhéanamh lena chois? Ó,' a ghlaoigh sí go tobann, 'an t-airgead sin ar thug tú d'Aileona Iavanóvna… An t-airgead… Arbh é sin an t-airgead…?'

'Níorbh é, a Shóinia,' agus chuir sé isteach uirthi go tapaí, 'níorbh é sin an t-airgead. Ná bí do do bhuaireamh féin! B'shin é an t-airgead a chuir mo mháthair chugam, agus tháinig sé nuair a bhíos breoite, an lá a thugas duit é… Chonaic Rasúmachuin é… ghlac sé thar mo cheann é… Ba liom an t-airgead sin—airgead de mo chuid féin.'

D'éist Sóinia leis, ach bhí mearbhall uirthi agus dhein sí a dícheall é a thuiscint.

'Agus an t-airgead *sin*… N'fheadar an raibh aon airgead ann, leis an bhfírinne a dhéanamh,' a dúirt sé léi go bog mar a bheadh sé ag cuimhneamh siar air. 'Bhaineas sparán dá mhuineál, déanta as leathar seamaí… sparán a bhí lán le rud éigin… ach níor bhreathnaigh mé isteach ann: is dóigh liom nach raibh mo dhóthain ama agam… Agus na nithe—slabhraí agus áilleagáin—chuireas faoi chloch iad i dteannta leis an sparán i gclós taobh le hAscaill V. an mhaidin dár gcionn. Tá siad go léir ann fós.'

Chuir Sóinia a croí amach ag éisteacht.

'Bhuel, cad 'na thaobh… Dúirt tú gur dhein tú é mar ghadaíocht, ach níor thóg tú éinní faoi dheireadh?' a d'fhiafraigh sí de go tapaí, ag iarraidh breith ar chomhartha dóchais.

'N'fheadar… Nílim daingean deimhin de fós an dtógfaidh mé an t-airgead nó nach dtógfaidh,' ar seisean agus é ag machnamh leis arís. Dhúisigh sé de gheit, agus dhein sé miongháire gearr íorónta. 'Á, nach amaidí atá á rá agam, há?'

Rith an smaoineamh le Sóinia go raibh sé as a mheabhair, ach chuir sí di é go tapaí. 'Ní hea. Rud éigin eile a bhí ann.' Ach ní raibh sí in ann aon chiall, aon chiall in aon chor, a bhaint as.

'An bhfuil a fhios agat, a Shóinia,' a dúirt sé go láidir, 'fan go neosfaidh mé duit. Cuir i gcás gur mharaigh mé í de bharr ocras a bheith orm'—agus chuir sé béim ar gach uile fhocal a dúirt sé—'bheinn *sona* anois. Creid uaim é! Cén difear a dhéanfadh sé duit,' a dúirt sé de ghlao tamall eile ina dhiaidh, 'cén difear a dhéanfadh sé duit dá n-admhóinn go raibh drochrud déanta agam? Cén tairbhe duit bua chomh hamaideach sin a fháil orm? Ó, a Shóinia, an ar a shon sin a tháinig mé chun labhairt leat inniu?'

Theastaigh ó Shóinia rud éigin a rá, ach focal níor labhair sí.

'B'shin é an chúis gur iarr mé ort dul liom aréir, mar níl éinne fágtha agam a thuilleadh ach tusa.'

'Dul cén áit?' a d'fhiafraigh Sóinia de go faiteach.

'Ní chun gadaíocht nó dúnmharú a dhéanamh, ná bíodh buairt ort,' agus dhein sé miongháire searbhasach. 'Ní mar a chéile sinn… Agus tá a fhios agat, a Shóinia, níor thuigeas go dtí an nóiméad seo go beacht *cén áit* ar theastaigh uaim go raghfá liom. Bhuaileas isteach d'aon ghnó le rud amháin a impí ort. Ní imeoidh tú uaim, a Shóinia?'

D'fháisc sí a lámh ina lámha féin.

'Anois, cad 'na thaobh gur insíos di é? Cén fáth gur chuireas in iúl di é?' a scairt sé amach níos déanaí le neart éadóchais agus é ag breathnú uirthi le ciapadh gan teorainn. 'Tá tú i do shuí ag feitheamh le míniú uaim, a Shóinia. Tuigim é; ach cad tá le hinsint agam duit? Ní thuigfidh tú focal atá á rá agam, agus beidh tú ag fulaingt dá bharr mar gheall ormsa. Bhuel, tá tú ag gol agus ag breith barróige orm arís. Cad 'na thaobh sin? De bharr nach bhfuil ar mo chumas m'ualach féin a iompar, agus mé tagtha chun í a leagadh ar ghuaillí duine eile. Tá tusa ag fulaingt chomh maith, agus braithfidh mise níos fearr! Agus an bhféadfá grá a thabhairt do shuarachán dá léithéid?'

'Nach bhfuilirse ag fulaingt chomh maith?' a gháir sí.

Líon an mothú céanna a chroí agus bhog sé arís é ar feadh nóiméid.

'A Shóinia. Tá croí lofa agam. Tabhair é sin faoi deara. Míneoidh sé an-chuid. Táim tagtha mar gur drochdhuine mé. Tá daoine ann nach dtiocfadh. Ach is cladhaire mé... níl ionam ach suarachán. Ach... ná bac leis! Ní chuige sin a tháinig mé. Caithfidh mé labhairt anois, ach n'fheadar conas is féidir tosnú.'

Dhein sé stad agus thosnaigh sé ag machnamh.

'Ach ní réitímid le chéile,' a gháir sé arís, 'ní mar a chéile sinn. Agus cén fáth, cén fáth a dtáinig mé? Ní mhaithfidh mé é sin dom féin.'

'Ní hea. Ní hea. Ba mhaith an rud é go dtáinig tú,' arsa Sóinia. 'Is fearr go mbeadh sé ar eolas agam. Tá sé i bhfad níos fearr.'

Bhreathnaigh sé uirthi agus a chroí á shníomh.

'Pé ar bith, cuir i gcás gur mar sin a bhí,' a dúirt sé, cosúil le duine atá tar éis cinneadh a dhéanamh. 'Is cinnte gur mar sin a tharla. Éist. Theastaigh uaim a bheith i mo Napóilean. B'shin é an chúis gur dhúnmharaigh mé í... An dtuigeann tú leat mé anois?'

'N'fheadar. Ní thuigim,' arsa Sóinia go neamhurchóideach faiteach de chogar, 'ach lean leat. Tuigfidh mé thú ar ball. Bead in ann é a thuiscint *ionam féin!*' Agus lean sí ag impí air.

'Tuigfidh tú? Fan go bhfeicimid!'

D'éirigh sé tostach agus dhein sé machnamh go ceann i bhfad.

'Is mar seo atá. D'fhiafraíos díom féin uair amháin cad a tharlódh dá mbeadh Napóilean i m'ionadsa agus gan faic na fríde aige chun tús a chur lena ghairm bheatha. In ionad Toulon agus an Éigipt nó bearnas Mont Blanc agus na nithe iontacha mór-thaibhseacha sin a bheith aige, gan éinní aige ach seanchailleach áiféiseach, geallbhróicéir arbh éigean dó í a mharú le hairgead a thógaint as a trunc—ar mhaithe lena ghairm bheatha, tá a fhios agat. Bhuel, an nglacfadh sé cinneadh a bheart a chur i gcrích ar an mbonn nach raibh an dara suí sa bhuaile aige? An mbeadh scrupall aige ina thaobh ar eagla nach raibh sé sách mór-thaibhseach—nó mar gheall ar é a bheith peacach? Bhuel, deirim leat go raibh an "cheist" seo ag déanamh tinnis dom ar feadh i bhfad agus chuir sí náire orm nuair a thuigeas—go tapaí, mar a tharla—nach mbeadh oiread is athsmaoineamh aige air, nach gcuimhneodh sé ar a leithéid mar bheart mór in aon chor. Ní thuigfeadh sé ó thalamh an domhain conas a bhainfeadh sé codladh na hoíche d'éinne. Mara mbeadh aon slí eile ann lena bheart a chur i gcrích, thachtfadh sé í gan deis screadaíola a thabhairt di, agus ní bheadh sé ag machnamh go brúite air ina dhiaidh. Bhuel, chuir mise deireadh le mo mhachnamh féin... mharaíos í... lean mé a shampla. Tharla sé glan díreach mar atáim a insint duit! An gceapann tú go bhfuil sé pas beag greannmhar? Sea, a Shóinia, is é an ní is greannmhaire ar fad gur mar sin a tharla.'

Níor cheap Sóinia go raibh sé greannmhar ar chor ar bith.

'Bheadh sé chomh maith agat an scéal lom a insint dom gan samplaí a tharraingt anuas,' a d'impigh sí air agus níos mó faitís uirthi, i nguth a bhí le cloisint ar éigean.

D'iompaigh sé ina treo. Bhreathnaigh sé go brónach uirthi agus rug sé ar a dhá lámh.

'Tá an ceart agat arís, a Shóinia. Níl ann ach ráiméis. Níl ann ach caint gan bhrí! Tuigeann tú. Tá a fhios agat nach bhfuil faic na fríde ag mo mháthair. Is ar éigean a fuair mo dheirfiúr aon oideachas, agus níl i ndán di ach saol crua mar mháistreas chónaithe. Ní raibh aon dóchas as éinne ach mise. Dhein mé mo chuid staidéir, ach ní raibh ar mo chumas mé féin a chothú san ollscoil agus b'éigean dom éirí aisti ar feadh tamaill. Pé ar bith, ní raibh mé féin gan dóchas, ach na cúinsí cearta a bheith ann, go mbainfinn post amach mar mhúinteoir nó oifigeach i gceann deich mbliana nó dhá bhliain déag, agus pá míle rúbal in aghaidh na bliana lena chois.' Labhair sé mar a bheadh an scéal de ghlan-mheabhair aige. 'Idir an dá linn, bheadh mo mháthair ciaptha ag an mbrón agus an imní, agus ní bheadh ar mo chumas í a chothú go compordach mar ba chóir, agus maidir le mo dheirfiúr... n'fheadar nach bhféadfadh cúrsaí a bheith níos measa aicise! Beart crua is ea é do shaol a chaitheamh, do chúl a thabhairt leis an uile rud, dearmad a dhéanamh ar do mháthair, agus glacadh go béasach leis na maslaí a chaitear le do dheirfiúr. Cén fáth? Nuair a bheidís curtha agat, an mbeadh ort muirear de do chuid féin a fháil, idir bhean agus pháistí, agus iad siúd a choimeád ar an gcaolchuid chomh maith? Bhuel... Bhuel, i ndeireadh na dála, bheartaíos go bhfaighinn greim ar airgead na seanmhná ar ais nó ar éigean, agus é a chaitheamh le mé féin a chothú ar an ollscoil go ceann cúpla bliain ar dtús, gan trioblóid ar bith a chur ar mo mháthair, agus leas a bhaint as ar mhaithe le mo ghairm bheatha chomh maith. Bhí sé beartaithe agam é a chaitheamh go fial ar mhaithe leis an ngairm chéanna agus bóthar nua neamhspleách a leagadh amach dom féin. Ó, is cinnte nach raibh an ceart agam an tseanbhean úd a mharú... Ach is leor sin.'

Is ar éigean a d'éirigh leis leanúint dá scéal. Bhí sé tuirseach traochta, agus chrom sé a cheann ar a bhrollach.

'Ó, ní hea! Ní hé sin é,' a ghlaoigh sí le neart bróin. 'Conas a d'fhéadfá...? Ní hea. Níl sé ceart. Níl sé sin ceart.'

'Tuigeann tú féin nach bhfuil sé ceart, ach d'inis mé an fhírinne lom. Is é sin croílár na fírinne.'

'Cén saghas fírinne é sin, go deimhin? A thiarcais!'

'Níl ach míol maraithe agam, a Shóinia, míol gan mhaith, neach urghránna dochrach.'

'Duine! Agus tugann tú míol uirthi!'

'Tá a fhios agam go maith nach míol í,' a d'fhreagair sé, ag breathnú ar shlí ait uirthi. 'Ach táim ag insint bréag duit, a Shóinia. Táim ag insint bréag le fada. Ní hea. Ní hé sin é. Tá an ceart agat. Ní hea. Tá cúiseanna eile ar fad le tabhairt faoi deara! Ní rabhas ag caint le héinne eile le fada, a Shóinia. Tá pianta uafásacha i mo cheann.'

Bhí a dhá shúil ar lasadh le tine fiabhrais agus é ar tí rámhaillíochta. Bhí miongháire míshuaimhneach le haithint ar a bheola, agus ba léir go raibh sé suaite go leor ina anam, tuirseach thar a chumas, beagnach. Chonaic Sóinia mar a d'fhulaing sé agus bhí mearbhall ag teacht uirthise chomh maith. Labhair sé ar chuma aisteach, mar a bheadh sé ag ceapadh go dtuigfí é, ach...

'Conas a d'fhéadfadh sé a bheith fíor? Conas a d'fhéadfadh sé a bheith fíor, a Thiarna?' agus d'fháisc sí a dhá lámh ina chéile le neart éadóchais.

'Ní hea, a Shóinia, ní hé sin é,' a thosnaigh sé arís go tobann, ag ardú a chinn mar a bheadh sruth úrnua smaointe tar éis é a dhúiseacht, 'ní hé sin é! B'fhearr… B'fhearr i bhfad, go deimhin, a bheith ag samhlú go bhfuilim uaibhreach éadmhar mailíseach suarach díoltasach, agus… b'fhéidir, más mian leat, beagáinín as mo chiall. (Tá sé chomh maith againn gach éinní a chur san áireamh anois, agus bhíomar ag trácht ar ghealtacht cheana, is dealraitheach!) D'inis mé duit fadó nach raibh ar mo chumas mé féin a chothú ar an ollscoil. Ach an bhfuil a fhios agat go bhféadfadh a mhalairt de scéal a bheith i gceist? Bheadh mo mháthair in ann na fiacha a ghlanadh, agus gach seans go mbeinn in ann mo dhóthain a thuilleamh chun íoc as bróga, éadaí agus arán! Bhí teagasc le tabhairt, agus tairgeadh caoga cóipeic in aghaidh na huaire air sin. Cuimhnigh ar Rasúmachuin. Tá seisean ag obair! Ach maidir liom féin, chuas ar mire agus níor theastaigh uaim é a dhéanamh. Sin é, mire: sin focal breá. Ach d'fhan mé i mo chúinne, dála damhán alla. Thug tusa cuairt ar mo phluais. Chonaicis í. An bhfuil a fhios agat, a Shóinia, go ngoilleann síleálacha ísle agus seomraí beaga ar idir anam is aigne? Ó, b'fhuath liom an phluais chéanna. Agus aisteach go leor, ní raibh fonn dá laghad orm í a thréigint. D'fhan mé ann lá i ndiaidh lae, agus níor theastaigh uaim a bheith ag ithe, ach d'fhan mé i mo luí ann i gcónaí. Dá dtabharfadh Nastaise aon bholgam bia chugam, d'íosfainn é; mara dtabharfadh, d'fhéadfadh an lá imeacht tharam gan bhia. Bhíos sách gealtach, agus is d'aon ghnó nár iarras éinní ar éinne. Le linn na dtráthnónta ní raibh coinnle agam, agus b'eigean dom fanacht i mo luí sa dorchadas. Ní raibh mo dhóthain á thuilleamh agam chun íoc as coinnle. Ba chóir go mbeinn i mbun staidéir, ach bhí mo chuid leabhar go léir díolta agam. Maidir le mo chuid nótaí agus cóipleabhar, táid ina luí faoi orlach deannaigh ar an mbord fós. B'fhearr liom fanacht i mo luí agus machnamh a dhéanamh. Níor dhein mé éinni thairis ach smaoineamh… Agus tháinig físeanna aduaine chugam, agus brionglóidí aisteacha… B'uafásach iad, go deimhin. B'shin an t-am a thosnaigh mé ag samhlú… Ní hea… níl an ceart agam. Táim á insint ar an tslí mhícheart arís! Tuigeann tú gur leanas ar aghaidh le scéal mo chuid amaidí a rianú siar. Cad 'na thaobh nach ndéanaim mo dhícheall a bheith níos eagnaí ná daoine eile, agus mé lánchinnte go bhfuilid siúd amaideach go leor? Ba ansin a thuigeas, a Shóinia, go dtógfadh sé an-chuid ama orthu siúd éirí níos eagnaí… Fuaireas amach nach dtarlódh sé choíche agus nach dtiocfadh athrú ar bith orthu, nach n-athródh éinne iad, agus nárbh fhiú biorán a bheith ag feitheamh leo. Sea. Sin é. Sin a ndlí, dlí a nádúir, a Shóinia. Agus tá a fhios agam anois, a Shóinia, gurb é an té atá láidir in anam agus aigne a máistir. Tá an ceart ag an duine a bhfuil an misneach is mó aige, dar leo siúd. Déanann siad reachtóir den té is mó a léiríonn dímheas ar an líon is mó nithe, agus tá an ceart is mó ag an duine a bhfuil an misneach is mó aige. Bhí sé amhlaidh i gcónaí ariamh, agus is amhlaidh a bheidh sé choíche is go deo. Ní shéanfadh éinne ach dall é.'

Bhreathnaigh Rascolnacov ar Shóinia agus an méid sin á rá aige, ach ba chuma leis anois an dtuigfeadh nó nach dtuigfeadh sise é. Bhí lámh in uachtar ag an bhfiabhras air agus é faoi néal, agus ní raibh sé ag caint le héinne. Bhraith Sóinia go raibh an chré ghruama seo ina creideamh agus ina reacht aige anois.

'Tháinig sé chugam, a Shóinia,' ar sé, ag leanúint faoi thionchar néal a ghruamachta, 'nach dtugtar cumhacht d'éinne ach don té a bhfuil sé de mhisneach aige cromadh le greim a fháil uirthi. Níl ann ach an t-aon ní amháin. Tá aon ní amháin riachtanach: caithfidh an misneach a bheith agat! Den chéad uair i mo shaol, nocht smaoineamh dom i m'aigne nár cheap éinne ariamh romham—éinne! Thuigeas, chomh soiléir le solas lár an lae, nach raibh sé de mhisneach ag éinne ariamh i saol seo na ngealt dul go smior an scéil agus é a chaitheamh i bhfiacail an diabhail! Theastaigh… Theastaigh uaim *go mbeadh an misneach sin* go léir agamsa… agus mharaíos ise. Ní raibh éinní á shantú agam ach an misneach, a Shóinia! B'shin é an chúis ar fad a bhí leis!'

'Ó, éist, éist!' a dúirt Sóinia de ghlao agus í ag fáisceadh a lámh ina chéile. 'Chas tú do cheann ó Dhia, agus is é Dia a thug buille duit agus a chuir i lámha an diabhail thú!'

'Agus ina dhiaidh sin arís, a Shóinia, le linn dom a bheith i mo luí sa dorchadas, nuair a dhealraigh sé seo go léir a bheith glan soiléir, an bhfuilir ag rá nach raibh ann ach cathú a chuir an diabhal orm?'

'Éist. Ná bí ag gáire, a dhiamhaslóir! Ní thuigeann tú! Ní thuigeann tú! A Dhia! Ní thuigfidh sé!'

'Éist, a Shóinia! Nílim ag gáire. Tá a fhios agam go maith gurb é an diabhal a bhí do mo threorú. Éist, a Shóinia, éist!' a dhearbhaigh sé arís go gruama agus é ag cur béim ar a chuid cainte. 'Tá a fhios agam an uile ní ina thaobh. Chuimhníos air arís agus arís, agus bhíos ag cogarnaíl liom féin faoi i mo luí sa dorchadas. Tuigim bun agus barr an scéil, agus tá sé go léir ar eolas agam. Agus bhíos bréan, bréan de bheith ag síorchuimhneamh air! Theastaigh uaim é a ligint i ndearmad agus tús nua a dhéanamh, a Shóinia, deireadh a chur leis an smaointeoireacht go léir. Agus ná bí ag ceapadh gur chaitheas mé féin ceann ar aghaidh isteach sa ghnó, dála amadáin. Chuas i mbun an ghnó mar a raghadh eagnaí, agus b'shin é an rud a dhein mo scrios. An dóigh leat le fírinne nár thuigeas go raibh na ceisteanna i dtaobh na cumhachta a shantaíos, a bhí do mo chiapadh de shíor, ina gcruthúnas nach raibh a leithéid de cheart agam? Nó cuir i gcás nuair a d'fhiafraíos díom féin "An míol é neach daonna?" nár mhíol é an duine dar liomsa, ach dar leis an duine nach bhfuil dabht ar bith aige faoi agus a leanann ar aghaidh beag beann ar cheisteanna? Bhí sé soiléir go leor nárbh aon Napóilean mise, nó ní bheinn ciaptha ag aon cheist dá leithéid mar a bhíos ar feadh laethanta fada, i dtaobh eisean a bheith réidh le beart cosúil leis seo a chur i gcrích. B'éigean dom cath sin na smaointe a fhulaingt, a Shóinia, agus ní raibh uaim ach deireadh a chur leis. Theastaigh uaim dúnmharú a dhéanamh gan chaolagróireacht, dúnmharú ar mhaithe liom féin, ar mhaithe liom féin amháin! Níor theastaigh uaim aon dallamullóg a chur orm féin faoi ach an oiread. Ní ar mhaithe le mo mháthair a dheineas an dúnmharú—níl ansin ach deargamaidí—níor dheineas é le saibhreas agus cumhacht an tsaoil a bhaint amach ná le bheith fial flaithiúil leis an gcine daonna. Ráiméis! Dheineas é agus b'shin an méid. Dheineas dún-mharú ar mo shon féin, ar mhaithe liom féin amháin, agus ag an nóiméad sin ba chuma liom dá mbeinn cosúil le damhán alla ag breith ar dhaoine i mo líon lena mbeo a shú astu ar feadh mo shaoil. Níorbh é an t-airgead a theastaigh uaim, a Shóinia, nuair a dheineas é. Ní ar mhaithe leis an airgead a dheineas é, ach bhí rud éigin eile de dhíth orm. Tuigim an scéal go léir anois... Tuig uaim é! Dá raghainn an bóthar sin arís, ní dhéanfainn aon dúnmharú. Theastaigh uaim an scéal a fhiosrú i leith rud éigin eile. Bhí rud eile ann a tharraing ar aghaidh mé. Ba é an rud a bhí le cruthú ná ar mhíol nó neach daonna mé, agus theastaigh uaim an cheist sin a fhreagairt láithreach bonn. An mbeadh ar mo chumas na dlíthe a shárú! An mbeadh sé de mhisneach agam cromadh chun greim a fháil ar an gcumhacht, nó arbh é nach bhfuil ionam ach neach faiteach gan an ceart—'

'Dúnmharú a dhéanamh? An bhfuil nó nach bhfuil an ceart agat dúnmharú a dhéanamh?' D'fháisc Sóinia a lámha ina chéile.

'Ó, a Shóinia!' ar sé, agus chuir sé glaoch as go corraitheach. Theastaigh uaidh í a fhreagairt, ach d'fhan sé ina thost le neart dí-mheasa. 'Ná cuir isteach orm, a Shóinia! Níor theastaigh uaim ach éinní amháin a chruthú duit: go raibh an diabhal do mo tharraingt ar aghaidh, agus níor mhínigh sé dom go dtí níos déanaí nach raibh aon cheart agam dul ann, mar gur míol mise dála gach éinne eile. Bhí sé ag magadh fúm agus mé tagtha chugatsa faoi dheireadh! Cuir fáilte roimh do chuairteoir! Marach gur míol mé, ní bheinn tagtha chugat. Éist! Nuair a bhíos ag dul go dtí an tseanbhean níor chuas ann ach chun féachaint ar an scéal—táim á rá leat!'

'Agus mharaigh tú í! Mharaigh tú í!'

'Ach conas a mharaíos í? An é sin an tslí a ndéantar maruithe? An dtéann daoine i mbun an ghnó sin mar a chuas-sa? Neosfaidh mé duit amach anseo conas a chuaigh mise! Ar mharaíos an tseanbhean? Níor mharaigh. Níor mharaigh mé an tseanbhean, ach mharaíos mé féin. Chuireas deireadh liom féin go deo na ndeor. Ní mise a mharaigh an tseanbhean, ach an diabhal. Is leor sin, a Shóinia, is leor! Fág liom féin mé!' a scairt sé, ag ligint racht éadóchais as. 'Fág liom féin mé!'

Chrom sé a cheann anuas ar a ghlúine agus bhruigh sé é idir a dhá lámh mar a bheadh sé i mbís.

'Ó, ní beag an fhulaingt seo!' arsa Sóinia agus í ag éagaoin go truamhéalach.

'Bhuel, cad tá le déanamh anois? Abair liom!' a dúirt sé. D'ardaigh sé a cheann go tobann chun féachaint uirthi le gnúis a bhí curtha as a riocht ag an éadóchas.

'Cad tá le déanamh?' a dúirt sí de ghlao. Léim sí aniar as a cathaoir, agus in ionad na ndeora a bhí iontu, thosnaigh a dhá súil ag spréacharnach.

'Éirigh!' Fuair sí greim ar a ghuaillí. D'ardaigh sé é féin aníos agus bhí mearbhall air nuair a bhreathnaigh sé uirthi. 'Téir amach láithreach, an nóiméad seo féin, seas ag an gcrosbhóthar, umhlaigh go talamh. Póg an talamh atá truaillithe agat ar dtús, agus umhlaigh don domhan uile, do gach aon chearn de, agus cuir scairt amach os ard le go mbeidh sí le cloisint ag an uile dhuine: "Tá dúnmharú déanta agam!" Ina dhiaidh sin bronnfaidh Dia do bheatha thar n-ais ort. An raghaidh tú? An raghaidh tú?' a d'fhiafraigh sí de, agus bhí a corp go léir ar crith, cosúil le duine faoi thaom. Rug sí ar a dhá lámh agus bhrúigh sí idir a lámha féin iad agus thug sí féachaint lasrach air.

Bhí sé tríná chéile, agus bhain a heacstais thobann geit as.

'An tSibéir atá i gceist agat, a Shóinia, nach ea? Má thuigim i gceart thú, tá tú ag rá go gcaithfidh mé an rud seo a admháil?' ar sé go gruama.

'Is éard atá riachtanach ná glacadh leis an bhfulaingt, agus is inti a bheidh do shlánú.'

'Ní hea, a Shóinia. Ní chuirfead mé féin ina lámha.'

'Ach conas a mhairfidh tú? Conas? Cad chuige go bhfanfá beo?' a dúirt sí de ghlao. 'An féidir sin a dhéanamh anois? In ainm

Dé, conas a bheidh ar do chumas labhairt le do mháthair a thuilleadh? Cén chríoch a bheidh orthu siúd anois? Ach cad tá á rá agam? Tá do mháthair agus do dheirfiúr tréigthe agat cheana! Táid tréigthe aige cheana! Ó, a Dhia!' a ghlaoigh sí. 'Tá a fhios sin aige cheana. Conas, conas a d'fhéadfadh sé maireachtaint leis féin? Cén chríoch a bheidh ortsa anois?'

'Ná bí i do pháiste, a Shóinia,' ar seisean go bog. 'Cén t-olc atá déanta agam ina gcoinne? Cad 'na thaobh go gcuirfinn mé féin ina lámha siúd? Cad a déarfainn leo? Níl ann ach taibhse… Déanann siad scrios ar na milliúin daoine, agus déanann siad suáilce as. Níl iontu siúd ach cneámhairí agus cladhairí críochnaithe. Ní ina dtreo siúd a bhead ag dul, go deimhin. Agus cad a déarfainn leo, gur mharaíos í ach nach raibh sé de mhisneach agam an t-airgead a thógaint agus gur cheileas faoi chloch e?' a dúirt sé mar aguisín agus gáire searbhasach ar a ghnúis. 'Bheidís ag magadh fúm agus ag tabhairt amadán orm nár thógas é. Cladhaire agus amadán! Ní thuigfidís, ná níl aon tuiscint tuillte acu. Cad 'na thaobh go raghainn chucu? Ní raghfad. Ná bí i do pháiste, a Shóinia…'

'Ní bheidh i ndán duit ach síorimní. Sin a bheidh i ndán duit,' a dúirt sí, ag síneadh a dhá lámh amach chuige go himpíoch le féachaint éadóchasach.

'B'fhéidir nár thugas cothrom na féinne dom féin,' a dúirt sé go gruama, mar a bheadh sé gafa le machnamh mór. 'B'fhéidir nach míol mé ach gur duine mé i gcónaí, agus go raibh an iomarca deabhaidh orm glacadh leis an gcúiseamh seo a chuireas i mo leith féin… Leanfad leis an gcoimhlint tamaill eile fós.'

Gáire mór uaibhreach a bhí ar a bheola dúnta.

'Ualach fulaingthe chomh mór sin! Agus beidh sé ort go deo na ndeor, go deo na ndeor!'

'Raghad i dtaithí air,' ar seisean go gruamánta smaointeach. 'Éist,' a thosnaigh sé ag rá an chéad nóiméad eile, 'tá sé thar am deireadh a chur leis an gcaoineadh. Caithfear cuimhneamh ar ghnó. Bhuaileas isteach chugat chun a rá leat go bhfuil na póilíní sa tóir orm anois, agus iad ag iarradh breith orm.'

'Ó!' a dúirt Sóinia le neart scanraidh.

'Cad chuige a gcuireann tú glaoch asat? Nach dteastaíonn uait mé a chur go dtí an tSibéir, agus anois tá tú scanraithe? Ach táim ag rá leat, más é do thoil é, nach bhfuilim chun mé féin a thabhairt ar láimh dóibh. Leanfad ar aghaidh ag stracadh liom, agus ní dhéanfaidh siad éinní. Níl aon fhianaise cheart acu. Ba mhór mo bhaol inné agus cheapas go raibh an bua acu, ach tá feabhas beag ar chúrsaí inniu. Bíonn dhá mhíniú ar gach aon scéal, agus is cuma faoi éinní a chuirfidh siad i mo leith, beidh mé in ann é a chur chun mo leasa féin, an dtuigeann tú leat mé? Agus déanfaidh mé sin, mar go bhfuil rud nó dhó as an nua foghlamtha agam. Is cinnte go gcuirfidh siad i bpríosún mé. Marach gur thit cúrsaí amach mar a thit, is ann a bheinn inniu, agus b'fhéidir go gcuirfidh siad ann mé fós. Ach ní rud mór é sin, a Shóinia. Fanfad ann go ceann tamaill agus scaoilfidh siad saor mé mar nach bhfuil an blúirín is lú fianaise acu i m'aghaidh, ná ní bheidh sé ar fáil acu: ar m'anam, ní bheidh. Níl eolas go leor acu chun mé a choimeád i ngéibheann. Bhuel, is leor sin anois. Níor theastaigh uaim ach go mbeifeá ar an eolas i dtaobh na nithe seo. Déanfad mo dhícheall cúrsaí a shocrú le mo mháthair is mo dheirfiúr agus iad a choimeád ar a suaimhneas. Thairis sin, tá gach dealramh ar an scéal go mbeidh mo dheirfiúr ceart go leor agus cothú ag mo mháthair dá bharr. Sin a bhfuil ann. Pé ar bith, ní mór duit a bheith san airdeall. An dtabharfaidh tú cuairt orm sa phríosún?'

'Tabharfad! Tabharfad, go deimhin!'

Bhí an bheirt acu ina suí go brónach brúite taobh le chéile mar a bheidís caite aníos ar thrá uaigneach ag stoirm. Bhreathnaigh sé ar Shóinia agus bhraith sé méid a grá air, agus aisteach go leor, d'fhág sin faoi ualach trom pianmhar é. Sea! Ba mhothú aduain scáfar é! Bhraith sé go raibh a dhóchas go léir inti agus é ar a bhealach chuici. Bhí sé ag súil go mbeadh sé in ann cuid dá fhulaingt a chur ar leataobh, ach anois nuair a thuig sé go raibh a croí iompaithe chuige go huile agus go hiomlán, bhraith sé agus thuig sé gur méadaíodh go mór ar a chuid míshonais.

'A Shóinia,' ar seisean, 'bheadh sé chomh maith agat gan cuairt a thabhairt orm sa phríosún.'

Freagra ar bith níor thug Sóinia. Bhí sí ag gol.

'Ní thabharfaidh tú, an dtabharfaidh?'

'Seo. Glac uaim an chros chúfróige seo. Tá ceann eile agam, ceann copair ar le Liosaivéata í. Mhalartaigh Liosaivéata agus mise crosa: thug sise dom a cros agus thugas m'íocón beag di. Caithfidh mise cros Liosaivéata as seo amach, agus bíodh an ceann seo agatsa. Glac uaim í. Is liom í! Is liom í!' a d'impigh sí air. 'Beimid beirt ag fulaingt i dteannta a chéile. Iompróimid beirt an chros!'

'Tabhair dom í!' arsa Rascolnacov. Níor theastaigh uaidh cur as di. Ach tharraing sé a lámh siar láithreach tar éis í a shíneadh amach chun glacadh leis an gcros.

'Ní ghlacfad leis anois, a Shóinia. Beidh am níos fearr ann chuige amach anseo,' ar seisean lena suaimhniú.

'Sea, sea, níos fearr níos déanaí,' ar sí go diongbháilte. 'Nuair a thosnóidh do phionós, cuirfidh tú ort ansin í. Tiocfaidh tú chugam agus cuirfidh mise ort í, agus beimid ag paidreoireacht agus raghaimid i dteannta a chéile.'

B'shin é an nóiméad a chualathas trí chnag ar an doras.

'A Shóifia Suimineovna, an bhfuil cead isteach agam?' agus chualadar guth béasach a d'aithníodar.

Rith Sóinia anonn go dtí an doras agus scanradh uirthi. Bhí ceann bán an Uasail Léabasatnacov le feiscint ann agus é ag bualadh isteach cheana.

GÓGAL

Niocalái Gógal (1809-52)

Rugadh Gógal san Úcráin agus chuaigh sé go Cathair Pheadair in aois a naoi mbliana déag. Chuir sé roimhe a shaol a chaitheamh mar aisteoir, ach níor glacadh leis in aon áit. D'fhoilsigh sé roinnt úrscéalta beaga ar shaol mhuintir na tuaithe sa 'Rúis Bheag' a thuill mórchlú dó. Chuir sé aithne ar Alacsandar Púiscin agus Vasailí Siúcovscaí, a d'aithin láithreach gurbh údar mór a bhí acu. *An Cigire* agus *Anamacha na Marbh* an dá shaothar is mó dá chuid. Dráma is ea *An Cigire*, an chéad dráma nuascríofa a cuireadh ar stáitse ariamh sa Rúis.

Níor chuir Gógal roimhe aon teagasc polaitiúil a chur abhaile ar an bpobal ina chuid saothair, ach tharraing sé aird na ndaoine ar an dúshaothrú a bhí á dhéanamh ar na seirfigh, agus ar shaol díomhaoin na n-uaisle sa Rúis i gcoitinne. D'aithin lucht an rialtais go beacht go raibh ciall pholaitiúil le baint as a chuid scríbhinní a neartaigh ar na héilimh ar bhunathruithe polaitiúla. Cuireadh na scríbhinní sin faoi chosc agus, níos measa fós, níor ceadaíodh do Ghógal éinní eile a chur i gcló. Níor foilsíodh ach aon eagrán amháin d'*Anamacha na Marbh*, ach níor chuir sin deireadh leis an éileamh air, rud a spreag saghas tionscal cóipeála agus daoine ag déanamh cóipeanna pinn a chuaigh timpeall ó lámh go lámh.

Maidir le Gógal féin, ní fhéadfaí a rá gur dhuine sona sásta é, d'ainneoin go raibh bua an ghrinn aige agus tuiscint ar an áibhéil is an fhantasaíocht. Bheartaigh sé imleabhar eile d'*Anamnacha na Marbh* a scríobh, agus bhí an-chuid de scríofa aige, ach de réir a chéile mhéadaigh ar a ghruaim agus tháinig sé faoi thionchar lucht reiligiúnda a chuir ina a luí air a chuid lámhscríbhinní a dhó. Faoi sin, chreid sé go raibh saghas misin le cur i gcrích aige, agus soiscéal le scaipeadh ar mhuintir na Rúise. Tugadh an chluas bhodhar dó de réir dealraimh, rud a chuir as go mór dó.

Níl *Anamacha na Marbh* éagosúil le heipic próis, agus d'ainneoin go bhfuil sé in ainm is a bheith ag plé leis an Rúis fhírinneach, is leis an Rúis mar a shamhlaigh Gógal í a bhaineann an scéal. Eachtraí scaipithe atá ann, ach iad ceangailte le chéile mar chuid d'imeachtaí a phríomhcharachtair Titeacov. Go minic tarraingíonn Gógal mionscéalta agus mionphointí anuas nach gcabhraíonn leis an bplota puinn ach a neartaíonn ar an bhfantasaíocht bhuile. Cloíonn Gógal leis an réalachas agus cuireann sé sin blas na fírinne ar a scéal, ach neartaíonn sé sin féin ar an bhfantasaíocht agus an áibhéil atá ann lena chois. Chuirfeadh sé an t-údar Albanach Tobias Smollett i gcuimhne duit.

Duine thar a bheith 'normálta' éirimiúil is ea Titeacov. Cuireann a chuid normáltachta lena chuid urchóide mar dhuine plámásach creidiúnach nach mbacann ach le nithe seachtracha chun a chuid gnóthaí rúnda a bhrostú. Ní lia duine ná tuairim i dtaca leis féin is a ghnó ceart agus é ag imeacht ó áit go háit i dtróice lena thiománaí. Tá sé tar éis scéim a cheapadh le saibhreas an domhain a charnadh chuige féin trí ainmneacha seirfeach marbh a cheannach. Dhein sé amach go bhfuil an-chuid tiarnaí talún ann agus dualgas orthu cánacha a íoc as a gcuid seirfeach, bídís beo nó marbh, a fhaid agus atáid sa daonáireamh, a bhíonn cúpla bliain as dáta de ghnáth. Creideann sé go mbeidh na tiarnaí sásta na hainmneacha—nó anamacha—a dhíol leis go nglacfaidh sé féin dualgas na n-íocaíochtaí air féin, rud a chuirfidh ar a chumas iad a chlárú ina ainm féin, talamh a cheannach go saor sna machairí i bhfad ó dheas, agus morgáiste stáit a fháil ar a eastát nua gona sheirfigh mharbha. B'shin é a phlean, pé ar bith.

Anamacha na Marbh

[Tá Titeacov agus a thiománaí ar strae oíche báistí, agus tá braoinín beag biotáille faoi fhiacail an tiománaí, is dealraitheach. Tá seisean ag dul bog agus crua ar na trí chapall atá á dtarraingt, ag caint go cneasta agus go borb leo mar a oireann dó, ach gan cuimhneamh mórán ar an mbóthar ná cuspóir a dturais.

Iompaíonn an carráiste ar a thaobh, agus teilgtear Titeacov amach sa láib lena thiománaí meidhreach. Faoi sin is léir nach bhfuilid ar an bpríomhbhóthair ná aon bhóthar anois, ach i lár páirce. Chíonn siad solas i bhfad amach agus déanann siad air. Tagann siad go dtí tigh, ach níl an searbhónta a fhreagraíonn a gcnag sásta iad a ligint isteach gan cead a máistreása. Is éigean dóibh fanacht faoin mbáisteach tamall agus ceolchoirm mhadraí an tí le cloisint sa chlós feirme i gcónaí. Scaoiltear isteach iad faoi dheireadh, agus cuireann bean an tí fíorchaoin fáilte rompu sa pharlús.

Cuireann siosarnach uafásach isteach ar chaint bhean an tí, agus baineann an fothram geit as an aoi. Cheapfá nach raibh sa tigh ach nathracha nimhe ag siosarnach, ach cuirtear Titeacov ar a shuaimhneas nuair a fheiceann sé nach bhfuil ann ach an clog ar tí bualadh. Leanann gliogarnach gharbh an méid sin, agus faoi dheireadh is léir go bhfuil an clog ag bailiú nirt chun gnímh. Buaileann sé dhá uair, cosúil le duine ag bualadh druma. Agus an méid sin thart, leanann an luascadán ar aghaidh go ciúin ó thaobh go taobh mar is gnách.

Cuirtear leaba chompordach clúimh ar fáil do Thiteacov. Baintear a bhalcaisí fliucha salacha de. Le teacht na maidne tapaíonn sé an deis le aithne níos fearr a chur ar bhean an tí. Réitíonn siad le chéile go binn, ach an bheirt acu ag súil le buntáiste éigin a bhaint as a chéile ar mhaithe lena gcuspóirí éagsúla féin. Níl ach an t-aon smaoineamh amháin i gcloigeann Thiteacov, agus neart plámáis aige chun é a chur i bhfeidhm. Tá sé tugtha faoi deara aige

cheana go bhfuil an bhean saibhir go leor, baintreach a bhfuil tigh
agus talamh aici, go mbeadh neart seirfeach marbh aici le cois na
ndaoine beo, agus go mbeadh sé in ann a n-ainmneacha a chur leis
an liosta fada atá bailithe aige cheana féin. Ar maidin tar éis
bricfeasta, tosnaíonn sé ar bhean an tí a cheistiú i dtaobh a cuid
acmhainní saolta.]

'Nach breá an sráidbhaile atá agat anseo, a mháthairín! Cé mhéad anamacha ann?'

'Tá suas is anuas le hochtó anam ar fad ann, a chara liom,' a dúirt an bantiarna talún. 'Is é an rud is measa gur drochaimsir atá ann, agus anuraidh theip ar an mbarr go tubaisteach. Go sábhála Dia sinn ar a leithéid arís!'

'Ach is dream breá do chuid seirfeach, agus cuma breá néata ar a gcuid bothán. Ó, abair liom cad is sloinne duit! Táim tré chéile mar gheall ar mo theacht i rith na hoíche—'

'Corabóitice, baintreach rúnaí coláisteach.'

'Táim buíoch díot. Agus d'ainmneacha baiste is athartha?'

'Nastaise Peitreovna.'

'Nastaise Peitreovna? Is ainm breá é sin: Nastaise Peitreovna. Tá aintín agam, deirfiúr mo mháthar, agus Nastaise Peitreovna is ainm dise chomh maith.'

'Agus cad is ainm duitse?' a d'fhiafraigh an bantiarna talún. 'Is bailitheoir cánach tú, mara bhfuil dul amú orm?'

'Ní hea, a mháthairín!' a d'fhreagair Titeacov agus miongháire ar a aghaidh. 'Ní bailitheoir cánach mise, go deimhin. Táim ag taisteal ar mo ghnó féin.'

'Ó, tá tú ag ceannach earraí, mar sin? Nach mór an trua gur dhíolas an mhil chomh saor sin leis na ceannaithe! Táim siúrálta go gceannófása uaim í.'

'Ní cheannóinn. Nílim sa tóir ar mhil.'

'Cén t-ábhar, mar sin? Cnáib? Níl mórán di sin agam faoi láthair: suas is anuas le cloch di, sin an méid.'

'Ní hea, a mháthairín. Earraí ar fad eile atá uaim. Abair liom, an bhfuair éinne de do chuid seirfeach bás le déanaí?'

'Á, a chara liom, tá ocht nduine dhéag díobh tar éis bháis,' a dúirt an tseanbhean le hosna. 'Agus oibrithe maithe a bhí iontu go léir. Rugadh duine nó beirt ó shin, is fíor, ach cén mhaith atá iontu siúd fós? Daoine beaga iad. Nuair a thiocfaidh an bailitheoir cánach, beidh orm íoc astu, idir bheo agus mharbh. Loisceadh mo ghabha an tseachtain seo a d'imigh tharainn. Ba ghabha breá é, agus glasaire chomh maith.'

'An raibh tine ann, a mháthairín?'

'Shábháil Dia an mí-ádh sin orm. Ní hea, a chara, dhóigh sé é féin. Bhí rud éigin istigh ann a chuaigh trí thine: bhí sé ag ól go trom. D'éirigh lasair ghorm aníos as, agus dódh é ó bhun go barr go raibh sé chomh dubh le gual. Ó, ba bhreá an gabha é! Anois, níl ar mo chumas tiomáint thart mar níl éinne anseo in ann crú a chur ar na capaill.'

'Tá toil Dé le feiscint i ngach éinní, a mháthairín!' arsa Titeacov, ag ligint osna. 'Ní ceart éinní a rá i gcoinne eagna Dé. Tabhair domsa iad, a Nastaise Peitreovna!'

'Cé dó atá tú ag tagairt, a chara liom?'

'Iad siúd go léir a fuair bás atá i gceist agam.'

'Cén chiall atá agat leis sin?'

'Bhuel, tabhair dom iad, nó más mian leat, díol liom iad. Íocfad astu thú.'

'Ní thuigim thú. Dearbhaím duit nach léir dom cén chiall atá le do chuid cainte. An bhfuil sé ar intinn agat iad a thógaint as a n-uaigheanna?'

Ba léir do Thiteacov nár thuig sí a ghnó go beacht, agus b'éigean dó é a mhíniú di. Dúirt sé léi i mbeagán focal nach raibh i gceist leis an aistriú nó an díol ach focail ar pháipéar, mar a bheadh na hanamacha fós beo.

'Cad chuige go bhfuilid uait?' arsa an tseanbhean agus í ag staonadh air.

'Sin é mo chúram féin.'

'Ach táid marbh!'

'Bhuel, cé a dúirt go rabhadar beo? Is í do chailliúint féin go bhfuilid marbh. Tá ortsa íoc astu i gcónaí, ach tá ar mo chumas tú a thabhairt slán as an trioblóid agus an costas go léir. An dtuigeann tú leat mé? Ní hamháin go saorfaidh mé thú, ach íocfad cúig rúbal deag lena chois. Bhuel, an bhfuil sé sin soiléir go leor duit anois?'

'N'fheadar, agus caithfead a admháil nár dhíol mé anamacha marbha ariamh cheana.'

'Creidim é! I ndáiríre, ba rud as an ngnáth é dá ndíolfá. Ach i ndáiríre, an gceapann tú go bhfuil fiúntas éigin iontu?'

'Ní cheapaim. Ní cheapaim go bhfuil, go beacht. Cén fiúntas a d'fhéadfadh a bheith iontu? Níl aon fhiúntas iontu. Ach is é an ní is mó a dhéanann tinneas dom go bhfuilid marbh.'

'Is léir gur seanbhean dhúramánta í,' a cheap Titeacov.

'Éist, a mháthairín. Cuimhnigh go maith air seo. Tá tú ag déanamh díobhála duit féin ag íoc cánacha orthu mar a bheidís fós beo—'

'Ó, a chara liom, ná habair é!' a dúirt an bantiarna talún agus í ag cur isteach air. 'Níl oiread is trí seachtaine imithe fós agus b'éigean dom céad go leith a íoc, agus breab don bhailitheoir cánach féin lena chois.'

'Sin agat é, a mháthairín! Anois, cuimhnigh nach mbeidh ort aon bhreab a thabhairt dó arís, mar ní tusa ach mise a bheidh ag íoc astu. Glacfaidh mise an cúram ar fad orm féin. Íocfaidh mise as an ngníomhas ar mo chostas féin chomh maith, an dtuigeann tú?'

Rinne an tseanbhean beagán machnaimh. Chonacthas di go mbeadh an margadh chun a leasa, ach mhéadaigh ar a hamhras i dtaobh gnó chomh nua neamhghnách leis, agus imní uirthi go raibh an díoltóir chun buntáiste éigin a fháil uirthi, agus ag Dia amháin a bhí a fhios cad as a tháinig sé, agus faoi scáth na hoiche.

'Bhuel, a mháthairín, an bhfuil sé ina mhargadh?' arsa Titeacov.

'N'fheadar, a chara liom. Ní raibh an deis ariamh agam corpáin a dhíol. Maidir leis na daoine beo, níl ach trí bliana imithe ó dhíol mé beirt le Protapópov—beirt chailín ar chéad rúbal an duine—agus tá sé an-bhuíoch díom mar gheall orthu siúd, iad ina n-oibrithe maithe, in ann naipcíní a dhéanamh, fiú.'

'Ach ní hiad na daoine beo atá faoi chaibidil againn anseo, go ndéana Dia a mhaith orthu! Is iad na daoine marbha atá á n-iarraidh agam ort.'

'I ndáiríre, tá imní orm go ndíolfaidh mé iad agus go gcaillfidh mé a luach ceart. Cá bhfios dom, a chara liom, nach bhfuilir chun cneámhaireacht a dhéanamh orm? Cá bhfios d'éinne nach bhfuil luach i bhfad níos mó orthu?'

'Éist, a mháthairín, nach tusa an bhean ghreannmhar! Cén luach a d'fhéadfadh a bheith orthu? Cuimhnigh air. Níl iontu ach deannach. An dtuigeann tú é sin? Deannach. Túg ábhar díomhaoin ar bith gan luach—seanghiobal, cuir i gcás—agus tá luach éigin air: d'fhéadfaí é a dhíol le monarcha páipéir ar a laghad. Ach cén mhaith atá iontu seo? Fiafraigh díot féin cén mhaith iad.'

'Tá an ceart agat. Níl aon tairbhe iontu in aon chor. Ach is é an t-aon ní amháin atá ina ábhar tinnis dom go bhfuilid marbh.'

'Am amú a bheith ag caint leis an mbean seo gona ceann maide!' arsa Titeacov leis féin, mar bhí ag teip ar a chuid foighne. 'Tá sé thar am dom na nithe seo a chur ina gceart di anois. Táim ag cur allais mar gheall uirthi, an bhean mhallaithe!' Thóg sé ciarsúr as a phóca leis na braoiníní allais a ghlanadh dá chlár éadain, agus bhíodar air le fírinne. I ndáiríre, ní raibh aon chúis ar leith ann go dteipfeadh an fhoighne air: is iomaí duine agus meon Bhean Corabóitice aige. Lig do dhuine ar bith nóisean daingean docht a bhaint as rud éigin agus ní éireoidh leat é a bhaint de go deo. Is cuma cé chomh mór agus atá do chuid argóintí nó cé chomh soiléir agus atáid, preabfaidh siad uaidh cosúil le peil rubair i gcoinne falla. Bhí Titeacov tar éis an t-allas a ghlanadh dá chlár éadain, agus anois bhí sé ag súil go mbeadh sé in ann í a chur ar an mbealach ceart ach teacht aniar aduaidh uirthi.

'A mháthairín, b'fhéidir nach dteastaíonn uait mo chuid cainte a thuiscint, nó nach bhfuilir ach ag caint ar mhaithe leis an gcaint. Táim ag tairiscint airgid duit, cúig rúbal déag i nótaí: an dtuigeann tú? Airgead atáim a thairiscint duit. Ní féidir leat é sin a phiocadh de chloch ar bith amhail bairneach. Anois, abair liom go macánta cén praghas a bhí ar an mil a dhíol tú?'

'Sé rúbal an chloch.'

'Peaca marfach is ea bréag, a mháthairin. Ní ar shé rúbal a dhíol tú í.'

'Ar mh'anam ach ba ea.'

'Bhuel, tuigeann tú nach raibh ann ach mil! Bhí sí á bailiú agat le bliain, le cúram agus trioblóid agus buairt. B'éigean duit imeacht timpeall leis na beacha a mharú nó a chothú i siléar i rith an gheimhridh. Ach ní den saol seo anamacha na marbh. Níl ort aon stró breise a chur ort i dtaca leo siúd. Ba é toil Dé é go dtréigfidís an saol seo againne agus d'eastát thíos leo. Fuair tú cúiteamh sé rúbal ar do shaothar le do chuid beach, ach anseo, gan aon lámh a ardú, ní sé rúbal a gheobhaidh tú ach cúig rúbal déag, agus ní in airgead geal ach ina nótaí gorma.'

Níor chreid Titeacov go mbeadh an dara suí sa bhuaile ag an mbean anois tar éis argóint chomh breá sin a chloisint uaidh, agus go ngéillfeadh sí dó láithreach bonn.

'I ndáiríre,' a d'fhreagair an bantiarna talún, 'baintreach ar bheagán taithí is ea mise! Táim ag ceapadh go mba chóir dom fanacht go dtiocfaidh a thuilleadh ceannaitheoirí agus go mbeidh deis agam dul i dtaithí ar na praghsanna eagsúla.'

'Mo náire thú! Mo náire thú, a mháthairín! Níl ann ach náire! I ndáiríre, an dtuigeann tú i gceart cad tá á rá agat? Cé a bheidh á gceannach? Bhuel, cén leas a d'fhéadfadh éinne a bhaint astu?'

'N'fheadar ach go mbeadh maitheas éigin iontu ar an eastát—' a dúirt an tseanbhean mar fhreagra air, ach níor chríochnaigh sí a cuid cainte. D'oscail sí a béal agus bhreathnaigh sí air le sceimhle, beagnach, ag cuimhneamh ar an méid a bheadh le rá aige leis sin.

'Anamacha marbha ar an eastát? Nach iontach an tomhas atá déanta agat! Cad a dhéanfaidh tú leo ann? An mbainfidh tú leas astu mar thaibhsí le scanradh a chur ar na gealbhain i do gharraí?'

'Cumhacht na croise orainn! Nach uafásach na nithe a deireann tú!' a dúirt an tseanbhean agus í ag gearradh comhartha na croise uirthi féin.

'Bhuel, cén leas a bhainfeá astu? Pé ar bith, fágfaidh mé a

gcnámha agus a n-uaigheanna agat. Níl san aistriú ach aistriú páipéir. Bhuel, cad a deireann tú? Tabhair dom freagra éigin, ar a laghad.'

Thosnaigh an bhean ag machnamh arís.

'Cad is ábhar do do chuid smaointe, a Nastaise Peitreovna?'

'N'fheadar. Nílim in ann é a dhéanamh amach. B'fhearr liom roinnt cnáibe a dhíol leat.'

'Cén mhaith atá i gcnáib domsa? Dearbhaím go bhfuilim ag iarraidh rud eile ort, agus tá tusa ag iarraidh cnáib a dhíol liom! Tá an cnáib maith go leor. Tiocfad arís am éigin eile agus ceannóidh mé do chuid cnáibe. Conas atá anois, a Nastaise Peitreovna?'

'Ar m'anam ach is earra neamhghnách é, agus is aisteach an scéal é.'

Theip ar fhoighne Thiteacov anois, agus scaoil sé lena racht. Bhuail sé cathaoir i gcoinne an urláir agus d'fhógair sé in ainm an diabhail í.

Chuir an diabhal as don bhantiarna talún go mór. 'Ó, ná habair a ainm siúd, go bhfóire Dia orainn!' a scairt sí amach agus í ag bánú. 'Ní raibh sé ach arú aréir agus nocht an fear céanna é féin dom i mbrionglóid. Ní rabhas san airdeall, ach ag leagadh cartaí amach go neamhchúramach le fáistine a dhéanamh i ndiaidh urnaí an tráthnóna, agus ba léir gur chuir an Tiarna chugam é mar phionós. Ó, bhí cuma uafasach air, agus a adharca níos faide ná adharca tairbh.'

'Ní chuirfeadh sé iontas ar bith orm dá mbeidís ag teacht chugat ina scórtha. Le neart carthanachta Críostaí, theastaigh uaim teacht i gcabhair ar bhaintreach bhocht ar an ngannchuid. Ach téir go hifreann tusa, agus do shráidbhaile go léir leat!'

'Nach mór na mallachtaí atá agat!' a dúirt an bhean. Bhreathnaigh sí air agus neart sceimhle uirthi.

'Nílim in ann teacht ar na focail chuí ort! Le fírinne, gan drochfhocal a rá, tá tú cosúil le gadhar faire ina luí ar an bhféar. Ní itheann sé an féar, ach níl sé chun ligint d'éinne eile é a ithe ach an oiread. Bhí sé ar intinn agam an-chuid earraí a cheannach uait, mar is conraitheoir rialtais mé...' D'inis sé bréag anseo gan cuimhneamh air, ach d'inis sé ag an am ceart í. Chuaigh conraitheoirí i gcion ar Nastaise Peitreovna i gcónaí, agus labhair sí leis i nguth achainíoch anois.

'Ach cad chuige go bhfuilir chomh feargach? Dá mbeadh a fhios agam agam roimh ré gur duine teasaí thú, ní bhréagnóinn thú in aon chor.'

'Níl aon chúis feirge ann! Ní fiú biorán an gnó ar fad, agus cad 'na thaobh go n-éireoinn feargach faoi?'

'Bhuel, má táid uait, díolfad leat iad ar chúig rubal déag i nótaí bainc! Ach, a chara liom, i dtaca le conarthaí rialtais, agus má tá seagal nó ruán uait, nó grean nó feoil, iarraim ort le do thoil gan dearmad a dhéanamh ormsa.'

'Ní dhéanfad, a mháthairín,' a dúirt sé agus an t-allas a thit anuas ar a aghaidh i dtrí stríoca á ghlanadh aige. D'fhiafraigh sé di cá raibh cónaí ar aturnae muinteartha a dtabharfadh sí cumhacht dó an gníomhas a tharraingt agus gach socrú cuí a dhéanamh.

'Go deimhin, tá mac leis an Athair Ciril, an t-ardsagart, ag obair i dteach na cúirte,' arsa Corabóitice.

D'iarr Titeacov uirthi litir a scríobh chuige agus cumhacht aturnae a bhronnadh air, agus leis an ngnó a chur chun cinn, thosnaigh sé féin ar an litir a scríobh.

'B'iontach an rud é,' a dúirt Corabóitice léi féin, 'dá gceannódh sé plúr agus mairteoil uaim thar cheann an rialtais. Caithfidh mé mo dhícheall a dhéanamh fanacht istigh leis. Tá taos fágtha fós ón oíche aréir: raghad agus déarfaidh mé le Feitíne cácaí gridille a dhéanamh.'

GOINTEAROV

Iavan Alacsandraivits Gointearov (1812-91)

Rugadh Gointearov i Suimbirsc, baile beag tuaithe mar a raibh a athair ina cheannaí mór arbhair. Ní raibh aon easpa ar a mhuintir, agus bhí táithí aige ar an saibhreas agus an díomhaointeas óna óige. Is sa bhliain 1822 a chuaigh sé ar an Scoil Trachtála i Moscó, agus dhein sé staidéar in ollscoil na cathrach céanna.

Nuair a d'fhág sé a bhaile dúchais ar bhruach abhainn an Volga, ba bheag a spéis sna gluaiseachtaí réabhlóideacha a bhí ag borradh i measc na mac léinn. Bhíodh sé ag tnúth de shíor le saol suaimhneach na tuaithe ina áit dhúchais, agus ba mhó a spéis sa scríbhneoireacht ná ina chuid staidéir. Ba mhinic é ag aistriú scéalta go Rúisíis, ón bhFraincis go háirithe, agus níor foilsíodh aon scéal dá chuid féin go dtí 1844. Chaith sé an chuid is mó dá shaol mar státseirbhíseach dílis dúthrachtach. B'fhear thar a bheith coimeádach é, cé nach raibh sé dall ar an riachtanas le leasuithe polaitiúla. Níor éirigh rógheal le Gointearov ina shaol féin, agus fuair galar meabhrach greim air.

Foilsíodh *Oblómov* sa bhliain 1859 agus chuaigh sé i bhfeidhm go mór ar an bpobal. D'aithin gach éinne é féin in Oblómov, agus cumadh an focal 'Oblómovachas' ar ghalar mór sóisialta na Rúise ag an uair: an drogall agus an leisce a chuir ó mhaith aon scéim chun cúrsaí a fheabhsú agus fáil réidh le coras an tseirfeachais go háirithe. Aithníodh san úrscéal gur beag fonn a bhí ar éinne a raibh saibhreas an tsaoil aige a shaibhreas agus na pribhléidí a chuaigh leis a ligint uaidh go réidh. Chonacthas leis nach raibh an tOblómovachas teoranta do na húinéirí talún ach é le fáil sa rialtas, sa mhaorlathas, i measc lucht ollscoile agus eile. Bhí tuairimí dá chuid féin ag Gointearov i dtaobh fuascailt na seirfeach, agus b'fhéidir gur brostaíodh an fhuascailt sin go neamhspleách ar aon rud a léirigh sé ina leabhar, ach is cinnte gur chabhraigh a leabhar lena bhfuascailt faoi dheireadh.

Tá *Oblómov* inchurtha le *Aithreacha agus Mic* Thúirgéineiv, le *Cogadh agus Síocháin* Tholstái, agus b'fhéidir le *Dearthaireacha Caramasov* Dhostaidheivscí. Tá sé thar a bheith Rúiseach i dtaca lena théama agus an t-atmaisféar a chruthaítear ann, ach fós féin thuigfeadh léitheoir in aon áit ar domhan an bhrí agus an greann atá le baint as.

Tá an scéal suite i lár na naoú haoise déag, agus níl saol a phríomhcharachtair Oblómov éagosúil leis an saol a chaith Gointearov féin. Duine uasal is ea é go bhfuil riar a cháis aige agus sé no seacht gcéad seirfeach faoina smacht. Togadh é i saol a bhí faoi ord agus eagar, gan éinní ag cur isteach ná amach air agus gach éinní ar a thoil aige. Creideann sé go leanfaidh an seansaol mar a bhí gan athrú. Níl de spéis aige ach codladh na hoíche agus a chuid béilí a fháil, agus ní léir dó éinní a bheith mícheart lena chuid searbhóntaí agus eile ag freastal ar a chuid mianta. Ó am go chéile bíonn smaointe uaisle aige i dtaobh slite le leas daoine eile a bhrostú, ach níl fuinneamh go leor aige chun éinní a chur i gcrích.

Fásann agus forbraíonn an scéal ar mhodh orgánach, agus insítear é san am i láthair. Ligeann Gointearov don scéal é féin a insint. Is leisceoir ceart críochnaithe Oblómov, laoch nó frith-laoch an scéil seo, agus tagann an modh inste sruthach le héirim an scéil. Insint mhall mhachnaitheach atá ann, cosúil le teacht agus imeacht scamall earraigh. Bíonn drogall air a leaba a threigint, agus is beag an fháilte a chuireann sé roimh aon rud a chuirfeadh an iomarca dua air. Déanann a chairde a ndícheall spreagadh a thabhairt dó, ach tá sé ar a sháimhín só gan rún ar bith aige athruithe suntasacha a dhéanamh ar a shaol. Tá sé in aontíos lena sheansearbhónta searbhasach Sachar, atá ag fónamh do mhuintir Oblómov leis na cianta agus cion éigin aige ar a mháistir más doicheallach féin é. Éiríonn achrann idir Oblómov agus Sachar ó am go chéile, agus le neart frustrachais buaileann Oblómov buille air nuair is mian leis.

Buaileann cairde dá chuid isteach chuige agus tá tábhacht le duine acu, Stolz. Tá Stolz an-bhuartha mar gheall ar a chara agus é ag súil i gcónaí go mbeidh sé in ann an bua a fháil ar a chuid leisce. Cuireann sé in aithne dó Ólga, bean álainn óg. Réitíonn siad le chéile agus titeann sé i ngrá léi, ach is gearr go bhfilleann sé ar a sheanchleasanna, agus is léir gur fearr leis a bheith ina luí ar a leaba leis féin. Más leisceoir é Oblómov, is cinnte nach aon amadán é. Léiríonn sé eagna éigin i leith a shaoil, agus is iomaí tréith onórach uasal fírinneach a bhaineann leis.

Oblómov

Maidin amháin in árasán, i gceann de na foirgnimh mhóra i Sráid Ghorachov a bhfuil an oiread sin daoine ina gcónaí ann gur geall le baile mór tuaithe aon cheann acu, bhí duine uasal darbh ainm Ilia Ilits Oblómov ina luí ar a leaba.

Ba dhuine beagáinín os cionn tríocha bliain d'aois é, fear ar meánaoirde a raibh cuma shuáilceach air. Faraoir, ní raibh fianaise dá laghad le feiscint ina shúile glasa go raibh oiread agus smaoineamh dearfach amháin ina aigne aige, agus lena chois sin ní raibh cumas machnaimh aige ach an oiread. Ó am go chéile théadh smaoineamh ag fánaíocht thar a aghaidh, amhail éan ag eitilt sa spéir; d'fhanadh sé nóiméad ina shúile, agus nóiméad ar a bheola leathoscailte, agus nóiméad i bhfolach i línte a chlár éadain. Ansin ní bhíodh le feiscint ag lonrú ar a aghaidh ach neamhchúis. Ba chuid dá iompar iomlán an neamhchúis chéanna, fiú i bhfillteáin a fhallaing oíche.

Uaireanta eile d'éiríodh a chuntanós dorcha agus lonnaíodh rud éigin cosúil le tuirse nó drogall ann. Ach níor éirigh ariamh le haon cheann de na mothuithe sin an chneastacht úd a bhí mar thréith bhunúsach a cheannaithe, agus léiriú ar an spiorad taobh thiar díobh, a dhíbirt uaidh. Agus ba é an spiorad céanna a shoilsigh ina shúile, ina gháire, agus i ngach uile ghluaiseacht dá lámha agus dá cheann. Dá dtabharfadh duine fuarchúiseach stracfhéachaint air, déarfadh sé go héadrom, 'Is léir gur duine deachroíoch é, ach is léir gur amadán é leis!' Ach bhreathnódh duine is géarchúisí comhbháúla air agus leanfadh sé ar aghaidh gan focal a rá ach aoibh an gháire ar a aghaidh agus é lán de smaointe geanúla.

Ní raibh aghaidh Oblómov dearg ná dúr ná geal, ach bhí dath neamhchinnte uirthi, agus í plobartha sa tslí go raibh roic inti roimh a haois. Ní fios ar easpa cleachtaidh nó easpa aeir úir nó easpa an dá ní faoi deara sin. De ghnáth cheapfá nach raibh ach corp banúil aige dá mbeifea ag breathnú ar róbháine a mhuiníl loim agus ar a lámha beaga borrtha.

Fiú agus é suaite, bhíodh a chuid gníomhartha faoi smacht cneastachta gan athrú, maille le drogall a raibh rian neamhghnách grástúlachta air. Ar an taobh eile de, áfach, d'éiríodh sé dúr sa ghnúis agus é faoi bhuairt, agus a chlár éadain ag rocadh de réir mar a chuaigh amhras, imní agus drochmhisneach i gcoimhlint le chéile. B'annamh géarchéim seo na mothuithe le feiscint faoi chruth aon smaoinimh dhearfaigh, nó d'fhanadh sí i bhfolach. De ghnáth ní bhíodh de thoradh ar aon cheann dá chuid mothúchán ach osna nó drogall patuar.

Ba mhar a chéile culaith baile Oblómov, imlínte ciúine a aghaidh, agus banúlacht a chrutha. Is éard a bhí sa chulaith chéanna ná fallaing oíche, déanta as éadach Peirseach éigin. B'fhallaing cheart Oirthearach í: culaith gan siogairlíní gan fásálacha veilbhite gan chom, ach slí go leor inti go bhféadfadh Oblómov í a fhilleadh thart air faoi dhó. Lena chois sin agus de réir sean-nós buan an Oirthir, leath a muinchillí amach go stuama ó ailt na láimhe aníos go dtí na guaillí. Is fíor go raibh úireacht a hóige imithe aisti mar fhallaing oíche, agus cuma sheanchaite tagtha i gcomharbacht ar a bunluisne nádúrtha anseo agus ansiúd; ach fós féin, bhí cruinneas na ndathanna Oirthearacha agus folláine an éadaigh le feiscint inti i gcónaí. Pé ar bith, ba bhall éadaigh í a raibh an-chuid cáilíochtaí luachmhara ag baint léi, agus í bog solúbtha go leor go bhféadfaí í a chaitheamh i ngan fhios dá chorp, agus d'fhreagair sí don ghluaiseacht ba lú a dhein sé, ar nós sclábhaí dílis. Ní chaitheadh Oblómov bástchóta nó carabhat agus é istigh, mar go mba mhór leis a chuid saoirse. Ba ar an ábhar céanna a bhí a chuid slipéar fada bog leathan, sa tslí go raibh sé éasca go leor a dhá chos a shleamhnú isteach iontu gan cuimhneamh agus é á ligint anuas ón leaba.

Maidir le Oblómov, níor ghá dó fanacht ina leaba (faoi mar ba ghá d'othar nó duine ar neamhchodladh) agus ní raibh air fanacht inti de thoradh tionóisce (faoi mar a bheadh ar fhear spíonta), agus níorbh ábhar taithnimh aige é (faoi mar a bheadh ag leisceoir) ach an oiread. A mhalairt ar fad a bhí ann, mar ní raibh ann ach a ghnáthriocht. Pé uair a chaith sé sa bhaile—agus b'annamh as baile é—ba ar fhleasc a dhroma a chaith sé é. Chomh maith leis sin, níor bhain sé leas ach as aon seomra amháin, a d'fheidhmigh mar sheomra leapa, seomra staidéir agus seomra fáilte in éineacht, agus is ann a thángamar air i dtús báire. Is fíor go raibh fáil aige ar dhá sheomra breise, ach ba annamh a bhreathnaigh sé isteach iontu siúd ach maidneacha áirithe (agus is cinnte nárbh é gach aon mhaidin é) nuair a tharla dá sheanghiolla a bheith ag scuabadh an tseomra staidéir. Bhí an troscán iontu faoi chlúdach i gcónaí, agus ní osclaítí na dallóga choíche.

Ar an gcéad radharc, b'áit dhea-ghléasta an seomra a raibh Oblómov ina luí ann. Bhí bord scríbhneoireachta crónghiúise ann, maille le cúpla tolg faoi chumhdach síoda éigin, agus scáileán breá a raibh éin agus torthaí bróidnithe air nach raibh le feisicint sa dúlra ariamh cheana. Thairis sin bhí cuirtíní síoda, cúpla mata, pictiúr nó dhó, dealbha cré-umha, soithigh poircealláin, agus an iliomad nithe gleoite gan bhrí. Ní theastódh ach stracfhéachaint ó dhuine breithiúnach chun a dhéanamh amach nach raibh sna nithe sin go léir ach taispeántas nár léirigh mórán tuisceana ar a n-oiriúnacht. Is cinnte nach raibh mórán machnaimh déanta ag Oblómov ar mhaisiú a sheomra staidéir. Ní bheadh éinne breithiúnach sásta le cathaoireacha ollmhóra liopasta dá leithéid, déanta as adhmad dearg gona ngiúirléidí bacacha. Ní hamháin sin ach bhí cúl toilg amháin ag tabhairt uaidh, agus an t-adhmad ag scaradh ón ngliú anseo agus ansiúd. Ba é an scéal céanna é leis na pictiúirí, na soithigh agus nithe beaga eile sa seomra.

Pé ar bith, ba ghnách lena mháistir neamhshuim a dhéanamh de na nithe seo go léir, mar a bheadh sé ag rá, 'Cé aige a mbeadh sé de dhánacht a leithéid a thabhairt isteach anseo?' Má ba chuma leis faoi na nithe seo, ba mhó fós neamhshuim a ghiolla, Sachar, agus ní chífeadh an breathnaitheoir airdeallach éinní sa seomra staidéir ach lorg an neamhchúraim agus an neamairt. Bhí líonta damhán alla gona n-ualach féin deannaigh thart ar na pictiúirí; in ionad aon rud a fhrithchaitheamh, ba gheall le cláir bhána meamraim na scátháin; bhí gach aon mhata smálaithe ag salachar, agus bhí tuáille dearmadta ina luí ar an tolg. Agus maidir leis an mbord, bhí (mar ba ghnáth ar maidin) pláta, sáiltéar, crusta leath-ite aráin, agus grabhóga scaipithe—rudaí nár glanadh as an mbealach i ndiaidh shuipéar na hoíche roimhe. I ndáiríre, marach go raibh pláta ann, agus píopa te tobac fós ina sheasamh taobh leis an leaba, agus go raibh corp Oblómov féin le feiscint inti, chreidfeá nach raibh éinne beo sa tigh, agus cuma dheannachúil gan dath ar gach ní, gan rian aon neacha dhaonna air. Is fíor go raibh leabhar nó dhó ar oscailt ar na seastáin, agus nuachtán caite ar leataobh, agus dúchán ar bharr an bhiúró maille le cúpla peann; ach bhí leathanaigh na leabhar faoi dheannach agus iad ag éirí buí (i bhfianaise go rabhadar ina luí ansin le fada), dáta ó anuraidh le léamh ar an nuachtán, agus aon uair a dtumtaí peann sa dúchán d'éiríodh cuileog dhearmadta as lena dordán scanraithe.

An mhaidin áirithe sin dhúisigh Oblómov go luath, ar a hocht a chlog, rud a bhí bun os cionn lena ghnáthchleachtas. Ar chaoi éigin bhí cuma shuaite air, agus an imní, an aiféala is an bhuairt ag imeacht thar a ghnúis i ndiaidh a chéile. Ba léir go raibh coimhlint de shaghas éigin ar siúl ina chroí istigh, agus ní raibh éirithe leis fós a mheabhair a chruinniú chun an lámh in uachtar a fháil uirthi. Ba é fírinne an scéil go bhfuair sé litir mhíthaithneamhach thar oíche ón mbáille a thug aire dá eastát faoin tuath. Tá a fhios againn go léir mar gheall ar na nithe míthaithneamhacha a d'fhéadfadh aon bháille a chur in iúl ina chuid litreacha agus é ag cur síos ar dhrochfhómhar, fiacha, laghdú ar an teacht isteach agus mar sin de. D'ainneoin go raibh na nithe ceannann céanna á rá ag an oifigeach áirithe seo le trí bliana anuas, chuaigh an litir seo i bhfeidhm ar Oblómov mar a thiocfadh sí aniar aduaidh air.

Ach chun a cheart a thabhairt d'Oblómov, chaith sé cúram áirithe lena chuid gnóthaí. I ndáiríre, chomh luath agus a fuair sé an litir bhuartha úd ón mbáille trí bliana ó shin, chuir sé plean i dtoll a chéile chun feabhas a chur ar riar a chuid sealúis. Ach ní raibh aon bhailchríoch cheart curtha aige air ariamh, agus tháinig na litreacha míthaithneamhacha chuige ón mbáille arís agus arís eile bliain i ndiaidh a chéile, rud a bhain an suaimhneas de, agus le fada an lá chonacthas dó go mbeadh air gníomh dearfach a dhéanamh leis an scéal a réiteach.

Dá bharr sin, ar dhúiseacht dó chinn sé ar éirí as a leaba chun é féin a ní. Bheartaigh sé go gcuimhneodh sé ar chúrsaí arís chomh luath agus a bheadh a chuid tae caite siar aige. Bhreacfadh sé nóta nó dhó agus raghadh sé i ngleic leis an ngnó i gceart. Fós féin, d'fhan sé ina luí san áit a raibh sé go ceann leathuair an chloig eile agus é ciaptha idir dhá chomhairle i gcónaí. Faoi dheireadh bheartaigh sé gurbh fhearr i bhfad dul i mbun oibre tar éis a bhricfeasta a ghlacadh sa leaba, go háirithe nuair a chuimhnigh sé nach gcuirfeadh an suíomh sin as dá chuid smaointe.

Dhein sé beart de réir a bhriathair, agus nuair a bhí an tae ólta aige d'ardaigh sé é féin aníos ar a leathuillinn agus bhí sé ar tí éirí as a leaba faoi dheireadh. I ndáiríre, bhí sé tosnaithe ar a chos a shíneadh síos i dtreo a chuid slipéar, ach tharraing sé siar í láithreach. Bhuail an clog leathuair tar éis a deich, agus bhain sin preab as Oblómov.

'Cad tá cearr?' ar seisean i bhfeirg. 'Dar mo choinsias, tá sé thar am dom rud éigin a dhéanamh! Dá mbeadh m'aigne déanta suas chun, chun, chun…' ach níor lean sé de pé rud a bhí ar intinn aige a rá, ach ghlaoigh sé in ard a chinn, 'A Shachar!' Ar a chloisint sin tháinig seanfhear i gculaith liath gona cnapáin phráis isteach, fear maol a raibh féasóg fhada dhosach ghabhálach air a dhéanfadh an gnó do thriúr gnáthdhaoine. Is fíor go raibh a chultacha déanta ar nós na tuaithe, ach ba mhór leis iad mar ní raibh aon chomhartha eile ar dhínit mhuintir Oblómov fágtha aige, muintir a bhí faoi ardcháil agus saibhir go leor tráth den saol, ach le himeacht aimsire bhí sí dulta i laghad agus i mbochtaineacht agus ní aithneofaí thar shlua na sleachta nua-chruthaithe anois í.

Bhí Oblómov gafa chomh mór sin lena chuid smaointe nár thug sé faoi deara go raibh Sachar tagtha, ach i ndeireadh na dála lig an giolla casacht as.

'Cad tá uait?' a d'fhiafraigh Oblómov de.

'Ghlaoigh tú orm, a mháistir?'

'Ghlaoigh mé ort, a deireann tú? Bhuel, n'fheadar ó thalamh an domhain cad 'na thaobh. Fill ar do sheomra go gcuimhneod arís air.'

D'fhill Sachar go dtí a sheomra féin, agus chaith Oblómov ceathrú uair an chloig eile ag smaoineamh ar an litir mhallaithe sin.

'Tá an iomarca ama caite agam i mo luí anseo,' ar seisean leis féin faoi dheireadh. 'I ndáiríre, *caithfead* éirí... Ach cuir i gcás go léifinn an litir go cúramach agus go n-éireoinn ina dhiaidh sin? A Shachar!'

D'fhill Sachar agus thit Oblómov i dtámhnéal láithreach bonn. D'fhan an giolla ina sheasamh go ceann tamaill ag stánadh go doicheallach ar a mháistir i ngan fhios dó. Ghluais sé arís i dtreo an dorais.

'Cad 'na thaobh go bhfuilir ag imeacht uaim?' a d'fhiafraigh Oblómov de go tobann.

'Bhuel, a mháistir, chím nach bhfuil aon rud le rá agat liom. Cad 'na thaobh go bhfanfainn i mo sheasamh anseo gan chúis?'

'Cad é? An bhfuil do dhá chos crapaithe chomh mór sin fút nach bhfuil ar do chumas fanacht i do sheasamh ar feadh nóiméid nó dhó? Tá buairt orm i dtaobh rud éigin, agus caithfidh tú fanacht. Nach i do luí i do sheomra a bhí tú? Déan cuardach, le do thoil, agus faigh an litir a tháinig chugam aréir ón mbáille. Cad tá déanta agat léi?'

'Cén litir? Ní fhacas aon litir, a mháistir,' a dhearbhaigh Sachar.

'Ach nach tusa a ghlac léi ó fhear an phoist?'

'B'fhéidir gur mé, ach cá bhfios dom cár leag tusa uait í?' Bhí an giolla ag fuaidreamh timpeall na bpáipéar agus nithe eile a bhí ar an mbord.

'Ní fheadraís éinní!' a dúirt a mháistir. 'Breathnaigh sa chiseán thall. Nó b'fhéidir go bhfuil an litir titithe taobh thiar den tolg? Dála an scéil, níor deisíodh cúl an toilg sin fós. Cuir fios ar an siúinéir láithreach agus abair leis teacht. Ba tusa a bhris é, agus ní chuimhníonn tú air in aon chor!'

'Ní mise a bhris é, a mháistir,' a d'fhreagair Sachar go pras. 'Bhris sé as a stuaim féin. Ní raibh aon saol fada i ndán dó. Chaithfeadh sé briseadh lá éigin.'

Ní raibh fonn ar Oblómov dul ag troid faoi sin. 'An bhfuair tú an litir sin fós?' a d'fhiafraigh sé de.

'Fuair mé cúpla ceann, a mháistir.'

'Ach ní hiad sin atá ag teastáil uaim.'

'Ní chím aon litir eile ach iad, a mháistir,' a dhearbhaigh Sachar.

'Maith go leor,' a d'fhreagair Oblómov go mífhoighneach. 'Éireod agus déanfaidh mise cuardach ar a son.'

Chuaigh Sachar thar n-ais go dtí a sheomra, ach ní raibh sé ach tar éis a lámha a leagadh ar an tsráideog go sínfeadh sé amach nuair a chuala sé an glaoch cinnte: 'A Shachar! A Shachar!'

'A thiarcais!' a ghearán an giolla agus é ag déanamh ar an seomra staidéir den triú uair. 'Cad 'na thaobh go gciaptar mé ar an dóigh seo? B'fhearr liom mo bhás!'

'Mo chiarsúr póca!' a dúirt Oblómov de ghlao. 'Sea, agus brostaigh! D'fhéadfá a dhéanamh amach gurbh é sin a theastaigh uaim!'

Níor thug Sachar aon aird ar an ordú aithiseach seo, agus níor dhein sé aon iontas de. B'fhéidir nár léir dó éinní neamhghnách san ordú ná san aithis.

'Cá bhfios d'éinne cá bhfuil an ciarsúr?' a dúirt sé de chogar agus é ag cuardach an tseomra is ag smúrthacht thart ar gach aon chathaoir, ach ní foláir nó thuig sé go rímhaith nach raibh aon chiarsúr ina luí orthu. 'Cailleann tú gach éinní,' a dúirt sé mar aguisín, agus d'oscail sé doras an pharlúis ar eagla go mbeadh an ciarsúr i bhfolach ansin.

'Cá bhfuil do thriall anois?' a dúirt Oblómov. 'Ba chóir duit a bheith ag cuardach anseo. Ní rabhas sna seomraí eile sin ó arú anuraidh. Brostaigh ort! Nach ndéanfaidh tú deifir?'

'Ní chím aon chiarsúr,' arsa Sachar, ag leathadh a dhá lámh

amach agus ag gliúmáil i ngach aon chúinne. 'Ansin atá sé!' a dúirt sé de ghrág tobann. 'Thíos fút atá sé, a mháistir. Chím a cheann ag gobadh amach. Bhí tú i do luí air i gcónaí, agus tú ag iarraidh ormsa é a aimsiú duit!' Níor bhac sé le fanacht ann ní b'fháide, agus d'imigh sé, ag bacadradh leis. Baineadh siar as Oblómov, ach ba ghearr gur chuimhnigh sé ar sheift nua chun milleán a chur ar a ghiolla.

'Nach iontach an tslí a ndéanann tú do chuid glantóireachta!' ar seisean. 'Féach ar an oiread seo deannaigh anseo, go deimhin! Breathnaigh sna cúinní sin! Ní chuireann tú aon stró ort in aon chor.'

'Más fíor nach gcuirim, a mháistir,' a d'fhreagair Sachar go huaibhreach, 'ar a laghad déanaim mo dhícheall agus ní dhéanaim dhá leath de, ag scuabadh is ag glanadh beagnach gach aon lá. Tá gach éinní chomh glan geal agus a bheadh sé i gcomhair bainise.'

'Nach mór an bhréag é sin!' a ghlaoigh Oblómov. 'Imigh leat go dtí do sheomra arís!'

Níor thug an comhrá seo mórán sásaimh dó. Is é fírinne an scéil go raibh dearmad déanta aige go bhféadfadh sé aighneas a tharraingt le hábhar leochaileach. D'ainneoin gur theastaigh uaidh go gcoimeádfaí a chuid seomraí glan, theastaigh uaidh go ndéanfaí an gnó i ngan fhios dó agus neamhspleách air; ach dhein sé gearán gach aon uair a thug Sachar faoin nglantóireacht nó faoin scuabadh is lú a dhéanamh.

Tar éis do Shachar bailiú leis go dtí a phluais, thosnaigh Oblómov ag machnamh arís go ceann cúpla nóiméad nuair a bhuail an clog leathuair éigin eile.

'Cad é sin?' a ghlaoigh Oblómov agus scanradh air. 'Is gearr go mbeidh sé ar bhuille a haon déag, agus nílim éirithe ná nite fós! A Shachar! A Shachar!'

Tháinig Sachar i láthair arís.

'An bhfuil gach rud réidh i gcomhair mo nite?' a d'fhiafraigh a mháistir de.

'Tá. Tá sé réidh le fada. Cad 'na thaobh nach n-éiríonn tú?'

'Cad 'na thaobh nár chuir tú in iúl dom go raibh gach rud i

gcóir? Dá ndéanfá sin, bheinn éirithe i bhfad ó shin. Téir ar aghaidh agus leanfad thú, ach caithfead suí síos anois chun litir a scríobh.'

D'fhág Sachar an seomra, ach d'fhill sé láithreach, agus ina lámh bhí beart mór páipéar agus leabhar gréiseach cuntais is focail breacaithe air.

'Má tá tú chun aon rud a scríobh,' a dúirt sé, 'b'fhéidir go mba mhaith leat breathnú ar na cuntais seo ag an am céanna? Tá airgead le híoc anois.'

'Cé na cuntais atá i gceist agat? Cén t-airgead?' a d'fhiafraigh Oblómov go crosta.

'Na cuntais ón mbúistéir, ón ngrósaeir, ón mbean níocháin agus ón mbáicéir. Táid go léir ag iarraidh a gcuid airgid.'

'Airgead, airgead agus imní de shíor!' a ghearán Oblómov. 'Cad 'na thaobh nach gcuireann tú na cuntais os mo chomhair gach re seal, in ionad iad go léir a chur faoi mo bhráid ina ndornán mór mar seo?'

'Is é an chúis leis sin go gcuireann tú amach uait mé i gcónaí, agus cuireann tú gach éinní ar athló.'

'Bhuel, is féidir leis na cuntais seo fanacht go dtí amárach.'

'Ní féidir, mar go bhfuil na creidiúnaithe i ndeireadh foighne agus ní ligfidh siad cairde leat níos mó, agus cuimhnigh gurb é seo an lá deireanach den mhí.'

'Ó, a thuilleadh cúraim, a thuilleadh ábhar imní!' a dúirt Oblómov go gruama de ghlao. 'Cad chuige go bhfuilir ag fanacht i do sheasamh ansin? Leag na páipéir sin ar leataobh ar an mbord. Nífidh mé ar dtús agus breathnóidh mé isteach sa ghnó go léir níos déanaí. An bhfuil an t-uisce réidh fós?'

'Tá, go deimhin.'

D'ardaigh Oblómov é féin aníos ar a leathuillinn agus dhein sé gnúsacht mar a bheadh sé ar intinn aige éirí óna leaba.

'Dála an scéil,' arsa Sachar, 'agus tú i do chodladh, chuir bainisteoir an tí an doirseoir chugat ag rá go gcaithfidh tú imeacht as an árasán seo mar go bhfuil sé ag teastáil ó dhuine éigin eile.'

'Maith go leor. Caithfimid imeacht. Cad chuige go gcuirfeá

buairt orm ina thaobh? Seo an tríú uair a d'inis tú dom ina thaobh.'

'Ach is iadsan atá ag cur buartha ormsa ina thaobh.'

'Bhuel, abair leo go bhfuil sé ar intinn againn imeacht.'

'Ach, a mháistir, deireann siad go bhfuilir ag geallúint le mí anuas go n-imeoidh tú ach gníomh ar bith nár dhein tú fós. Táid ag bagairt na bpóilíní ort.'

'Ná bac leo!' a dúirt Oblómov go daingean. 'Imeoimid nuair a thiocfaidh feabhas ar an aimsir—i gceann trí seachtaine nó mar sin.'

'I gceann trí seachtaine, a mháistir? Tá an gníomhaire ag rá go bhfuil na hoibrithe chun teacht amárach nó arú amárach agus go mbeidh ort imeacht. Sin a deireann sé, a mháistir!'

'An ndeireann? An iomarca deabhaidh atá air! Tá sé ag iarraidh orainn imeacht i bhfaiteadh na súl, an bhfuil? Ná habair éinní eile liom ina thaobh arís. Dúirt mé leat gan éinní a rá liom faoi cheana féin agus tá tú ag caint arís liom faoi. Bí cúramach!'

'Ach cad tá le déanamh agam, a mháistir?' d'fhiafraigh Sachar de.

'Cad tá le déanamh agat? An mar sin atá tú ag iarraidh sleamhnú as do dhualgais?' a d'fhreagair Oblómov. 'Is tusa atá á rá liom! Nach cuma liomsa! Déan pé socrú is mian leat, ach ná bí ag cur isteach orm a fhaid agus nach mbeidh orainn bogadh as an árasán seo. Nach ndéanfaidh tú aon ní ar son do mháistir?'

'Ach cad tá ar mo chumas a dhéanamh, a mháistir?' a thosnaigh Sachar ag rá de chogar carsánach. 'Ní liomsa an tigh, an ea? Conas a d'fhéadfaimis cur suas dóibh má chaitear amach sinn? Cuir i gcás go mba liom an tigh, a mháistir, bheinn breá sásta—'

'Nach féidir leat iad a mhealladh? Abair leo go bhfuilimid inar gcónaí anseo le blianta agus gur íocamar an cíos go rialta—'

'D'insíos é sin dóibh, a mháistir.'

'Ó, agus cén freagra a thugadar ort?'

'Bhuel, an bhfuil a fhios agat cad a dúradar? Leanadar ag rá go gcaithfimid bogadh mar go bhfuil an-chuid athruithe le déanamh acu. An dtuigeann tú, a mháistir, teastaíonn uathu árasán nua a dhéanamh as an árasán seo agus an ceann taobh leis, agus é a chur in oiriúint do mhac an tiarna talún atá chun pósadh.'

'Ar m'anam, agus conas a thaithníonn sin leat?' a dúirt Oblómov go crosta. 'Asail dá leithéid ag tnúth le pósadh!'

D'iompaigh sé siar ar fhleasc a dhroma.

'Cad 'na thaobh nach scríobhann tú chuig an tiarna talún, a mháistir?' arsa Sachar. 'B'fhéidir nach gcuirfidh sé isteach ort go mbeidh an obair tosnaithe ar an árasán eile.'

Dhírigh Sachar a shúile i dtreo éigin eile, ar a thaobh dheis.

'Ó, maith go leor. Scríobhfad chomh luath agus a éireod. Bheadh sé chomh maith agat filleadh go dtí do sheomra anois. Déanfad machnamh arís air,' a dúirt sé mar aguisín. 'Dealraíonn sé nach bhfuil ar do chumas éinní a shocrú agus go mbeidh ormsa an gnó amaideach a shocrú as mo stuaim féin.'

D'imigh Sachar arís agus lean Oblómov dá chuid machnaimh. Ba dhoiligh a rá cé chomh fada a d'fhanfadh sé idir dhá chomhairle ann mura gcloisfí glór mór chloigín an dorais ar fud an halla.

'Tá cuairteoir tagtha chugam agus nílim éirithe fós!' a dúirt Oblómov go hard agus é ag tarraingt a fhallaing oíche air. 'Cé a d'fhéadfadh a bheith ann?'

Luigh sé siar arís agus é ag stánadh go fiosrach i dtreo an dorais.

[Tá togha an oideachais ar Oblómov agus cur amach aige ar léann is leabhair. Cuireann éinní garbh comónta déistin air. Níl ar a chumas aon ghníomh mí-ionraic a dhéanamh, agus dála a chairde tá súil aige leis na nithe is uaisle. Cosúil le han-chuid daoine eile, tá náire air i dtaobh an tseirfeachais agus tá sé beartaithe aige scéim a chumadh lá éigin a chuirfidh leas agus saoirse a chuid seirfeach féin chun cinn.]

Bhí fáil aige anois ar an áthas a bhaineann leis na smaointe is aoirde, agus níorbh aduain leis ainnise an chine dhaonna. Uaireanta bhí sé ag gol go géar in íochtar a chroí faoina bhrón. Bhraith sé fulaingt anaithnid gan ainm agus brón, agus fonn imeacht go dtí áit i bhfad i gcéin—b'fhéidir go raghadh sé go dtí an áit sin a mhol Stolz dó le linn a óige. Thagadh na deora milse leis mar gheall air.

Ní hamháin sin, ach uaireanta bhraitheadh sé fuath do dhuáilcí an duine, fuath don urchóid agus don mhímhacántacht a leathnaíonn thar chlár an domhain; agus ag amanna dá leithéid ní raibh d'fhonn air ach na galair a ghoill air a thaispeáint don chine daonna. Go tobann dhúisíodh smaointe geala ina cheann, ag luascadh anonn is anall ann, cosúil le tonnta na farraige; de réir a chéile neartaídís ina gcinntí móra a chuireadh a chuid fola ag fiuchadh; bhíodh a chuid féitheog ag teannadh, ar tí gníomhú. Ansin chinneadh sé ar bheart... Le neart fórsa morálta d'aimsíodh sé suíomh nua ina leaba; bhíodh sé ag stánadh go daingean roimhe agus é á ardú féin ar a leathlámh. Bhogadh sé a leathlámh agus bhreathnaíodh sé timpeall agus neart na hin-spioráide ag spréacharnach ina shúile... Bhíodh gach cuma air go gcuirfí an inspioráid i gcrích láithreach i ngníomh mór laochais, agus nárbh fhios cad iad na míorúiltí a bheadh mar thoradh ar iarracht chomh mór leis!

Ach—d'imeodh an mhaidin, agus thiocfadh scáthanna an tráthnóna in áit solas glégheal an lae, agus de réir a chéile d'imeodh fuinneamh Oblómov i léig agus chun suaimhnis arís. Thitfeadh an stoirm chun ciúnais. Chroithfeadh sé de a chuid smaointe buartha. Bheadh a chuid fola ag sruthú níos moille ina chuislí—agus chasfadh Oblómov ar a dhroim go mall; bhreathnódh sé amach trína fhuinneog ar an spéir agus leanfadh sé cúrsa na gréine go brónach agus í ag dul faoi go glórach taobh thiar de thigh a chomharsa... Nach minic a lean sé luí na gréine lena dhá shúil féin.

[In achrann le Sachar]

'Cheapas,' ar seisean, 'nach raibh daoine eile níos measa as ná sinne, agus má tá ar a gcumas siúd aistriú tí a dhéanamh go bhféadfaimisne é a dhéanamh chomh maith.'

'Cad é? Cad é?' a dúirt Oblómov os ard agus é ag éirí as a

chathaoir uillinne. 'Cad é sin atá á rá agat?'

Bhraith Sachar náire mhór. Níor thuig sé ó thalamh an domhain cad a spreag éamh cáinte a mháistir, agus freagra níor thug sé air.

'Níl éinne is measa as ná sinne!' arsa Ilia Ilits le neart uafáis. 'Tá tusa tagtha go dtí an pointe sin anois. Beidh a fhios agam as seo amach nach bhfuil ionam ach duine mar chách.'

[Tar éis tamaill, glaonn Oblómov Sachar thar n-ais.]

'Ar smaoinigh tú ariamh cheana cén chiall atá leis na focail "daoine eile"?' a thosaigh Oblómov. 'An bhfuil orm an chiall atá leo a mhíniú duit?'

Bhog Sachar bocht ó chos go cos go míshuaimhneach, cosúil le béar ina uaimh, agus lig sé osna as.

' "Eile": is ionann é sin agus fear fiáin gan léann; maireann sé go suarach salach ar áiléar. Tá ar a chumas codladh a dhéanamh ar bhrat feilte áit éigin ar an urlár. Cén t-ábhar buartha a bheadh ann dó? Ní dhéanfadh sé puinn difir dó! Tá ar a chumas é féin a chothú ar scadán agus prátaí; cuireann a chuid bochtanais iachall air bogadh ó áit go háit. Bíonn sé ag síorimeacht gach aon lá. Tá ar a chumas siúd aistriú go dtí lóistín nua. Cuimhnigh ar Lagaidheiv: cuireann sé a shlat tomhais faoina ascaill, agus as go brách leis is a dhá léine clúdaithe ina chiarsúr aige. Fiafraíonn tú de, "Ca bhfuil do thriall?" "Táim ag bogadh ar aghaidh," a fhreagraíonn sé. Sin an chiall atá le "eile". An duine díobh siúd mise, agus an é sin an rud atá i gceist agat?'

Thug Sachar féachaint ghearr ar a mháistir. Bhog sé ó chos go cos ach níor thug sé aon fhreagra air.

'An dtuigeann tú anois an chiall atá leis an bhfocal "eile"?' a lean Oblómov leis. 'Eile, sin fear a ghlanann a bhuataisí féin agus a chuireann a chuid éadaigh féin air féin gan chabhair! Á, cinnte, d'fhéadfadh cuma fear uasal a bheith air, ach ní bheadh inti sin ach bréag. Ní bheadh eolas dá laghad aige ar cad is searbhónta ann. Ní bheadh fáil aige ar éinne le nithe a cheannach thar a cheann sa siopa. Déanann sé a chuid siopadóireachta féin. Bíonn sé ag gríosadh a thine féin, fiú, agus ó am go chéile baineann sé usáid as a cheirt deannaigh féin.'

'Sea,' a d'fhreagair Sachar go géar, 'tá an-chuid daoine dá leithéid i measc na nGearmánach.'

'Sin é! Sin é! Agus mise? An dóigh leat gur duine díobh mise?'

'Ní hea. Ní mar a chéile tusa agus iad,' arsa Sachar, ach chuaigh de a dhéanamh amach cén rud a theastaigh óna mháistir a chur in iúl dó…

'Á, táim difriúil! Go deimhin, táim. An mbím ag imeacht timpeall? An mbím ag obair? Nach mbím ag ithe nuair a bhíonn ocras orm? Féach orm: an bhfuilim tanaí? An bhfuil cuma mhíshláintiúil orm? An bhfuil éinní de dhíth orm? Buíochas mór le Dia, tá daoine ann chun fónamh dom. Níor chuireas mo stocaí féin orm ariamh i mo shaol ó rugadh mé. Buíochas mór le Dia! An gcaithfidh mise a bheith chomh míshuaimhneach le gach éinne eile? Cén fáth? Agus cé dó a bhfuilim ag insint na nithe seo go léir? Nach raibh tú liom ó bhíos i mo leanbh?… Tá sé go léir feicthe agat. Tá's agatsa go bhfuaireas togha an oideachais—nár fhulaing mé aon fhuacht ná ocras ariamh—nach raibh aon ghanntanas orm—nár thuill mé mo bheatha féin ariamh—nár shalaigh mé mo dhá lámh gheala ariamh le haon saghas oibre… Bhuel, ina dhiaidh sin agus uile, conas a d'fhéadfadh sé a bheith de dhánacht ionat mise a chur ar aon chéim le daoine eile?'

[Tá Stolz agus Oblómov tar éis filleadh abhaile go déanach, ag cur is ag cúiteamh i dtaobh imeachtaí na hoíche is na seachtaine.]

D'ainneoin go raibh sé déanach cheana féin, d'éirigh leo cuairt gnótha a dhéanamh agus ina dhiaidh sin sheas Stolz dinnéar d'úinéir mianach óir, agus leanadar ar aghaidh go dtí a thighse faoin tuath i gcomhair tae. Ba ann a thángadar ar shlua mór daoine, agus fuair Oblómov é féin i measc comhluadair, gan taithí dá laghad aige ar a leithéid le fada. Bhí sé déanach san oíche nuair a d'fhilleadar abhaile.

Tharla an rud ceannann céanna an chéad lá eile, agus an lá ina dhiaidh sin arís, agus d'imigh an tseachtain thart go tapaí ar an dóigh sin. Dhein Oblómov agóid, gearán agus argóintí go leor, ach ní raibh aon dul as aige agus lean sé a chara gach aon áit. Maidin amháin go háirithe, tar éis oíche fhada a chaitheamh amuigh, dhein sé agóid ar leith i dtaobh an tsaghas seo saoil.

'An lá ar fad,' a dúirt Oblómov de chogar agus é ag cur a fhallaing oíche air, 'agus ní bhaineann tú do bhuataisí díot: tá mo dhá chos-sa ag preabadh! Is fuath liom an saol seo a bhíonn á chaitheamh agat i gCathair Pheadair!' a lean sé leis agus é ina luí ar an tolg.

'Cén saghas saoil ab fhearr leat?' a d'fhiafraigh Stolz de.

'Ní thaithníonn an saghas sin saoil liom, pé ar bith.'

'Cad é an rud is mó is fuath leat faoi?

'Gach éinní: an síorimeacht seo, an t-idirphlé síoraí faoi mhionphaisin, an tsaint go háirithe, agus gach éinne go cíocrach chun buntáiste a fháil ar a chéile, an béadán agus an chúlchaint, an tslí a mbíonn siad ag breathnú ort; cuireann a gcuid cainte mearbhall ort agus éiríonn tú giodamach. Tá cuma dhínitiúil éirimiúil orthu, ach ní chloiseann tú éinní uathu ach "Tugadh rud éigin do dhuine éigin, agus fuair an duine siúd conradh mór rialtais…" "A thiarcais, cén fáth?" a deireann duine de bheic. "Chaill an duine seo nó an duine siúd a chuid airgid ag imirt cártaí ag an gclub aréir; agus ghlac duine éigin eile le spré trí chéad míle!" Tá an gnó ar fad tuirsiúil, tuirsiúil, tuirsiúil! Cá bhfuil an fíordhuine anseo? Cá bhfuil a chuid ionracais? Cá bhfuil sé i bhfolach? Conas a d'éirigh leis a chuid airgid go léir a scaipeadh ar mhion-nithe gan bhrí?'

'Ach caithfidh an comhluadar a bheith gafa le rud amháin nó rud eile,' arsa Stolz. 'Beatha dhuine a thoil. Sin is beatha ann…'

'Comhluadar! Tá tú do mo sheoladh ina threo d'aon ghnó, is dócha, a Aindré, le díomá a chur orm ina thaobh. Beatha! Beatha, a deireann tú, go deimhin! Cad tá le feiscint sa chomhluadar breá seo? Spéis intleachtuil? Mothúcháin fhírinneacha? An bhfeiceann tú go bhfuil aon fhearsaid ann a mbeadh an comhluadar seo go léir in ann casadh timpeall uirthi? Níl a leithéid d'fhearsaid ann. Níl doimhneacht ná beocht ann. Tá na daoine seo go léir marbh.'

Táid go léir ina gcodladh, agus níos measa ná mise! Cén cuspóir beatha atá acu? Ní fhanann siad ina luí ach bíonn siad ag imeacht ar fud na háite cosúil le cuileoga, agus cad chuige? Buaileann tú isteach go dtí an seomra suí, agus ba dheacair gan moladh a thabhairt ar leagan amach na háite, agus an tslí a bhfuil na haíonna ina suí go comhchruthach ann—ach le cártaí a imirt! Nach iontach a gcuspóir beatha! Nach iontach an sampla é don aigne atá ag cuardach ábhar spreagtha? Nach daoine marbha iad go léir? Nach bhfuilid go léir ina gcodladh ar feadh a saoil agus iad ina suí ann? Cad 'na thaobh gur mó milleán atá ormsa atá sásta fanacht i mo shuí sa bhaile gan díobháil a dhéanamh d'aigne éinne eile le caint faoi aonta agus cuireataí?'

'Níl i do chuid cainte ach seanábhar caite,' arsa Stolz. 'Dúradh a leithéid na mílte uair cheana féin. Níl éinní nua á rá agat, ar ndóigh.'

'Bhuel, cad faoi bhláth ár n-aosa óig? Cad a dhéanann siadsan? Nach mbíonn siad ina gcodladh agus iad ag spaisteoireacht nó ag tiomáint ar Ascaill Neivscí, fiú, nó ag rince? Cad eile a bhíonn ann ach meilt agus síormheilt na laethanta! Ach ná déan dearmad ar an uabhar, an dínit iontach agus an fhéachaint dhímheasúil a thugann siad ar éinne nach bhfuil feistithe i gceart, nó nach bhfuil ar aon aicme nó gradam leo féin. Agus ceapann siad, na suaracháin bhochta, go bhfuilid os cionn na coitiantachta! "Sinne," a deireann siad, "is againne na postanna is fearr sa státseirbhís. Bímid inár suí sna suíocháin is fearr san amharclann. Bímid ag dul go dtí na rincí a reachtálann an Prionsa N., agus ní fhaigheann na daoine eile aon chuireadh." Agus nuair a chastar na daoine seo ar a chéile téann siad ar meisce, agus bíonn siad ag troid le chéile ar nós daoine buile. Cad chuige? An bhfuil na daoine seo beo agus ina lándúiseacht? Agus ní bhaineann an scéal seo leis na daoine óga amháin. Tabhair stracfhéachaint ar dhaoine níos aosta. Buaileann siad le chéile. Glacann daoine béile i bhfochair a chéile, ach ní bhíonn aon fhíorchumann eatarthu. Níl aon fhéile ná fíorchaoin fáilte ann, agus níl aon chomhbhá le tabhairt faoi deara ina measc ach an oiread. Is mar a chéile dóibh dinnéar nó cóisir agus an lá gnóthach a chaitheann siad ina gcuid oifigí. Baineann fuacht lena gcaidreamh, gan oiread agus splanc den mheidhir le braistint ann. Níl uathu ach maíomh as buanna a gcócaire, nó a seomra suí agus a bhfuil ann, nó bíonn siad ag fonóid faoi chéile ina dhiaidh, ag iarraidh bob a bhualadh ar a chéile. Caithfead a admháil go macánta nár thuigeas ó thalamh an domhain cad ba chóir dom a dhéanamh an lá faoi dheireadh agus mé ag súil le áit folaithe faoin mbord nuair a thosnaíodar ar a gcuid clúmhillte ar dhaoine nach raibh i láthair. Asal is ea an duine seo. Cneámhaire an duine eile. Maidir leis an duine eile, is gadaí é, gan trácht ar an duine siúd atá ina shuarachán ceart críochnaithe —slad ceart, ambaist! Agus le linn dóibh é a rá bhíodar ag breathnú ar a chéile mar a bheidís ag rá, "Chomh luath agus a fhágfaidh túsa an seomra, a chara mo chroí, is ortsa a bheimid ag caint." Cad 'na thaobh go mbíonn siad ag bualadh le chéile in aon chor más mar sin a bhíonn? Cad 'na thaobh go bhfáisceann siad a lámha ina chéile le neart cairdis? Níl aon gháire ón gcroí le fáil ann, ná oiread agus léas amháin comhbhá! Táid go léir ar buile chun duine ardghradaim, duine mór le rá, a mhealladh chun a n-áite féin. "Bhuail an duine seo siúd isteach chugam," a mhaíonn siad ina dhiaidh. "Thugas cuairt ar an duine seo siúd." Cén saghas beatha é sin? Níl sí uaimse. Cad tá le fáil agam as? Cad a fhoghlaimeoidh mé ann?'

'N'fheadar an bhfuil a fhios agat, a Ilia,' arsa Stolz, 'ach bíonn do chuid cainte ar aon dul le caint na sean is na sinsear; bhídís siúd ag scríobh ar an dóigh sin i seanleabhair. Ach rud maith is ea é sin, pé ar bith. Ar a laghad, tá tú ag caint agus nílir i do chodladh. Bhuel, cad eile? Lean leat.'

'Cad 'na thaobh go leanfainn de? Féach tú féin. Níl oiread agus duine amháin anseo a bhfuil cuma úr shláintiúil air.'

'Is é an drochaeráid faoi deara sin,' a dúirt Stolz, ag cur isteach air. 'Tá cuma pas beag ataithe ar d'aghaidh féin, agus ní bhíonn tusa ag imeacht thart—fanann tú i do luí ar do leaba ar feadh an lae.'

'Níl súile suaimhneacha soiléire ag éinne acu,' a lean

Oblómov. 'Scaipeann siad an galar ar a chéile trí shaghas dúleanna nó imní chiaptha; táid go léir ag cuardach ní éigin go pianmhar. Agus ba bhreá an ní é dá mba sa tóir ar an bhfírinne nó ar mhaithe le leas daoine eile a bheidís—ach ní mar sin atá. Éiríonn siad bán san aghaidh nuair a chloiseann siad faoi rath a gcairde. Níl d'ábhar buartha ag duine amháin ach a bheith in am i gcomhair na cúirte amárach: tá a chás ar siúl le breis is cúig bliana, agus níl ach aon mhian amháin aige agus aon smaoineamh amháin ina cheann, go bhfaighidh sé bua ar a namhaid chun a leas féin a bhrostú mar thoradh ar a scrios siúd. Dul go rialta go dtí an chúirt ar feadh cúig bliana agus a bheith ag suí is ag feitheamh sa dorchla —níl ach an méid sin mar aidhm agus idéal a bheatha aige! Tá lagar spride ar dhuine eile mar go bhfuil air dul go dtí an oifig gach lá agus fanacht ann ar feadh cúig uaire, agus tá duine eile ag osnaíl go domhain nach bhfuil an rath céanna air.'

'Fealsamh atá ionat, a Ilia,' arsa Stolz. 'Tá ábhar buartha ag gach éinne ach amháin agatsa nach bhfuil éinní de dhíth ort.'

'An fear mílítheach uasal úd a bhfuil spéaclaí air,' a lean Oblómov, 'níor shos dó ach ag fiafraí díom an raibh oráid de chuid teachta Francach éigin léite agam, agus stán sé go feargach orm nuair a chuireas in iúl dó nach nós liom aon nuachtán a léamh. Ach lean sé leis gan stad gan staonadh, ag cur síos ar Louis Philippe faoi mar a bheadh gaol aige leis. Bhí sé do mo chiapadh i dtaobh na gcúiseanna go raibh ambasadóir na Fraince bailithe leis as an Róimh. An dóigh leat go gcuirfidh mé de dhua orm féin ualach nua de scéalta an domhain a iompar gach lá, chun iad a scaipeadh go ceann seachtaine, go mbeidh mo stór díobh ídithe? Sea. Inniu chuir Muhammed Ali long go Cathair Chonstaintín agus ní fheadair sé cad chuige. Amárach tá Don Carlos dulta ar gcúl agus tá sé ana-bhuartha go deo. Anseo táid ag tochailt canálach, ansiúd cuireadh baicle trúpaí soir: a thiarcais, tá cogadh ar leac an dorais againn! Tá sé ag cur as dó go mór. Ritheann sé mar a bheadh arm ag máirseáil ina threo pearsanta féin. Téann siad ag argóint le chéile. Déanann siad cur síos ar an scéal de réir gach tuairime, ach táid tuirseach agus níl spéis dá laghad acu ann chun an fhírinne a dhéanamh: tá sé le feiscint go bhfuil codladh an traonaigh orthu go léir d'ainneoin a mbuaileam sciath agus uile! Ní bhaineann sé leo in aon chor; táid cosúil le daoine a shiúlann timpeall agus hataí ar iasacht orthu. Níl faic na fríde le déanamh acu, agus dá bharr sin scaipeann siad a gcuid fuinnimh ar fud na háite gan aon chuspóir ar leith acu. Má léiríonn siad spéis leathan i gcúrsaí an tsaoil, níl inti ach foilmhe agus easpa comhbhá le héinní. Obair thuirsiúil gan ghradam is ea bóthar cúlánta an dian-saothair chun trinse mór groí a thochailt, agus is beag an mhaitheas a dhéanfadh a gcuid móreolais dóibh ann, mara bhfuil ar a gcumas dul i bhfeidhm ar éinne mór le rá!'

'Bhuel, a Ilia,' arsa Stolz, 'níl ár gcuidne fuinnimh scaipithe againne ar fud na háite, go deimhin. Nach bhfuil an ceart agam? Cá bhfuil ár mbótharna cúlánta diansaothair?'

Thit Oblómov ina thost go tobann.

'Ó, níl le déanamh agam ach bailchríoch a chur ar... ar mo phlean,' ar seisean. 'Agus pé scéal é, cad 'na thaobh go gcuirfinn buairt orm féin ina dtaobh?' a dúirt sé go crosta mar aguisín tar éis seala. 'Ní chuirim isteach orthu. Nílim ag iarraidh aon bhuntáiste a bhaint amach dom féin. Níl le rá agam ina dtaobh ach nach bhfeicim go bhfuil beatha nádúrtha á caitheamh acu. Ní hea. Níl ina mbeatha siúd ach tréigint an mheáin, tréigint idéal na beatha a chuireann an nádúr os comhair gach éinne mar chuspóir.'

'Cad é an t-idéal, an meán seo beatha?

Freagra ar bith níor thug Oblómov.

'Anois, inis dom,' lean Stolz lena cheist, 'cén saghas beatha a bheadh beartaithe agatsa?'

'Tá mo bheart déanta agam i dtaca léi cheana.'

'Ó? Inis dom, cad é féin?'

'Cad é?' arsa Oblómov, ag iompú ar fhleasc a dhroma chun stánadh i dtreo na síleála. 'Bhuel, d'fhillfinn ar an tuath.'

'Cad 'na thaobh nach bhfilleann tú, mar sin?'

'Níl mo phlean déanta amach i gceart agam fós. Thairis sin, ní raghainn ann liom féin ach i dteannta mo mhná.'

'Ó, tuigim! Bhuel, cad 'na thaobh nach bpósfá? Fan trí nó

ceithre bliana eile agus ní bheidh fonn dá laghad ar aon bhean snaidhmeadh leat.'

'Bhuel, níl leigheas agam ar an scéal,' arsa Oblómov, agus lig sé osna. 'Táim róbhocht chun pósadh.'

'A thiarcais, agus cad faoi Oblómovca? Trí chéad seirfeach!'

'Cad faoi? Ní leor an méid sin féin chun maireachtáil i dteannta mná.'

'Nach leor é i gcomhair beirte?'

'Ach cad faoi na páistí?'

'Má chuirtear oiliúint cheart orthu, beidh ar a gcumas cur ar a son féin. Caithfidh an t-eolas i dtaobh a gcuid oiliúna a bheith agat chun iad a chur sa treo ceart—'

'Ní hea, a dhuine, ní haon mhaith d'fhir uaisle saothrú a dhéanamh,' a dúirt Oblómov ag cur isteach air go tur. 'Pé ar bith, fiú gan cuimhneamh ar cheist aon pháistí, ní bheimis linn féin amháin. Nuair a deirtear "leat féin agus do bhean", níl i gceist ach nath. Le fírinne, bheadh na céadta ban ag déanamh ionradh ar do thigh chomh luath agus a phósfá. Cuimhnigh ar pé clann is mian leat: gaolta ban, mná tí, agus gach aon bhean sa chomharsanacht, bheidís go léir ag brú isteach chugaibh gach aon lá i gcomhair caife agus dinnéir. Conas a d'fhéadfá a leithéid a sheasamh mara bhfuil agat ach trí chéad seirfeach?'

'Ceart go leor. Ach cuir i gcás gur tugadh trí chéad míle seirfeach breise duit: cad a dhéanfá ina leithéid de chás?' a d'fhiafraigh Stolz de le neart fiosrachta.

'Chuirfinn ar morgáiste é láithreach agus bhraithfinn ar an ús.'

'Ach ní bhfaighfeá ús do dhóthain as. Cad 'na thaobh nach gcuirfeá do chuid airgid i gcomhlacht éigin—inár gcomhlachtna, mar shampla?'

'Ní chuirfidh. Beag an baol.'

'Cad 'na thaobh? Nach mbeadh muinín agat asam féin, fiú?

'Ní dhéanfainn é. Ní hé nach mbeadh muinín agam asat, ach d'fhéadfadh cúrsaí dul amú. Cuir i gcás go gclisfeadh do ghnó ort agus go bhfágfaí mise gan pingin rua de mo chuid féin mar gheall air? Scéal eile ar fad is ea banc.'

'Maith go leor. Ach cad é an chéad rud eile a dhéanfá?'

'Chuirfinn fúm i dtigh breá compordach nua. Bheadh comharsana cneasta ina gcónaí sa cheantar céanna—tusa, mar shampla. Ach ní hea: ní fhéadfá fanacht socair in aon áit ach tamaillín gearr, an bhféadfá?'

'An bhféadfása? Nach raghfá ag taisteal in aon chor?'

'Ní raghainn choíche ná go deo.'

'Bhuel, cad 'na thaobh, mar sin, go gcuireann daoine an oiread sin dua orthu féin le hiarnróid agus galbháid a thógaint mara bhfuil d'idéal beatha ag daoine ach fanacht socair in aon áit amháin? Cuirimis dileagra i dtoll a cheile ag impí orthu éirí as, a Ilia. Nílimid ag dul aon áit, an bhfuilimid?'

'Is iomaí saghas duine ann—idir ghníomhairí, bhainisteoirí, cheannaithe móra, statseirbhísigh agus thaistealaithe—gan baile dá gcuid féin. Bíonn siad ag taisteal chomh minic agus a bhuaileann an fonn iad.'

'Ach cén saghas duine thusa?'

Níor thug Oblómov aon fhreagra ar an gceist sin.

'Cén aicme lena mbaineann tusa, an dóigh leat?'

'Cuir ceist ar Shachar,' a dúirt Oblómov.

Dhein Stolz go díreach mar a mhol sé.

'A Shachar!' agus ghlaoigh sé in ard a chinn ar Shachar.

Tháinig Sachar isteach agus cuma chodlatach air.

'Cé tá ina luí ann?' a d'fhiafraigh sé de Shachar.

Bhí Sachar ina steillebheatha láithreach agus d'fhéach sé go hamhrasach leataobhach ar Stolz agus Oblómov araon.

'Cé hé, a dhuine uasail? Bhuel, nach bhfeiceann tú?'

'Ní chím,' arsa Stolz.

'A thiarcais! Is é an máistir, Ilia Ilits, atá ann.'

Dhein sé dradgháire leis.

'Maith go leor. Tá cead agat imeacht.'

'An máistir, ambaist!' a dúirt Stolz arís ina dhiaidh, agus phléasc sé ag gáire.

'Á, bhuel,' a cheartaigh Oblómov é go crosta, 'fear uasal, mar sin.'

'Ní hea, ní hea! Máistir is ea tusa!' a lean Stolz leis.

'Cén difear atá ann?' a dúirt Oblómov. 'Is mar a chéile fear uasal agus máistir.'

'Fear uasal,' a mhínigh Stolz, 'fear uasal is ea an saghas máistir a chuireann a chuid stocaí féin air agus a bhaineann a bhuataisí féin de.'

'Sea. Déanann an Sasanach an obair sin dó féin ós rud é go bhfuil ganntanas searbhóntaí ina thír, ach maidir leis na Rúisigh—'

'B'fhearr liom a thuilleadh a chloisint mar gheall ar d'idéal saoil. Bhuel, tá do chairde dílse cruinnithe i do thimpeall, ach cad eile? Conas a chaithfidh tú do chuid laethanta?'

'Bhuel, d'éireoinn le bánú an lae,' a thosnaigh Oblómov, ag fáisceadh a dhá lámh ina chéile taobh thiar dá cheann agus cuma shochma ag teacht ar a aghaidh: bhí sé thíos faoin tuath cheana féin. 'Tá an dea-aimsir ann. Tá an spéir geal gorm, agus níl oiread is scamall amháin le feiscint inti,' ar seisean. 'Féachann an taobh de mo thigh a bhfuil balcóin air soir i dtreo na gréine, agus a aghaidh ar an ngairdín is na páirceanna, ach is i dtreo an tsráidbhaile a fhéachann an taobh eile de. Agus mé ag feitheamh go ndúiseoidh mo bhean chéile, chuirfinn orm m'fhallaing oíche agus raghainn ag siúl sa ghairdín le aer úr na maidne a thógaint. Is ann a chasfaí orm an garraíodóir, agus raghaimis i bpáirt leis na bláthanna a uisciú, na crainnte is na toir a bhearradh. Bhainfinn bláthanna le cnuasach a dhéanamh do mo bhean. Ina dhiaidh sin dhéanfainn folcadh i m'fholcadán nó san abhainn. Ar fhilleadh dom d'fheicfinn go raibh an bhalcóin ar oscailt. Tá a gúna maidne ar mo bhean chéile maille le caipín chomh héadrom sin go séidfeadh an leoithne ba lú dá ceann é nóiméad ar bith, cheapfá... Tá sí ag feitheamh liom. "Tá an tae réidh," a deireann sí. Nach iontach an phóg! Nach iontach an tae! Nach iontach compordach an chathaoir uillinne! Suím chun boird: tósta, uachtar, agus im úrbhuí...'

'Agus cad eile?'

'Bhuel, cuirim cóta scaoilte nó saghas éigin ionair orm. Tá mo leathlámh timpeall chom mo bhean agus téimid beirt ag fánaíocht trí ascaill dhomhan crainnte: siúlaimid go héadromchosach agus sinn gafa lenár smaointe féin, nó bímid ag smaoineamh os ard, nó ag brionglóidí, nó ag comhaireamh gach aon nóiméad sonais cosúil le bualadh na cuisle agus sinn ag éisteacht le gach preabadh. Cuirimid ár smaointe i gcomhréir leis an dúlra, agus de réir a chéile tagaimid go dtí sruth nó páirc. Is ar éigean atá an abhainn ag rith. Tá diasa an arbhair ag bogadh go cneasta sa leoithne. Tá sé te. Suímid le chéile sa bhád, agus tá mo bhean chéile i mbun rámhaíochta. Is ar éigean atá sí ag ardú na maidí rámha...'

'Sea, is file thú, go deimhin, a Ilia!' a dúirt Stolz agus é ag cur isteach air.

'Sea, is mé file na beatha, mar is ionann an bheatha agus an fhilíocht. Tá sé de phribhléid ag daoine í a chur as a riocht! Anois téimid isteach sa tigh gloine,' a lean Oblómov, agus a idéal ag dul i bhfeidhm air amhail deoch mheisciúil. Tharraing sé anuas as a chuimhne pictiúirí a bhí réidh aige leis na cianta, rud a mhéadaigh ar chroíúlacht a chuid cainte, agus lean sé di gan stad ar bith a dhéanamh. 'Breathnaímid ar na péitseoga agus na caora finiúna,' a dúirt sé. 'Roghnaímid na cinn is fearr i gcomhair an bhoird agus fillimid le proinn éadrom maidne a chaitheamh, agus ina dhiaidh sin fanaimid go mbuaileann cairde isteach chugainn. Tá nóta tagtha chúig mo bhean ó Mhairia Peitreovna maille le leabhar nó ceol éigin; nó b'fhéidir gur cuireadh anann chugainn mar bhronntanas nó go bhfuil mealbhacán ollmhór tar éis aibiú inár ngairdín féin agus cuirimid chuig cara maith é i gcomhair dinnéar an lá amárach, agus téimidne ann chomh maith. Idir an dá linn tá fuadar faoi gach éinne sa chistin, an cócaire ag imeacht timpeall ina naprún agus caipín chomh geal le sneachta ar a cheann aige: leagann sé pota amháin síos agus tógann sé ceann eile aníos; is ann atá sé ag meascadh rud éigin, agus anois tá sé ag fuineadh taois; doirteann sé braoinín uisce—tá na scianta ag cleatráil—táid ag gearradh beagáinín spionaiste—agus táid ag casadh an reoiteora i gcomhair an uachtair. Pléisiúr mór is ea é a bheith ag breathnú isteach sa chistin roimh dhinnéar chun claibín sáspain a ardú agus bolú air, stracfhéachaint a thabhairt ar dhéanamh na gcácaí milse agus bualadh an uachtair. Ina dhiaidh sin tá deis agam mo scíth a ligint ar an tolg; léann mo bhean chéile amach rud éigin nua dom; stadaimid ar feadh tamaill. Tá argóint eadrainn—ach tá cuairteoirí ag teacht: abair, tusa agus do bhean chéile.'

'A thiarcais, an bhfuilir chun bean chéile a fháil domsa anois chomh maith?'

'Cinnte! Beirt, triúr cairde eile, an seanlucht aitheantais céanna. Leanaimid den chomhrá nár chuireamar críoch leis inné. Tagann ábhar grinn ina dhiaidh, nó tagann scáth an chiúinis anuas orainn, seal machnaimh—agus ní cuntas ar phost caillte ná ar ghnóthaí an tSeanaid atá i gceist, ach mianta lánsásta, machnamh taithneamhach. Ní chloisfidh tú sciolladóireacht agus cúr ar bheola lucht a ráite i gcoinne duine nach bhfuil i láthair; ní thabharfaidh tú faoi deara an stracfhéachaint a thugtar ort agus a gheallann an léasadh céanna duit chomh luath agus a dhúnfaidh an doras i do dhiaidh. Ní thumfaidh tú do ghreim aráin i sáiltéar an duine nach dtugann tú grá dó agus nach bhfuil maitheas ann. Ní chifidh tú i súile an chomhluadair ach comhbhá, agus ní bheidh ach gáire ionraic gan ghangaid ina gcuid grinn. Gach éinní ón anam amach! An ní atá le feiscint sna súile, tá sé sna focail is sna croíthe chomh maith. Tar éis dinnéir beidh moca againn agus todóg den scoth ar ardán an tí.'

'Tá an pictiúr atá á tharraingt agat dom ar aon dul leis an gceann a bhí ag ár n-aithreacha agus ár seanaithreacha fadó.'

'Níl. Ní mar a chéile iad,' a d'fhreagair Oblómov go pras mar a bheadh sé ag glacadh uabhair as. 'Conas a d'fhéadfá a leithéid a rá? An dóigh leat go mbeadh mo bhean chéile ag leasú muisiriún agus ag déanamh suibhe? An mbeadh sí ag comhaireamh íornaí olann agus ag tabhairt aire do bhréidín? An mbeadh sí ag tabhairt cluaisín do na cailíní aimsire? Nach gcloiseann tú? Bheadh ceol agus leabhair, pianó agus troscán breá ann!'

'Bhuel, agus cad fút féin?'

'Maidir liom féin, ní ag léamh nuachtáin sheanchaite ó anuraidh a bheinn, ach ag taisteal i gcóiste breá. Dhiúltóinn glan do núdail agus feoil gé, agus bheadh mo chócaire ag foghlaim ceachtanna nua sa chlub Sasanach nó i dtigh an ambasadóra.'

'Agus cad a dhéanfá ina dhiaidh sin?'

'Nuair a bheadh an teas maolaithe beagáinín, chuirfinn carráiste maille le samabhár agus milseog go dtí an choill beithe, nó ar an bhféar úrbhainte sa pháirc. D'iarrfainn go leathfaí cairpéid amach idir na cocaí féir, agus is ann a d'fhanfaimis faoi aoibhneas go mbeadh an slamar fuar agus an stéig mhairteola tagtha chugainn. Tá oibrithe na tuaithe ag filleadh ón bpáirc agus a speala ar a nguaillí acu; imíonn capall agus carr ar aghaidh go mall agus iad folaithe faoi ualach féir, agus ar a bharr tá caipín tuaithe le feiscint, maisithe ag bláthanna, agus gobann ceann páiste amach as an bhféar. Tá baicle seanbhan cosnocht le corráin ag caint is ag cabaireacht os ard. Ar an toirt tugann siad faoi deara go bhfuil a máistrí ann: tagann tost orthu agus sléachtann siad go híseal.

'Tá sé tais sa pháirc, agus dorcha; tá ceo amhail muir bun os cionn, agus é ar crochadh os cionn an tseagail; tá na capaill ag éirí geiteach agus ag satailt lena gcrúba. Tá sé in am dúinn filleadh abhaile. Cheana féin tá na tinte ar lasadh sna tithe, agus cleatráil mhór na sceana le cloisint sa chistin. Tá soitheach lán de bheacain, gríscíní agus caora ann… Tá ceol ann: *Casta diva! Casta diva!'* a chan Oblómov os ard. 'Ní fhéadfainn tagairt do *Casta diva* gan mhothú,' ar seisean tar éis an chéad chuid den *cavatina* a chanadh, 'agus an bhean sin agus a croí ag imeacht aisti ina cuid deor! Nach mór an dúlionn atá sna fuaimeanna sin, agus i ngan fhios d'éinne i ngiorracht di go bhfuil sé ann! Tá sí léi féin agus rún a croí ina ualach mór uirthi; insíonn sí don ghealach é—'

'An dtaithníonn an t-áiria sin leat? Tá áthas orm faoi sin: canann Ólga Ilinscí go binn é. Cuirfidh mé in aithne duit í. Nach iontach a guth! Nach iontach a cuid amhránaíochta! Nach aoibhinn an ainnir í! B'fhéidir go bhfuil mo thuairim claonta ina leith cheana féin: tá luí éigin agam léi, tá's agat… Ach ná lig dom cur isteach ort níos mó!' a dúirt Stolz, ag rá mar aguisín, 'Lean ort le do chur síos!'

'Bhuel,' a lean Oblómov, 'cad eile…? Sea, sin é. Scaipeann na haíonna go dtí na bothanna beaga, na pailliúin; an lá arna mhárach téann siad i dtreonna éagsúla, duine amháin ag iascaireacht, duine eile ag fiach, agus an tríú duine… bhuel, suíonn sé síos—'

'Conas, agus gan éinní ina dhá lámh aige?' d'fhiafraigh Stolz.

'Cad eile a theastódh? Bhuel, tá ciarsúr ina lámh, más mian leat. Cad 'na thaobh nár mhaith leat do shaol a chaitheamh ar an dóigh sin?' a d'fhreagair Oblómov, 'nó nach amhlaidh atá an saol, pé ar bith?'

'Mo shaol a chaitheamh choíche is go deo ar an dóigh sin?' a d'fhiafraigh Stolz arís.

'Go n-éireodh ribíní do chuid gruaige liath, go dtí an uaigh féin. Sin beatha agat!'

'Ní hea. Ní beatha é sin.'

'Nach ea? Cad 'na thaobh? Ar fhág mé éinní as an áireamh? Cuimhnigh nach bhfeicfeá oiread is aghaidh bhrónach fhulangach amháin. Ní bheadh aon chúram ar éinne ná aon cheist ag éinne mar gheall ar an Seanad nó an malartán nó scaireanna, tuarascálacha, éisteachtaí i láthair an aire, oifigí, ardú pá. Ní bheadh ann ach comhráite ó íochtar anama. Ní bheadh ort aistriú go dtí árasán nua—agus b'fhiu an-chuid an méid sin féin! Agus deireann tú nach beatha é sin?'

'Ní hea!' a lean Stolz leis go stuacánach.

'Cad is beatha ann, mar sin, dar leatsa?'

'Níl i do leagan amach ach…' agus chuaigh Stolz ar a mharana ar feadh tamaill, ag cuardach an fhocail chuí. 'Thabharfainn… Thabharfainn Oblómovachas air!' ar seisean faoi dheireadh.

'Ob-lóm-ov-achas!' a dúirt Oblómov go mall, agus iontas air leis an bhfocal neamhghnách, á rá siolla i ndiaidh a chéile: 'Ob-lóm-ov-achas!' Tháinig dreach aduain ar a aghaidh agus ghreamaigh a dhá shúil i Stolz.

'Bhuel, más ea, cad is idéal na beatha ann i do thuairimse? Cad iad na nithe nach Oblómovachas ann?' a d'fhiafraigh sé go faiteach gan phaisean. 'Nach bhfuilimid go léir ag tnúth leis an ní ceannann céanna a bhfuilim féin ag cuimhneamh air? Abair leat,' a dúirt sé le breis dánachta. 'Nach é sin an cuspóir atá lenár gcuid saothair go léir, lenár gcuid paisean, cogaí, tráchtála, polaitíochta, dúil sa tsíocháin: nach ionann na nithe sin go léir agus coimhlint ar son idéal an pharthais a cailleadh a shroisint arís?'

'Níl i d'útóipe ach utóipe Oblómovach,' a thug Stolz mar fhreagra air.

'Sa tóir ar fhaoiseamh agus ciúineas atá gach éinne,' a dúirt Oblómov mar chosaint air féin.

'Ní hamhlaidh do gach éinne, agus ní raibh tusa ag súil lena leithéid as an mbeatha deich mbliana ó shin.'

'Cén rud a raibh súil agam leis?' a d'fhiafraigh Oblómov agus mearbhall éigin air, ag iarraidh smaoineamh siar go dtí na laethanta úd.

'Déan iarracht anois. Cá bhfuil do chuid leabhar agus aistriuchán?'

'Táid curtha áit éigin ag Sachar,' a d'fhreagair Oblómov, 'áit éigin sa chúinne anseo.'

'Istigh sa chúinne!' a dúirt Stolz go haithiseach. 'Istigh sa chúinne céanna atá do rúin go léir caite, agus é ar intinn agat "a bheith ar fónamh a fhaid agus atá neart ar bith ionat, mar go dteastaíonn lámha agus cloigne ón Rúis le go mbeidh sí in ann leas a bhaint as a hacmhainní ollmhóra"—is é do chuid cainte féin atá á aithris agam anois—"a bheith ag obair le go mbeimid ar ár sáimhín só, rud is ionann agus a rá go mbeidh deiseanna againn an taobh uasal ealaíonta den bheatha a chothú mar a chothaíonn fili agus ealaíontóirí í." An é go bhfuil na rúin sin go léir caite sa chúinne ag Sachar chomh maith? An cuimhin leat go raibh ar intinn agat, tar éis staidéar a dhéanamh ar do chuid leabhar, imeacht leat ar an gcoigríoch ar feadh tamaill le go mbeadh eolas níos fearr agat ar do thír féin agus grá níos láidre di dá bharr? "Níl sa bheatha ach smaoineamh agus saothar" an mana a bhí agat ag an uair sin, "saothar de shíor, gan stad gan staonadh, agus bás a fháil faoi dheireadh, ach a fhios a bheith agat gur dhein tú do chuid oibre mar ba chóir." Bhuel, cén cúinne a bhfuil na smaointe breátha sin go léir caite agat anois?'

'Sea! Sea!' a dúirt Oblómov agus é corraithe, ag éisteacht go géar leis an uile fhocal a dúirt Stolz. 'Is cuimhin liom. Is fíor—is cosúil. Is amhlaidh ata!' a dúirt sé go hard agus go tobann, agus d'fhill a chuimhní ar na laethanta sin chuige. 'Go deimhin, a Aindré, bhíomar daingean deimhin de go raghaimis ó cheann ceann na hEorpa agus go siúlfaimis tríd an Eilvéis, go ndófaimis ár gcosa le bun Chnoc na Veasúive agus go leanfaimis ar aghaidh go hErcolano. Bhíomar ar tí dul le craobhacha, beagnach! Nach iomaí rud amaideach—'

'Rud amaideach!' a dúirt Stolz go stuacánach, ag rá na bhfocal céanna arís. 'Nach ndúirt tú le neart deor agus tú ag breathnú ar ghreanta na Maighdine le Raffaello, agus ar *Oíche* Correggio agus ar Apalló an Belvedere, nach ndúirt tú, "A Thiarna! An amhlaidh nach mbeidh ar mo chumas breathnú ar na pictiúirí bunaidh choíche, agus mé i mo thost ag neart sceimhle i mo sheasamh os comhair saothair ó lámha Michelangelo agus Tiziano agus mé ag satailt ar chré na Róimhe? An é go leanfaidh mé de mo bheatha ag breathnú ar mhiortail, cúfróga agus crainnte oráiste i dtithe téacháin, gan súil a leagadh orthu ina dtíortha dúchais go deo? Gan aer na hIodáile a shú isteach i mo scamhóga ná goirme a spéartha a ól!" Agus nárbh iontach na tinte ealaíne a teilgeadh as do chloigeann! Rudaí amaideacha!'

'Sea, sea! Is cuimhin liom,' a dúirt Oblómov, agus é gafa anois leis na laethanta a bhí. 'Rug tú ar mo lámh uair amháin agus dúirt tú liom, "Déanaimis geallúint anois gan bás a fháil go mbeidh na nithe sin go léir feicthe againn!" '

'Is cuimhin liom,' a lean Stolz, 'gur thug tú aistriúchán dom ar leabhar a scríobh an t-eacnamaí Jean-Baptiste Say, é tiontaithe agat dom ar mo lá breithe: tá sé go léir i mo sheilbh agam i gcónaí. Is cuimhin liom conas a chuaigh tú i bhfolach le teagascóir mata-maitice, gur theastaigh uait a fháil amach uaidh ar ais nó ar éigean cén mhaith a bhí in eolas ar bith i dtaobh ciorcal agus cearnóg, ach gur éirigh tú as leathshlí tríd gan an t-eolas sin a fháil in aon chor! Thosnaigh tú ag foghlaim Béarla—agus níor fhoghlaim tú é! Agus nuair a bhuaileas isteach chugat agus plean le haghaidh turas ar an gcoigríoch déanta amach agam, agus a d'iarras ort cuairt a thabhairt orm in ollscoileanna na Gearmáine, léim tú aníos, rug tú barróg mhór orm agus chuir tú do lámh i mo lámh: "Táim leat, a Aindré, agus raghaidh mé i do theannta go dtí an chearn is faide uainn den domhan"—b'shin iad do chuid focal féin. Bhí féith na haisteoireachta ionat i gcónaí. Bhuel, a Ilia? Tá dhá thuras déanta agam ar an gcoigríoch faoi seo, agus tar éis mo chloigeann a líonadh leis an eagna dhúchasach shuigh mé go humhal ar bhinsí na mac léinn i mBonn, Jena agus Erlangen na Gearmáine, agus dheineas staidéar ar an Eoraip faoi mar a bheadh sí ina heastát agam féin. D'fhéadfá a rá, ceart go leor, gur mór an tsáile aon turas, agus nach bhfuil de dhualgas ar gach einne ná ar chumas gach éinne turas dá leithéid a dhéanamh, ach cad faoin Rúis féin? Tá an Rúis ar fad siúlta agam, thuaidh is theas. Bím ag obair—'

'Éireoidh tú as sin chomh maith am éigin amach anseo,' a chas Oblómov leis.

'Ní éireoidh mé as choíche. Cad 'na thaobh go n-éireoinn?'

'Nuair a bheidh do chuid caipitil dúbalta agat,' a dúirt Oblómov.

'Ní éireoinn as dá mbeadh sé méadaithe faoi cheathair agam.'

'Cad chuige an suaitheadh aigne seo go léir, mar sin?' a dúirt sé tar éis tosta. 'Mara bhfuil sé d'aidhm agat soláthar éigin a dhéanamh do na laethanta atá le teacht, le go mbeidh tú in ann éirí as agus sos a ghlacadh?'

'Oblómovachas na Tuaithe!' arsa Stolz.

'Nó d'fhéadfá clú agus cáil a bhaint amach duit féin i measc an phobail mar státseirbhíseach, agus ina dhiaidh sin cur fút faoin tuath, áit a mbainfeá taithneamh faoi ghradam as faoiseamh a thuill tú go daor.'

'Oblómovachas Chathair Pheadair!' a dúirt Stolz go hard.

'Cad é an uain is fearr chun beatha a chaitheamh, mar sin, más é do thoil é?' a d'fhrcagair Oblómov agus é éirithe pas beag crosta mar gheall ar chaint Stolz. 'Cén mhaith do shaol ar fad a chaitheamh faoi bhuairt?'

'Obair ar mhaithe leis an obair, agus is leor sin. Is í an obair íomhá, ábhar, eilimint agus aidhm na beatha, nó mo bheatha-sa, ar a laghad. Ní dhéanann tusa puinn oibre, agus cén cruth atá ar do bheatha anois? Déanfad mo dhícheall den uair dheireanach tú a tharraingt aníos as an láib. Más fearr leat fanacht anseo le do Tharainteiv agus d'Alacsaeiv agus a leithéidí, bíodh agat, agus raghaidh tú go hifreann agus tú i d'ualach ort féin. Seo é an uain, anois nó riamh!' ar seisean mar bhailchríoch ar a chuid cainte.

D'éist Oblómov, agus bhí sé corraithe is bior ar a dhá shúil. D'fhéadfá a rá go raibh a chara tar éis scáthán a chur os a chomhair, rud a chuir scanradh air mar gur aithnigh sé é féin ann.

'Ná bí do mo cháineadh, a Aindré, ach tar i gcabhair orm i ndáiríre,' a thosnaigh sé ag rá, agus lig sé osna as. 'Tá mé féin ciaptha aige, agus dá bhfeicfeá nó dá gcloisfeá inniu féin go bhfuilim ag tochailt m'uaighe féin agus ag caoineadh os mo chionn, ní bheadh sé de mhisneach agat aon mhilleán a chur orm faoi. Tá's agam agus tuigim go rímhaith na nithe seo go léir, ach táim gan toil gan neart agam air. Bronn orm cumhacht do thola agus d'aigne, agus treoraigh mé pé áit is mian leat. Is dóigh liom go raghaidh mé leat, ach ní bhogfaidh mé orlach féin as an áit seo as mo stuaim féin. Tá tú ag insint na fírinne: "Anois nó riamh!" Bliain eile agus beidh sé ródhéanach!'

'An tusa atá ann, a Ilia?' arsa Aindré. 'Is cuimhin liom tú i do stócach caol beoga ag siúl gach la ó Phreitisteince go Cúdranó; ansin sa ghairdín—níl dearmad déanta agat ar an mbeirt dheirfiúracha? Níl dearmad déanta agat ar Rousseau, Schiller, Goethe, Byron, a mbíteá á dtabhairt leat, agus rug tú abhaile leat úrscéalta de chuid Cottin agus Janlis. Theastaigh uait do mhórchúis féin a chur in iúl dóibh, agus nár theastaigh uait a dtuiscint liteartha a thabhairt chun glaine?'

Léim Oblómov aníos as a leaba. 'Céard é? An cuimhin leat é sin chomh maith, a Aindré? Is fíor duit! Bhínn ag brionglóidí taobh leo, ag caint de chogar leo i dtaobh na laethanta a bhí ag teacht, ag forbairt pleananna, smaointe, agus mothuithe chomh maith, ach i ngan fhios duit ar eagla go mbeifeá ag magadh fúm. Fuair sé sin go léir bás agus níor deineadh tracht arís air! Cá bhfuil sé go léir imithe, agus cad 'na thaobh gur múchadh é? Dochreidte! Ní raibh aon stoirmeacha ann. Ní rabhas suaite; níl éinní caillte agam; níl aon smál ar mo chogús; tá sé chomh glan le gloine; níor buaileadh aon bhuille ar mo chuid uaillmhianta. Tá's ag Dia cad 'na thaobh go bhfuil gach aon rud bailithe leis!'

Lig sé osna as.

'An bhfuil a fhios agat, a Aindré, níor las oiread is bladhm mhillteach ná shlánaitheach amháin i mo bheatha. Ní raibh sí ariamh cosúil le moch maidine a bhladhmann le dathanna go n-éiríonn sé ina lá, mar a tharlaíonn i saol daoine eile: tagann barr lasrach ar an lá, bolgann sé aníos agus gluaiseann sé ar aghaidh go dtí meán lae, agus diaidh ar ndiaidh éiríonn sé níos boige, níos báine, agus de réir a chéile imíonn sé as go cneasta um thráthnóna. Ní hea. Is é an múchadh a chuir tús le mo shaolsa! Aisteach go leor, is mar sin atá! Ón gcéad uair a thuigeas go comhfhiosach go rabhas ann, bhraitheas go rabhas ag imeacht as. Thosnaigh mé ag imeacht as nuair a bhíos ag scríobh doiciméidí sa seansaireacht; bhíos fós ag imeacht as nuair a léigh mé leabhair faoi fhírinní nár thuigeas conas iad a chur i bhfeidhm sa saol. Bhíos ag imeacht as i measc mo chuid cairde agus mé ag éisteacht le conspóidí, cúlchaint, magadh mailíseach, droch-chaint agus caint dhíomhaoin gan bhrí, agus chuimhnigh mé ar an gcairdeas nach raibh de bhun leis ach cruinnithe neamhbháúla gan aidhm. Agus le linn dom a bheith ag spáisteoireacht go leisciúil ar Ascaill Neivscí, i measc na sluaite faoina gcótaí fionnaidh agus a gcábaí béabhair, bhíos ag imeacht as. Agus um thráthnóna nuair a bhíos i láthair ag siamsaí agus fáiltithe caitheadh go lách liom mar mhianach fear céile, ach ag imeacht as a bhíos i gcónaí, ag spallaíocht le beatha agus réasún nuair a thugas m'aghaidh arís ar an tuath agus ón tuath thar n-ais go Sráid Ghorachov, ag tomhas an earraigh de réir séasúr na n-oisrí is na ngliomach, ag tomhas teacht an fhómhair agus an gheimhridh de réir na bhfáiltithe, agus an samhradh de réir na dturasanna, agus ar aon dul le gach éinne eile chaitheas mo shaol go léir ag brionglóidí go leisciúil ar mo sháimhín só. Ní raibh aon teorainn le mo chuid uaillmhéine ach an oiread, agus n'fheadar cad é nár chaitheas ar a son. Níor ordaíos ball éadaigh ó tháilliúir cáiliúil ach le slí isteach i dtigh éigin a aimsiú, le go mbeadh an Prionsa P. ag fáisceadh mo láimhe. Uaillmhian mar shalann na beatha, go deimhin! Cad tá imithe uirthi? Is é an rud nár thuigeas cad is beatha ann, nó níl aon mhaith inti, ach ní fhacas éinní níos fearr ná í ná níor chuir éinne ar mo shúile dom é, pé scéal é. Bhí tusa ag teacht is imeacht cosúil le caor thine, go tapaí lonrach, agus dheineas dearmad air, agus leanas orm ag preabarnach amhail solas coinnle a imíonn as.'

Ní raibh a thuilleadh fonn magaidh ar Stolz. D'fhan sé ina thost go dúr agus d'éist sé.

'D'inis tú dom le déanaí nach raibh cuma sách úr ar mo ghnúis, go raibh cuma bhrúite uirthi,' a lean Oblómov. 'Sea. Níl ionam ach seanchóta smolchaite, ach ní mar gheall ar an aimsir agus an saothar é, ach mar gheall ar an solas a bhí faoi ghlas istigh ionam le breis is dhá bhliain déag anuas. Dhein sé a dhícheall teacht amach, ach níor éirigh leis agus dhóigh sé an príosún: ní bhfuair sé a shaoirse, agus d'imigh sé as. Is mar sin, a Aindré, a chroí, a d'imigh an dá bhliain déag sin de mo shaol thart, agus chailleas pé mian chun dúiseachta a bhí agam.'

'Cad 'na thaobh nár tharraing tú tú féin as an áit agus rith go dtí áit éigin eile, in ionad bás ciúin a fháil?' arsa Stolz go mí-fhoighneach.

'Cén áit?'

'Cén ait? Mara mbeadh éinní níos fearr le déanamh, cad 'na thaobh nár chuaigh tú go dtí do chuid spailpíní i gceantar an Vólga: tá fuadar éigin ann, agus cúraimí áirithe, maille le haidhmeanna agus obair. Dá mba mise a bheadh ann, bhaileoinn liom go dtí an tSibéir, go Suitce—'

'Is láidir na purgóidí a ordaíonn tú!' a dúirt Oblómov de ghuth fann.

'Nílim liom féin sa mhéid sin. D'fhéadfaí Miochaileov, Peitreov, Suimineov, Alacsaev, Stapanov a lua chomh maith… ní fhéadfá iad go léir a chomhaireamh: léigiún is ainm dúinn!'

Bhí Stolz faoi thionchar na faoistine sin fós, agus d'fhan sé ina thost. Ansin lig sé osna as. 'Tá go leor ama imithe thart ó shin!' ar seisean. 'Ní fhágfaidh mé thú mar atá tú; béarfaidh mé liom as an áit seo thú. Raghaimid ar an gcoigríoch ar dtús, agus ina dhiaidh sin áit éigin faoin tuath. Éireoidh tú níos tanaí, cuirfidh tú deireadh leis an meath seo atá ort, agus gheobhaimid obair éigin le déanamh duit—'

'Sea, éalaímis beirt as an áit seo!': d'éalaigh na focail ó Oblómov.

'Cuirfimid isteach ar phas duit amárach. Ansin pacálfaimid ár gcuid málaí. Ní thréigfead thú. An gcloiseann tú mé, a Ilia?'

'Amárach. Amárach! Is é an lá amárach a bhíonn i gceist agat i gcónaí!' a d'fhreagair Oblómov mar a bheadh sé ag tuirlingt anuas de na scamaill.

'B'fhearr leat "Ná déan amárach an rud atá le déanamh inniu"? Nach iontach an fuinneamh atá agat! Tá sé ródhéanach anois,' a dúirt Stolz mar aguisín. 'I gcionn coicíse beimid i bhfad ón áit seo—'

'Coicíos a deir tú, a chara! Conas? Ba chóir dúinn cuimhneamh go cruinn ar na cúrsaí seo agus ullmhú i gceart. Beidh orm carráiste de shaghas éigin a fháil… B'fhearr trí mhí a rá.'

'Cuir uait aon smaoineamh faoi charráistí! Raghaimid go dtí an teorainn i gcóiste poist, nó i ngalbhád chomh fada le Lübeck. Beidh sé sin i bhfad níos oiriúnaí. Beidh iarnród go leor ansin le sinn a thabhairt go dtí mórán áiteanna éagsúla.'

'Agus cad faoin tigh, agus Sachar, agus Oblómovca? Ní foláir socruithe éigin a dhéanamh i dtaca leo siúd.' Ach á chosaint féin a bhí Oblómov.

'Oblómovachas, Oblómovachas!' a dúirt Stolz agus é ag gáire. Ansin thóg sé coinneal, d'fhág sé slán codlata ag Oblómov agus chuaigh sé chun a leapa. 'Anois nó riamh! Cuimhnigh!' a dúirt sé. D'iompaigh sé ó Oblómov agus tharraing sé an doras ina dhiaidh.

'Anois nó riamh!' B'shin iad na chéad fhocail bhagarthacha a bhuail isteach ina chloigeann ar dhúiseacht dó ar maidin. D'éirigh sé as a leaba. Shiúil sé suas síos an seomra trí uair, agus bhreathnaigh isteach sa seomra suí a raibh Stolz ina shuí ann ag scríobh. 'A Shachar!' a ghlaoigh sé, ach níor chuala sé é ag léim anuas as an leaba os cionn an oighinn. Ní tháinig Sachar i radharc: bhí Stolz tar éis é a chur go dtí oifig an phoist. Shiúil Oblómov go dtí a bhord deannachúil, shuigh sé síos, phioc sé suas peann agus thum sé sa dúchán é. Ach deamhan dúigh a bhí ann, agus bhreathnaigh sé timpeall d'fhonn blúirín páipéir a aimsiú, ach páipéar ar bith ní raibh ann. Thosnaigh sé ag machnamh, agus tharraing sé méar amháin go meicniúil tríd an deannach, ag breacadh rud éigin i ngan fhios dó féin. Is é an focal 'Oblómov-achas' a bhí le léamh ann. Ghlan sé an pheannaireacht as radharc lena mhuinchille go tapaí. B'shin é an focal a bhí ag imeacht trína chuid brionglóidí i rith na hoíche. Bhí sé scríofa i litreacha lasracha ar an bhfalla, cosúil leis na litreacha ag fleá Bhaltasár. D'fhill Sachar, agus nuair ná faca sé a mháistir ina leaba, bhreathnaigh sé air go fiosraitheach agus iontas neamh-thuisceanach air go mbeadh sé ina sheasamh ar a dhá chos. San iontas balbh sin bhí an focal 'Oblómovachas!' le léamh. 'Aon fhocal amháin,' a cheap Ilia Ilits, 'ach nach nimhneach é—!'

Thóg Sachar cíor, scuaibín agus tuáille mar ba nós leis, agus chuaigh sé i dtreo a mháistir lena chuid gruaige a réiteach. 'Téir chun an diabhail!' a dúirt Oblómov go feargach, agus leag sé an scuaibín as lámha Shachar. Is é Sachar féin a lig don chíor titim as a lámha.

'Nár mhaith leat luí sios arís?' d'fhiafraigh Sachar de. 'Cóireoidh mé an leaba duit, más ea.'

'Tabhair dom dúch agus páipéar,' a d'fhreagair Oblómov.

Thosnaigh sé ag machnamh arís ar na focail sin 'Anois nó riamh!' Agus focail seo an réasúin is an fhuinnimh ag dul trína chloigeann, chuimhnigh sé ar an mbeagán neart tola a bhí fágtha aige, d'fhonn a dhéanamh amach ar leor an méid suarach sin féin de chun aon bheart a chur i gcrích. Tar éis cuimhneamh go pian-mhar air ar feadh tamaill, fuair sé greim ar an bpeann, tharraing sé leabhar as an gcúinne, agus laistigh d'uair an chloig theastaigh uaidh dul siar ar gach uile ní a léigh, a scríobh agus a cheap sé le breis is deich mbliana agus a bhí ligthe i ndearmad aige. Cad a bheadh le déanamh aige anois? An leanfadh sé ar aghaidh nó an bhfanfadh sé? Ba thábhachtaí an cheist seo d'Oblómov ná an cheist a chuir Hamlet air féin. Dá leanfadh sé leis, b'ionann sin agus a fhallaing chompordach seomra a bhaint de, agus ní hamháin í a bhaint dá ghuaillí, ach dá anam is dá aigne chomh maith. Chomh maith leis na téadacha damháin alla a ghlanadh óna chuid fallaí, b'éigean dó téadacha a bhaint dá shúile le radharc na súl a fháil arís.

Cad é an chéad chéim a bheadh le déanamh? Cá dtosnófaí? 'N'fheadar... Ní féidir liom... Ní hea, táim ag déanamh talamh slán den mhéid atá le cruthú. Tá a fhios agam, agus anseo taobh liom tá Stolz. Neosfaidh seisean dom. Cad a neosfaidh sé dom? "I gceann seachtaine," déarfaidh sé, "caithfidh tú ordú maille le mionsonraí a chur chuig d'ionadaí, agus é a chur go dtí an sráid-bhaile. Fáigh morgáiste ar d'Oblómovca. Ceannaigh a thuilleadh talún. Déan plean i gcomhair foirgneamh nua. Lig uait do thigh. Faigh pas agus téir ar an gcoigríoch ar feadh sé mhí, chun do chuid feola agus do mheáchan breise a chailleadh. Déanfaidh tú athnuachaint ar d'anam san atmaisféar a thaibhsigh tú féin agus do chara daoibh féin fadó, agus mair gan fallaing seomra, gan Sachar, gan Tarainteiv. Cuir ort do stocaí fein agus bain díot do bhróga féin. Ná déan do chodladh sa lá ach i rith na hoíche. Déan taisteal mar a dhéanann cách, ar iarnróid, ar ghalbháid, agus ansin— Téigh a chónaí in Oblómovca agus cuir eolas ar cad is cur síol agus bualadh arbhair ann, agus cad 'na thaobh go bhfuil spailpíní saibhir nó daibhir. Siúil thart ar na páirceanna. Téir go dtí toghcháin, go dtí an mhonarcha, an muileann, na duganna. Idir an dá linn, beidh ort nuachtáin agus leabhair a léamh, agus a bheith corraithe mar gheall ar long cogaidh atá curtha go dtí an tOirthear ag na Sasanaigh—" Sin an chiall atá le dul chun cinn, agus is ar an dóigh sin a bheidh mo shaol go deo! Slán leat, a idéal fileata na beatha! Ní beatha é sin in aon chor, ach tá cosúlacht ceárta gabha ar a leithéid. Is inti atá tine ag dó de shíor maille le bualadh, teas agus glór... Ach cathain ba chóir duit saol ceart a chaitheamh?

Nárbh fhearr fanacht? Is ionann a bheith ag fanacht agus léine a chaitheamh thart ar gach éinní, a bheith ag éisteacht le trup trap chosa Shachar agus é tar éis léim anuas óna leaba, a bheith ag ithe i gcomhluadar Tharainteiv, gan cuimhneamh an iomarca ar éinní, gan *Turas go dtí an Aifric* a chríochnú choíche, a bheith ag éirí aosta sna seomraí seo i dtigh bhanchara de chuid Tharainteiv.'

'Anois nó riamh!' 'Ann nó as!' Bhí Oblómov ar tí éirí aníos as a chathaoir, ach níor éirigh leis a chos a chur sa slipéar, agus shleamhnaigh sé siar inti arís.

PILNIAC

Boraíos Aindréivits Vogau Pilniac (1894-1938)

Ba mhac le dochtúir é, de phór Gearmánach. Ainm cleite a bhí i bPilniac. Chuir sé bailchríoch ar a chuid oideachais fhoirmeálta ag Institiúid Tráchtála Mhoscó. Dhein sé an-chuid taistil ar fud na hEorpa agus foilsíodh a chéad úrscéal *An Bhliain Lom* i Rúisis i mBeirlín sa bhliain 1922.

Chuir sé roimhe cur síos a dhéanamh ann ar neart agus glóir réabhlóid na Rúise faoi mar a chonaic sé féin í, agus an tslí ar chuaigh sí i bhfeidhm ar gach éinne ina nduine is ina nduine. Theastaigh uaidh seasamh siar beagáinín ón réabhlóid le léargas ceart a fháil uirthi, agus aithint idir na nithe buana is na nithe sealadacha a bhí mar thoradh uirthi. Má tá cuma pas beag aimhréidh scaipithe ar *An Bhliain Lom*, tá sé ina léargas ceart ar am suaite i stair na Rúise agus a muintire. Modh inste breacchuntasach atá aige, ag imeacht ó íomhá go híomhá. Bhí sé ag cloí leis an réalachas, agus go minic fágann sin blas na tuairisceoireachta ar a chuid saothair, ach d'ainneoin sin agus uile tá cumhacht áirithe ag baint lena chuid próis.

Bhí deighilt mhór idir na haicmí éagsúla sa Rúis roimh an réabhlóid. Cheap Pilniac go leigheasfadh an chomhriachtain coimhlint na n-aicmí trí phóstaí idiraicmeacha a spreagadh. Chuir sé ana-bhéim ar chúrsaí leathair ina chuid próis. Ba mhór leis paisin bhunúsacha phrimitíveacha an duine, agus ní fhaca sé i stair na Rúise ach coimhlint idir iad sin agus fórsaí béasacha smachta na huasaicme faoina craiceann bréige sibhialtachta nach raibh ann ach le dhá chéad bliain nó mar sin. Chreid sé go mbeadh an bua ag na daoine ba láidre faoi dheireadh, nó ag na daoine a chuir a gcuid paisin ag obair ar mhaithe leis an réabhlóid.

Chuaigh fealsúnacht Heireaclaitéas go mór i bhfeidhm air, agus deirtear go mbíodh leabhar dá chuid nathanna mar lón anama aige. Is dóigh liom gur réitigh tuairimí an tseanfhealsaimh úd leis an dearcadh déach a bhí aige féin i leith an tsaoil mar láthair coimhlinte. Coimhlint a bhí ann, dar le Pilniac, idir dia na Rúise agus na daoine a chuaigh i muinín innealra agus theagasc Marx. Tuigeadh dó go bhféadfadh duine saol laochúil a chaitheamh nó glacadh leis an saol ainnis mar atá, agus a bheith níos measa as dá bharr. Thaobhaigh sé leis na Boilséivigh mar gur chreid sé go mbeadh neart a ndóthain acu chun leasuithe ó bhun go barr a chur i bhfeidhm ar phobal na Rúise.

Tá sé pas beag íoróineach gur imríodar siúd a gcuid nirt ar Philniac nuair nár réitigh sé lena gcuid tuairimí nó gníomhartha. Tharraing sé fearg Stailin air féin nuair a dhein sé ionsaí liteartha air agus a chuir sé bás Mhiochail Frunsa, ceannaire cáiliúil airm, ina leith. Ní hamháin sin, ach chonacthas dó go raibh lucht na réabhlóide ag teannadh ar réimsí saoirse an duine aonair. Ba lú a spéis sa Pháirtí Cumannach ná i gcinniúint na Rúise. Níor thaitin tuairimí dá leithéid leis an dream a bhí i gceannas na tíre. Gabhadh Pilniac ar chúiseanna spiaireachta, agus cuireadh chun báis é. Breathnaítear air mar cheannródaí i litríocht na hEorpa, cosúil le leithéidí Joyce gan a bheith ar comhchéim leis.

An Bhliain Lom

An Tríú Sciathán de Thriptic

An ceann is dorcha fós.

Tá an domhan ar fad clúdaithe ag an gclapsholas reoite—ag clapsholas an fhómhair, nuair a bhagraíonn an spéir sneachta agus geimhreadh, agus a sceitheann sí sneachta le héirí na gréine. Tá an domhan ar fad dubh gan fuaim. An steip. An ithir dhubh.

De réir mar a théann tú ar aghaidh trí na machairí seo, éiríonn na stácaí arbhair agus uile, íslíonn na botháin, agus is teirce na bailte beaga. Agus ina dhiaidh sin—fásach tréigthe bánaithe. Tríd an mbearna dhubh idir spéir agus steip a shéideann gaoth an gheimhridh. Déanann an fhiaile íseal siosarnach bheag san áit ar baineadh féar, cruithneacht agus eorna le déanaí. Tar éis tamaill éiríonn an ghealach gloiniúil. Má chruinníonn na scamaill le chéile beidh sneachta nó cloch sneachta ann ar ball.

Tíortha arbhair.

Ag an áth, tá daimh ag fanacht le fada. Tá a muineáil cromtha chun talaimh. Fanann siad ina seasamh go géilliúil, ag stánadh go géilliúil i dtreo na machairí arb astu iad. Snámhann an traein thart agus ar aghaidh, amach uathu. Níl aon teampall sa bhaile fearainn seo. Níl ach mosc suarach ann.

An steip.

Snámhann an traein ar aghaidh go mall: tá na boscaí capall ar dhath na luaidhe chomh lán le daoine agus atá na daoine lán le míolta. Tá an traein marfach tostach. Tá greim ag daoine ar na díonta agus na cláir coise agus na maolairí. Ag an stáisiún beag traenach ag Gabhal Mhar, áit nach stadann na traenacha choíche agus nach ndéantar aon athrú foirne, ligeann an traein uaill dhaonna aisti, amhail béicíl na ndaoine a théann ó dhíon go díon go dtí an t-inneall, agus tá sé sin pas beag arrachtach sa chlapsholas. Druideann Gaivrile an traein chun stad. Fear óg atá ar dualgas agus caipín foráiste gona bhanda dearg ar a cheann. Le neart ainnise agus tuirse a théann sé amach go dtí an t-ardán i gcomhair na traenach. Tugann daoine sciúird amach chun na locha uisce.

Ba gheall le coirceog lán beach an traein, í ag crónán agus ag tarraingt agus ag gríosú, cosúil le seancharráiste luascach, agus fágtar bantuathánach ar na trasnáin agus a dhá súil lán de phian. Ritheann sí i ndiaidh na traenach, ag glaoch amach le neart éadóchais, 'A Mhite, a chroí! A Mhite, tabhair aire do mo naíonáin bheaga!'

Croitheann sí a beartán agus ritheann sí léi go dall thar na trasnáin ag ligint uaill aisti agus ag fuarchaoineadh amhail bitse scanraithe. Níl os a comhair amach ach machairí bánaithe. Casann sí ar leataobh agus ritheann sí i dtreo an stáisiúin go dtí an cléireach óg, nach bhfuil éinní níos fearr le déanamh aige ach fanacht ina sheasamh ar an ardán le neart ainnise agus tuirse. Déanann sí lútáil dó, a beola ar crith agus a dhá súil lán de phian.

'Cad tá uait?' a fhiafraíonn an cléireach óg di.

Focal ar bith ní labhrann sí ach í ag screadaíl le neart péine, agus ritheann sí go dall i dtreo eile arís, agus ligeann sí uaill aisti, ag croitheadh a beartáin. Deireann an fear faire, sean-Tartarach, go searbhasach, 'Tá am breithe buailte léi. Tá sí ar tí breith. Hó, tusa, a bhean, tar i leith anseo!... Bean Rúiseach... í cosúil le cat.' Agus treoraíonn an seanfhear isteach i dtigh an stáisiúin í go dtí a sheomra beag, áit a bhfuil tolg faoi choincleach ar bhunc, chomh maith le cóta, déanta as craiceann caorach. Titeann an bhean ina pléist ar an mbunc—agus bhí an ceart aige, titeann sí ina pléist dála cait—agus deireann sí go fíochmhar de chogar, 'Fan amach uaim, a rógaire, fan amach... Cuir fios ar bhean dom.'

Ach níl oiread is bean amháin sa stáisiún ar fad.

Siúlann an cléireach suas is anuas an t-ardán ó chríoch go críoch agus stánann sé isteach i ndorchadas na machairí, agus smaoiníonn sé go fíochmhar: 'An Áise.'

Tá na machairí folamh gan fuaim. Suas sa spéir a théann an ghealach bheag ghloiniúil. Déanann an ghaoth siosarnach gharbh reoite. Siúlann an cléireach suas is anuas ar an ardán go ceann i bhfad, agus imíonn sé isteach ina oifig. Tá uailleacha na mná le cloisint trí na fallaí gach re seal. Cuireann an cléireach glaoch ar an gcéad stáisiúin eile, 'A Achmatova! Tá traein uimhir a caoga hocht bailithe léi. An bhfuil aon traein eile ar a bealach sa treo seo?'

Níl éinní ag teacht an treo seo.

Suíonn sé síos ar tholg crua an stáisiún traenach agus casann sé leathanaigh an nuachtáin atá casta na mílte uair aige agus luíonn sé síos mar mhalairt ar a bheith ina shuí. Tugann an seanfhear lampa isteach chuige. Tagann codladh milis an traonaigh ar an gcléireach.

Chomh luath agus atá a thréimhse dualgais istigh aige, téann sé abhaile go dtí a thigh sa sráidbhaile. Is gearr go gcailltear Gabhal Mhar (áit nach stadann traenacha agus nach n-athraítear aon fhoireann) sa dorchadas. Níl ina thimpeall ach fásach, machairí folamha. Imíonn an cléireach thart ar abhainn an Mar: éiríonn an dumha adhlactha ina sheasamh go marfach tostach os cionn na machairí—agus é ina thost mar gheall ar na fánaithe a thóg é, mar gheall ar an am a chaitheadar cré air lena thógaint, agus ar éinní atá i bhfolach istigh. Déanann an féar ar an dumha siosarnach amhail seanscéal. Tá ithir dhubh na tuaithe dlúite chomh crua le hasfalt, agus baineann gach coiscéim cling as.

Níl éinní le cloisint sa sráidbhaile. Níl aon fhuaim ann ach tafann na madraí ó am go chéile. Téann sé trí bhaile beag na dTartarach agus síos sa ghleann ina bhfuil cónaí ar na Fionlannaigh, agus suas an fhána ar an taobh thall. Sa bhothán leagann bean an tsaighdiúra leite, geir rósta muice agus crúiscín bainne ar an mbord. Alpann an cléireach a bholgam bia. Gléasann sé é féin go néata, agus as go breá leis le cuairt a thabhairt ar an máistreás scoile.

Ar bhualadh isteach i dtigh mháistreás na scoile dó, cuireann sé píosa nua giúise ina áit cheart, agus de réir mar a mhaolaíonn a loinnir ar an dorchadas deireann sé, 'An Áise. Ní tír cheart í. Níl inti ach an Áise. Tartaraigh. Fionlannaigh. Duilleoireacht. Ní tír í. Níl inti ach an Áise.'

Ag cuimhneamh ar a chuid duilleoireachta féin atá sé.

Tá an mháistreás ina seasamh taobh leis an oigheann, agus í clúdaithe ina seál clúimh. Tar éis tamaill téann sí an samabhár agus déanann sí beagán caife eornan...

Amach san oíche filleann an cléireach abhaile chun codladh a dhéanamh ina sheomra beag i dtigh bhean an tsaighdiúra. Díoscann an leaba. Déanann giotár gliográn, agus istigh sa chúinne taobh thiar den oigheann ligeann an mhuc srann as. Glanann bean an tsaighdiúra an bord agus imíonn sí amach. Is féidir leis í a chloisint ar an taobh thiar den fhalla tanaí cré agus í ag déanamh a gnó, agus tiomáineann sí an madra amach uaithi atá ar buile chun a cac a alpadh. Éisteann sé leis na nithe seo go léir agus buaileann smaointe suntasacha isteach ina aigne mar gheall ar airgead, ar mhná breátha dea-ghléasta, gúnaí galánta, fíonta, cóisreacha agus togha gach éinní—agus beidh na nithe sin go léir aige féin amach anseo... Tá an bhean ag rá a cuid paidreacha fada agus í ag cogarnaíl léi. Imíonn an solas as, agus déanann a cosa nochta cliotar ar an urlár cré. Tochasann sí i féin, agus isteach léi i leaba an chléirigh...

PÚISCIN

Alacsandar Suirgéivits Púiscin (1799-1837)

Tá an cháil is mó ar Phúiscin as a dhán fada *Eivgéiní Oinéigin* (1830-1) agus air sin is mó atá éileamh sa Rúis i gcónaí. Chuir sé tús le ré nua scríbhneoireachta sa tír. Deirtear go minic go bhfuil sé thar a bheith deacair é a aistriú mar gheall ar a fhriotal fileata agus an dlúthbhaint idir sin agus an scéal. N'fheadar an fíor an tuairim sin i dtaca le teangacha cosúil leis an bhFraincis agus an Ghearmáinis, nó lenár dteanga féin ach an oiread. D'fhéadfá a rá, ar a laghad, go dtagann téamaí a chuid filíochta go binn le tuiscintí mhuintir na hÉireann ar an saol agus an stair ach—teist ar aon mhórscríbhneoireacht—go bhfaigheann sí freagra i gcroíthe na ndaoine i ngach aon tír.

Úrscéal faoi chruth fileata is ea *Eivgéiní Oinéigin*, faoi shaol fear óg. Gaige is ea é, gan mórán spéise aige ach ina chuid éadaí agus pléisiúr an tsaoil, ach gan dabht tá i bhfad níos mó ann ná sin. Saothar ilghnéitheach is ea é, agus níl aon dá léirmheastóir ar aon tuairim i leith a bhrí nó an bhfuil éinní thar chaitheamh aimsire ann. Ach aontaíonn gach éinne i dtaobh scil agus sárealaín

Phúiscin. Chruthaigh sé creatlach a chuir ar a chumas an-chuid ábhar eagsúil a phlé chomh maith le scéal an ghrá. Éirionn leis smaointe a spreagadh ina lucht éisteachta i leith ceisteanna móra fealsúnta, agus ní gá dó ach focal nó dhó a bhreacadh leis an ngnó a dhéanamh. In ionad a bheith ag feidhmiú mar údar uile-ghabhálach ileolach, déanann sé carachtar de féin agus é páirteach ina scéal. Bronnann sé sin cumhacht air chun an scéal a bhrostú nó a mhoilliú ón taobh istigh de réir mar is mian leis, agus ábhar as an nua a tharraingt anuas ó am go chéile.

Púiscin

LIAM Ó RINN

Deirtear gurb é a bhunaigh litríocht nua-aimseartha na Rúise, ní nach bhféadfadh sé a dhéanamh, áfach, mara mbeadh Lomonósov agus na scríbhneoirí a tháinig ina dhiaidh. Dheineadar san an teanga a líomhadh agus a chur in oiriúint ar gach slí i dtreo gurbh fhuiriste do leithéid Phúiscin feidhm a bhaint aisti. Rugadh Púiscin an 26ú la de Bhealtaine 1799. Fuair sé neart seanscéalta agus seanamhrán óna bhanaltraí agus ní foláir nó léigh sé i leabharlann a athar a raibh déanta cheana i litríocht a thíre. Toisc é a bheith róliobrálach ina thuairimí b'éigean dó an phríomhchathair a thréigint. Chuaigh sé ag taisteal a thíre ansin agus chuir sé aithne ar an uile shaghas daoine. Bhí eolas aige ar litríocht Shasana, na Fraince agus na Gearmáine. Cé go dtáinig sé faoi anáil Shakespeare, Byron, Sir Walter Scott agus scríbhneoirí Fraincise na hochtú haoise déag ó am go ham, níor dhein sé aon aithris orthu. Shaor sé litríocht na Rúise ó gach ní a bhí á cosc ar labhairt amach ina guth féin. Scríobh sé mórán scéalta agus drámaí, ach is mar gheall ar fheabhas a chuid filíochta is mó atá meas air ina thír féin—meas ana-mhór mar is é príomhfhile na Rúise é. Níl an meas mór san air i dtíortha eile toisc a dheacracht aon saghas filíochta a aistriú i slí go mbeadh sí in aon ghaobhar a bheith chomh maith is a bhíonn sí sa teanga ina gceaptar í. Is é an t-údar is mó le rá sa Rúis é, agus cuireann na Rúisigh ar aon dul le príomhfhilí an domhain é. Aistríodh a phríomhoibreacha go Fraincis agus go Gearmáinis, ach ní dóigh liom go bhfuil puinn eolais fós ag lucht an Bhéarla orthu. D'éag sé an 29ú lá d'Eanáir 1837 de dheasca a ghonta i gcomhraic aonair. Is é Púiscin a thug nós an réalaíochais isteach i litríocht na Rúise (i gcuid dá úrscéalta) ar an gcéad uair, i bhfad sarar dhein Balzac amhlaidh sa bhFrainc, agus instear dúinn gur de réir tréithe na n-úrscéal seo a d'fhás an úrscéalaíocht sa Rúis ina dhiaidh sin.

Eivgéiní Oinéigin

M'uncail, a bhfuil na prionsabail is airde aige,
Buaileadh tinn é agus é dona go leor
Ach thug gach éinne breis measa air dá bharr.
Is cinnte nach bhféadfaí cuimhneamh ar bheart ab fhearr.
Tugann sé sin ceacht dúinn uile, ar ndóigh.
Ach, a thiarcais, nach tuirsiúil
A bheith ag fanacht le taobh othair ar feadh an lae
Gan seans dá laghad a bheith saor uaidh nóiméad.
Is fímínteacht dhearg é sólás a thabhairt do dhuine leathmharbh
Ag cóiriú a adhairte is ag tabhairt cogais go sollúnta dó,
Ag ligeadh osna nó dhó de réir mar is cuí
Gan i do cheann ach 'Nach dtógfaidh an diabhal leis thú
       choíche?'
B'shin é an machnamh a dhein fear óg beagfhiúntach
Agus é ag imeacht ina charráiste faoi luas
Agus scamaill deannaigh ag sruthú siar uaidh…

Ba thart ar an am sin a d'éirigh mé cairdiúil le Eivgéiní. Chaitheas
uaim laincisí ghnáis an chomhluadair, agus bhí mise agus eisean
tarraingthe siar as a ghírle guairle. Is iomaí ní ina thaobh a thaitin
liom: ní raibh aon leigheas ar a chuid aislingeachta, agus ba mhór
liom a indibhidiúlachas, a chorrmhéin, agus a aigne ghéar fhuar-
chúiseach. Bhíos searbh, agus bhí seisean dúranta. Bhí taithí
againn beirt ar a bheith ag ealaín le mothuithe; bhíomar beirt
cortha ag an mbeatha; bhí an tine inár gcroíthe imithe i léig. Ó
mhaidin ár mbeatha, bhí luíochán déanta orainn ag mailís na
ndaoine agus an mí-ádh dall.

   Ina chroí istigh is beag meas ar éinne a bhíonn ag an duine a
bhfuil an bheatha feicthe aige agus machnamh déanta aige uirthi.
Má tá goilliúnacht ar bith aige, bíonn sé gafa ag a chuimhní ar na
laethanta a bhí agus nach bhfillfidh go deo. Níl aon draíocht ag

baint le haon ní dá leithéid, agus níl ina chuimhní cinn agus a dhoilíos ach nathracha nimhe a bheireann greim air.

Déanann mothuithe cosúil leo siúd ábhar breá comhrá, go deimhin. Chuir caint Eivgéiní as dom ar dtús, ach de réir a chéile chuas i dtaithí ar a mhodh searbhasach argóna, ar an ngreann dóite a bhain leis, agus a chuid nathanna gruama.

Is iomaí uair sa samhradh agus spéir na hoíche os cionn an Neva trédhearcach geal nár nochtadh frithchaitheamh na gealaí in uiscí gáireata gloiniúla na habhann, agus bhímis ag ól ár sáith d'aer cneasta na hoíche go tostach. Bhímis ag cuimhneamh ar na leannáin a bhíodh againn agus sinn éirithe maoithneach gan bhuairt arís.

Bhíomar mar a bheadh príosúnach ina chodladh a iompraítear as a chillín go dtí coillte duilleacha, agus ba mhar sin a chuimhníomar ar ár n-óige ar dtús. Bhí Eivgéiní ina sheasamh, ag machnamh go dian agus a dhá lámh ag brath ar an uchtbhalla, agus a chroí lán d'aiféala, faoi mar a chuir ár mbard Muraiveov síos air féin. Bhí gach éinní faoi chiúineas. Ní raibh éinní le cloisint ach guthanna na bhfear faire ag glaoch ar a chéile, agus bhí cliotaráil carráiste le cloisint againn i bhfad amach i Sráid na Milliún. Ní raibh le feiscint ach aon bháidín gona maidí rámha luascacha, agus í ar snámh sios an abhainn bhrionglóideach, agus shrois fuaim adhairce nó amhrán meidhreach ár gcluasa.

Lig an file a phiostal uaidh ina thost. Leag sé a lámh go cneasta ar a chliabh agus thit sé as a sheasamh. Ní teachtaireacht péine a bhí ina dhá shúil cheomhara, ach teachtaireacht an bháis. Is amhlaidh a thiteann meall mór sneachta go mall síos sleasa sléibhe agus é lonrach faoi sholas na gréine.

Ar an toirt bhris allas fuar amach ar Oinéigin. Rith sé chun an ógánaigh agus stán sé air, ag glaoch air as a ainm. Ní raibh aon mhaith ann: bhí sé básaithe cheana féin. Bhí uair mhíchuí na cinniúna buailte leis an bhfile óg. Dhein an stoirm a dícheall. Bhí an bláth álainn feoite faoi chéad loinnir na maidne; bhí an tine ar an altóir imithe i léig.

D'fhan sé gan bogadh, agus bhí cuma aduain an tsuaimhnis chortha ar a chlár éadain. Lámhachadh é faoina chliabh; bhí an fhuil ag sruthú agus í ag sileadh anuas ón gcréacht. Nóiméad ó shin bhí a chroí ag preabadh le hinspioráid agus fuath, le dóchas agus grá; bhí sé ag preabadh le beatha agus ag borradh le fuil. Anois, amhail tigh tréigthe, d'fhan sé go dorcha ina thost, go huile agus go hiomlán; bhí an tost tagtha anuas air go deo, a chomhlaí druidte agus a fhuinneoga geal le haol. Maidir le bean an tí, bhí sise bailithe léi, agus n'fheadair éinne ach Dia cá raibh sí, mar ní raibh a rian le feiscint ann a thuilleadh.

An Bhanríon Spéireata

a d'aistrigh

"Tuar naimhdis cheilte an Bhanríon Spéireata"
(as leabhar nua ar dhéanamh feasa)

I

Bhíothas ag imirt cartaí oíche amháin tigh Narúmov, oifigeach de chuid na marcghardaí. Oíche fhada gheimhridh a bhí ann, ach chuaigh an t-am thart gan mhothú, agus bhí sé i ndiaidh a ceathair a chlog ar maidin nuair a shuigh na cearrbhaigh ag an tábla a dhéanamh a suipéara. Na daoine a bhain, bhí siad ag ithe agus goile maith acu; bhí an chuid eile ina suí go smaointeach os coinne a gcuid plátaí folamha. Ach tugadh an fíon seampáineach i láthair, d'éirigh an comhrá níos beoga, agus ghlac siad uilig páirt ann.

'Cad é mar a d'éirigh leatsa, a Shúran?' arsa fear an tí.

'Chaill mé, mar is gnách. Caithfidh mé a admháil nach bhfuil an t-ádh orm: nuair a bhím ag imirt, ní théim thar mo shnáithe, ní chuireann rud ar bith thar mo dhóigh mé, agus ina dhiaidh sin, caillim i gcónaí.'

'Agus níor ghéill tú ariamh do na cathuithe? Gan fiú uair amháin níor imir tú ar an dearg? Cuireann do ládasacht iontas orm!'

'Ach dearc ar Hermann!' arsa duine den chuideachta, ag síneadh a mhéire chuig innealtóir óg a bhí ann. 'Níor ghlac sé cárta ina lámh ariamh, agus tá sé ina shuí anseo inár gcuideachta go dtí an cúig ar maidin ag coimhéad ar ár gcuid imeartha.'

'Tá suim mhór agam in imirt cártaí,' arsa Hermann, 'ach níl mé in inmhe an rud nach bhfuil teacht agam gan é a íobairt mar i ndúil is go bhfaighinn barraíocht.'

'Gearmánach Hermann: tá sé tíosach, agus sin a bhfuil ann,'

arsa Tomscaí. 'Ach má tá éinne nach bhfuil dul agamsa a thuigbheáil, is í sin mo mháthair mhór, an baniarla Anna Feodaróvna.'

'Cad chuige? Cad é is ciall duit?' arsa na haíonna, as béal a chéile.

'Ní thig liom a dhéanamh amach cad chuige nach n-imríonn mo mháthair mhór cártaí'—lean Tomscaí leis ag caint.

'Ach cad é atá iontach faoi sin,' arsa Narúmov, 'seanbhean i gcionn a ceithre scór gan cártaí a imirt?'

'Níl a fhios agaibh a dhath fá dtaobh di, mar sin?'

'Níl a fhios, mhaise, dath ar bith.'

'Bhuel, más amhlaidh atá, éistigí! Caithfidh mé a inse daoibh go ndeachaigh mo mháthair mhór go Páras tuairim is trí fichid bliain ó shoin, agus go raibh iarraidh mhór uirthi sa chathair sin. Bhíodh na daoine ina rith ina diaidh le hamharc a fháil ar Véineas Mhoscó. Bhí Richelieu ag iarraidh a bheith ag suirí léi, agus dearbhaíonn mo mháthair mhór gur dhóbair go gcaithfeadh sé é féin cionn is chomh cruachroíoch agus a bhí sí leis. San am sin ba ghnách leis na mná uaisle a bheith ag imirt faró. Tharla lá amháin gur chaill sise suim mhór airgid ag imirt ar cairde sa phálás le Diúc Orléans. Nuair a tháinig sí chun an bhaile d'inis sí do m'athair mór faoin chailliúint agus d'ordaigh dó na fiacha a íoc. M'athair mór bocht—go ndéana Dia a mhaith air—ar feadh a bhfuil cuimhne agamsa air, bhí sé mar a bheadh airíoch ann ag mo mháthair mhór. Bhí eagla a hanama air roimpi. Ach nuair a chuala sé faoi na fiacha millteanacha a bhí uirthi, chaill sé a mhíthapaidh, thug i láthair na billí a bhí le díol acu gur chruthaigh di go raibh leathmhilliún caite acu le leathbhliain, agus dhiúltaigh sé glan na fiacha a íoc. Bhuail mo mháthair mhór bos san aghaidh air, agus chuaigh sí a luí léi féin mar chomhartha a míshástachta. Lá arna mharach chuir sí faoi choinne a chéile fir mar i ndúil is go mbeadh athrú intinne air de thairbhe an phionóis seo, ach fuair sí amach nach raibh coradh le déanamh air. Rinne sí rud ansin nach ndearna sí ariamh roimhe, chuaigh sí ag argáil leis agus a mhíniú an scéil dó, agus ag iarraidh baint faoi. Chuir sí ar a shúile dó go bhfuil fiacha agus fiacha ann, agus go bhfuil difear idir prionsa agus fear dhéanta cóiste. Ach ní raibh gar ann. Bhí m'athair mór ag gabháil chun cearmansaíochta uirthi. Ní dhíolfadh sé, agus sin a raibh de.

'Ní raibh a fhios ag mo mháthair mhór cad é a dhéanfadh sí, go dtí gur smaointigh sí ar an Iarla St Germain. Duine suaithní a bhí ansin, agus bhí seanaithne aici air. Chuala sibh iomrá ar an Iarla St Germain, ar ndóigh, eisean a bhfuil an oiread sin rudaí iontacha canta fá dtaobh de. Tá a fhios agaibh go maíodh sé gurbh é féin an tIúdach síoraí, gurbh eisean a fuair eolas ar íoc-shláinte na beatha agus ar chloch na bhfealsamh, agus de réir sin. Bhítí ag gáire faoi ag déanamh gur searlatan a bhí ann, ach deir Casanova ina chuid cuimhneachán gur spiaire a bhí ann. Ach in ainneoin na diamhrachta a bhí ag baint leis, bhí cuma fhiúntach ar St Germain, agus bhí sé ina dhuine deas i lúb cuideachta. Tá mo mháthair mhór iontach doirte dó go dtí an lá atá inniu ann, agus tig fearg uirthi má labhrann éinne go drochmhúinte air. Bhí a fhios ag mo mháthair mhór go raibh cuid mhór airgid ag an láimh ag St Germain seo. Rinne sí amach í féin a fháil ina mhuinín, agus scríobh sí nóta chuige ag iarraidh air cuairt a thabhairt uirthi gan mhoill. Tháinig an seanduine aisteach sa bhomaite, agus fuair sé mo mháthair mhór roimhe faoi bhuaireamh millteanach. Thug sí cuntas aiféalach dó ar bharbarthacht a chéile fir, agus dúirt leis sa deireadh go raibh a dóchas caillte uilig i muinín a chuid carthanachta agus garaíochta. Smaointigh St Germain bomaite beag, agus labhair sé ansin. "Thig liom gar a dhéanamh duit agus an t-airgead seo a thabhairt ar iasacht duit," ar seisean, "ach tá a fhios agam nach mbeadh suaimhneas le fáil agat go ndíolfá ar ais mé, agus níor mhaith liom tuilleadh buartha a chur ort. Tá dóigh eile ann. Thig leat do bhris a thabhairt isteach ag imirt." "Ach, a Iarla chléibh," arsa mo mháthair mhór, "tá mé ag insint duit nach bhfuil airgead ar bith againn." "Níl gnó anseo le hairgead," arsa St Germain; "éist leis an rud atá mé ag gabháil a insint duit." Leis sin nocht sé rún di, rún a dtabharfadh achan duine againne ní maith ar é a bheith againn...'

Thug na cearrbhaigh óga éisteacht ní ba ghéire don scéal. Dhearg Tomscaí a phíopa, bhain smailc as, agus lean leis:

'An tráthnóna ceannann céanna bhí mo mháthair mhór i Versailles, *au jeu de la Reine*. Bhí Diúc Orléans ag reachtáil an bhainc. Ghabh mo mháthair mhór a pardún leis cionn is gan na fiacha a thabhairt chuige, chum sí scéal beag éigin mar leithscéal, agus thosaigh ag imirt ina éadan. Thóg sí trí cártaí agus d'imir iad ceann i ndiaidh an chinn eile. Bhain achan chárta den triúr, agus thug sí a bris isteach go hiomlán.'

'Táisme a bhí ann!' arsa fear de na haíonna.

'Finscéal!' arsa Hermann.

'B'fhéidir go raibh na cártaí marcáilte aici,' arsa an tríú fear.

'Ní dóigh liom go raibh,' arsa Tomscaí go staidéartha.

'Agus an mian leat a rá,' arsa Narúmov, 'go bhfuil máthair mhór agat a dtig léi trí cártaí a thomhas i ndiaidh a chéile, agus tá tusa go dtí an lá atá inniu ann gan fios a rúin a fháil uaithi?'

'Sin mar atá, damnú air!' arsa Tomscaí. 'Bhí ceathrar mac aici, agus m'athair ar cheann acu. Bhí siad a gceathrar ina gcearrbhaigh mhillteanacha, ach níor lig sí a rún le ceachtar acu, ainneoin nach ndéanfadh sé dochar dóibh, ná domsa ach oiread. Ach seo rud a d'inis m'uncail, an tIarla Iavan Ilits, dom, ag dearbhú dó mar a fhocal go raibh sé fíor. Tá a fhios agaibh Tiplitscí, eisean a fuair bás i mbochtanas i ndiaidh na milliúin a scaipeadh? Bhuel, tharla gur chaill seisean tuairim agus trí chéad míle am amháin ina óige ag imirt le... cá hainm seo a bhí air?... Sóraits. Bhí sé in éadóchas. Bhíodh mo mháthair mhór anuas i gcónaí ar amaidí na bhfear óg, ach ar dhóigh éigin ghlac sí trua do Thiplitscí. Thug sí trí cártaí dó le himirt, ceann i ndiaidh an chinn eile, agus chuaigh Tiplitscí leathchéad míle de gheall, agus bhain sé arís. Rinne sé an rud céanna an tríú huair, gur thug isteach a bhris, agus tuilleadh lena chois...

'Ach tá am luí ann. Tá sé ceathrú go dtí an sé.'

Agus go dearfa, bhí spéartha an lae ann. Dhiúrn an mhuintir óg a gcuid gloiní agus d'imigh siad chun an bhaile.

II

Bhí an sean-Bhaniarla N. ina suí ina seomra cóirithe os coinne an scátháin. Bhí triúr cailíní aimsire thart timpeall uirthi, bean acu ag coinneáil pota beag *rouge* di, an dara bean agus bocsa de bhioráin ghruaige aici, agus bearád ard faoi ribíní caordhearga ag an tríú bean. Ní raibh dada le maíomh ag an bhaniarla de thairbhe gnaoi de—b'fhada sin caillte aici—ach choinnigh sí nósa a hóige uilig, ag leanstan go dlúth de na faisiúin a bhí ann sa tsean-am, agus chaitheadh sí oiread ama agus oiread dúthrachta á cóiriú féin anois agus a níodh sí trí scór bliain ó shin. Thall ag an fhuinneog bhí ógbhean uasal ina suí ag seol bródála—ba í seo a dalta.

'Dia dhuit, a *grand maman*,' arsa oifigeach óg, ag teacht isteach sa tseomra. '*Bonjour, mademoiselle Lise. Grand maman*, tá achainí agam le hiarraidh ort.'

'Cad é rud é, a Phóil?'

'Tabhair cead dom cara de mo chuid a chur in aithne duit agus a thabhairt liom chuig an bhál tigh s'agatsa Dé hAoine.'

'Cead agat a thabhairt leat díreach chuig an bhál agus a chur in aithne dom ansin. Raibh tú tigh M. aréir?'

'Bhí, cinnte! Bhí oíche bhreá phléisiúrtha againn. Mhair an damhsa go dtí an cúig a chlog ar maidin. Bhí Eiléatscáia iontach feiceálach.'

'Maise, a rún, cad é atá dóighiúil fá dtaobh di? Is fada di a bheith inchurtha lena máthair mhór, an Banphrionsa Dairia Peitreovna. Ach ós ar an bhanphrionsa a tharraing mé an scéal, creidim gur éirigh sí iontach aosta faoi seo?'

'Cén aois a bhfuil tú ag caint air?' arsa Tomscaí agus gan é ag smaointiú cad é bhí sé a rá. 'Tá sí marbh le seacht mbliana.'

Thóg an ógbhean a ceann agus rinne sí comhartha don stócach. Chuimhnigh seisean ansin gur ghnách leo bás mhuintir a comhaoise a cheilt ar an tsean-bhaniarla, agus theann sé a chuid liobar ar a chéile. Ach ghlac an baniarla an scéal nua seo réidh go leor.

'Marbh!' ar sise, 'agus ní raibh a fhios agam a dhath fá dtaobh de! Bhíomar inár mná coimhdeachta i gcuideachta a chéile, agus nuair a tugadh i láthair an Bhanimpire muid…'

Agus thosaigh sí gur inis scéal don ógfhear a chuala sé aici céad uair roimhe sin.

'Seo, a Phóil,' ar sise ansin, 'cuidigh liom anois éirí i mo sheasamh. A Liosanca, cá bhfuil bocsa an tsnaoisín?'

Leis sin chuaigh an baniarla agus a cuid cailíní ar chúl na scáth lena *toilette* a chríochnú. D'fhan Tomscaí i gcuideachta na mná óige.

'Cé seo atá tú a iarraidh a chur in aithne di?' arsa Liosaivéata Iavanóvna go leathíscal.

'Narúmov—bhfuil aithne agat air?'

'Níl—bhfuil sé san arm?'

'Tá.'

'Sna hinnealtóirí, an ea?'

'Ní hea, sa mharcshlua. Ach cad a thug ort a shílstin go raibh sé sna hinnealtóiri?'

Rinne an bhean óg gáire ach níor labhair sí.

'A Phóil,' arsa an tseanbhean, ag scairtigh as cúl na scáth, 'cuir chugam úrscéal nua éigin, ach gheall ar an tsaol agus ná cuir ceann de chuid an lae inniu chugam.'

'Cad é atá tú a mhaíomh le sin, a mháthair mhór?'

'Tá, gur maith liom úrscéal nach dtachtfadh an gaiscíoch a athair nó a mháthair ann, agus nach mbeadh coirp dhaoine báite ann. Tá an dubheagla orm roimh dhaoine báite.'

'Níl a leithéid d'úrscéalta ann, an lá atá inniu ann. Ach b'fhéidir gur mhaith leat úrscéal Rúiseach?'

'An bhfuil úrscéalta Rúiseacha ann, maise? Cuir ceann acu chugam, a rún, cuir, mar a bheadh stócach maith ann.'

'Caithfidh mé slán a fhágáil agat anois, a mháthair mhór: tá deifre orm… Slán agat, a Liosaivéata Iavanóvna! Ach cad chuige ar shíl tú go raibh Narúmov sna hinnealtóirí?'

Agus leis sin d'fhág Tomscaí an seomra.

Bhí Liosaivéata Iavanóvna fágtha léi féin. Chaith sí uaithi a cuid oibre agus chuaigh sí ag amharc amach ar an fhuinneog. Ba ghairid gur nocht an t-oifigeach óg as cúl bhinn tí ar an taobh eile den tsráid. Tháinig luisne ina gruanna. Chuaigh sí i gcionn oibre ar ais agus chrom a ceann os cionn a cuid bródála. Leis sin tháinig an baniarla isteach agus cóiriú iomlán uirthi.

'A Liosanca,' ar sise, 'tabhair ordú an carráiste a ghléasadh agus téimis amach a ghlacadh an aeir.' D'éirigh Liosanca óna seol bródála agus thosaigh a chur a cuid fóinte i leataobh.

'Cad é atá ort, a rún, an bodhar atá tú?' arsa an baniarla i seanard a cinn. 'Ordaigh an carráiste a ghléasadh, go gasta.'

'Ar an bhomaite,' arsa an ógbhean go suaimhneach, agus rith sí amach sa halla.

Tháinig seirbhíseach isteach agus thug dornán leabhar ón Phrionsa Paval Alacsandraivits don tseanbhean.

'Go maith! Tabhair buíochas dó,' arsa an baniarla.

'A Liosanca, a Liosanca, cá bhfuil tú ag gabháil anois?'

'A chur orm mo chuid éadaigh.'

'Beidh tú in am go leor, a rún. Suigh anseo. Foscail an chéad leabhar agus léigh amach giota dom.' Thóg an ógbhean an leabhar agus léigh sí dornán línte.

'Níos airde!' arsa an baniarla. 'Cad é atá cearr leat, a chaile, an é rud a chaill tú do ghlór?... Fan ort... Tarraing aníos an stól beag níos giorra dom... Sin anois é!'

Léigh Liosaivéata Iavanóvna cúpla leathanach eile. Rinne an baniarla méanfach.

'Caith uait an leabhar sin,' ar sise ansin, 'cad é a leithéid d'amaidi! Cuir an beartán ar ais chuig an Phrionsa Paval agus mo bhuíochas leis... Ach cad é faoin charráiste?'

'Tá an carráiste réidh,' arsa Liosaivéata Iavanóvna, ag amharc amach ar an tsráid.

'Agus cad chuige nach bhfuil tú cóirithe?' arsa an baniarla. 'Caithfear a bheith i gcónaí ag fanacht leat. Is doiligh seo a sheasamh, a chaile!' D'imigh Liosaivéata Iavanóvna ina rith go dtí a seomra féin. Ní dheachaigh dhá bhomaite thart nuair a thosaigh an baniarla a bhualadh an chloig ar a dtiocfadh léi. Rith triúr cailíní aimsire isteach sa bhomaite ar dhoras amháin, agus giolla ar an doras eile.

'Cad é is ciall daoibh gan aird a thabhairt orm agus mé bhur n-iarraidh?' arsa an baniarla leo. 'Abradh duine agaibh le Liosaivéata Iavanóvna go bhfuil mé ag fanacht léi.'

Tháinig Liosaivéata Iavanóvna isteach agus hata is fallaing uirthi.

'Faoi dheireadh féin, a chaile!' arsa an baniarla. 'Agus chomh hinnealta leat! Cad é seo?—Cé a ba mhian leat a mhealladh?… Ach cá leis a bhfuil an aimsir cosúil? Tá mé ag déanamh go bhfuil sé gaothach, nó nach bhfuil?'

'Níl, a bhean uasail, níl smid ann,' arsa an giolla. 'Tá sé iontach suaimhneach.'

'Deir tusa rud ar bith a dtig chun an bhéil chugat! Foscail an fhuinneog! Bhí an ceart agam: tá gaoth ann, agus gaoth nimhneach fosta. Baintear an úim de na capaill! A Liosanca, ní rachaimid amach: níorbh fhiú duit thú féin a ghleasadh suas.'

'Chíonn Dia an saol atá agamsa!' arsa Liosaivéata Iavanóvna léi féin. Agus go dearfa, ní raibh a dóigh inmhaite ar Liosaivéata Iavanóvna. Mar a dúirt Dante, 'Is goirt é arán na gcoimhthíoch, agus is crua leacacha urláir duine eile.' Agus cé dó ar chóra a thuigbheáil chomh searbh agus atá sé a bheith i muinín na déirce ná dílleachta bocht a tógadh ag seanbhean shaibhir shaolta? Ar ndóigh, níor bhean dhroch-chroíoch an baniarla, ach chaithfeadh sí a dóigh féin a bheith aici, mar a bheadh bean ann a bheadh millte ag an tsaol mór—bean cheachartha chadránta chrua ar róchuma léi ach í féin a bheith go maith, dála na seandaoine uilig a bhfuil a seal tugtha acu agus a bhfuil saol an lae inniu coimhthíoch acu. Ghlacadh sí páirt i mbaothbhearta an tsaoil mhóir uilig, théadh sí chuig na báil, áit a mbíodh sí ina suí i gcoirneál, a cuid gruanna daite dearg aici, agus í gléasta sa tseannós, mar a bheadh ornáid ollghránna ann a bheadh ina páirt de sheomra an damhsa. Nuair a thiocfadh na haíonna isteach théadh siad faoi fhad léi agus iad ag umhlú go híseal di, mar a bheadh sé sin ina sheanghnás bunaithe, agus ansin ní thabharfadh duine ar bith aird uirthi ní ba mhó. Thiocfadh muintir na cathrach uilig ag cuartaíocht aici, agus chuireadh sí fáilte roimh achan duine, de réir a n-oird agus a n-uaisleachta, gan éinne acu a aithint. Bhí teaghlach mór searbhóntaí aici, de dhaoine a chaith a saol go sóúil sách ina seirbhís, agus dhéanfaidís sin cá bith ba mhian leo, ag scrios na seanmhná seo a raibh cos amuigh agus cos istigh san uaigh aici. Bhí Liosaivéata Iavanóvna ina mairtíreach sa teach. Chuireadh sí amach an tae, agus gheibheadh sí leadhbairt den teanga as a bheith ag cur amú siúcra. Léadh sí amach úrscéalta, agus uirthise a d'fhágtaí iomlán lochtanna an údair. Théadh sí amach i gcuideachta na seanmhná, a ghlacadh an aeir, agus í ba chiontach leis an drochaimsir agus le staid na mbóithre! Bhí tuarastal ag dul di, ach ní dhíoltaí go hiomlán am ar bith í. Ina dhiaidh sin bhíothas ag iarraidh urithi a bheith cóirithe chomh maith le gach éinne eile—is é sin, chomh maith leis an dream beag toiciúil. Bhí saol beag bocht aici i measc na n-uasal. Bhí aithne ag achan duine uirthi agus ní chuireadh éinne sonrú inti. Ag na báil ní théadh sí amach a dhéanamh cúrsa ach amháin nuair a bhíodh páirtí gann, agus chuireadh na mná uaisle a lámh ina hascaill am ar bith a mbíodh gnótha acu chun an tseomra cóirithe le ball éigin dá gcuid éadaí galánta a chóiriú. Bhí sí bródúil, agus ghoilleadh a dóigh go mór uirthi, agus bhíodh sí ag tabhairt na súl thairsti, ag feitheamh go mífhoighneach le fear a tarrthála.

Ach má bhí na fir óga ar bharr na gaoithe féin bhí siad fad-cheannach, agus níorbh fhiú leo sonrú a chur inti, ainneoin go raibh Liosaivéata Iavanóvna céad uair ní ba deise ná na fuaramáin de chailíní beadaí a mbíodh siad ina ndiaidh ar fad. Is iomaí uair a d'fhág sí an seomra aíochta galánta cumhúil údaí go for-mhothaithe agus a bhain a seomra beag féin amach go gcaoinfeadh sí a sáith. Seomra beag bocht a bhí ann gan ann ach na scátha, faoina gcumhdach de pháipéar, drár, gloine beag, agus leaba dhaite, agus gan de sholas ann ach an léaró beag a bhí ag teacht ón choinneal chéarach a bhí sáite sa choinnleoir umha.

Maidin amháin—cúpla lá i ndiaidh an tráthnóna ar tráchtadh air i dtús an scéil seo, agus seachtain roimh na gnóthaí a rabhamar ag trácht orthu anois díreach—an mhaidin seo bhí Liosaivéata Iavanóvna ina suí ag an fhuinneog i gcionn a seol bródála. Súil dá dtug sí amach ar an tsráid chonaic sí an t-oifigeach óg in éide innealtóra ina sheasamh gan bogadh, agus é ag stánadh ar an fhuinneog seo aicise. Chrom sí a ceann agus lean lena cuid oibre. I gcionn cúig bhomaite d'amharc sí amach arís—bhí an t-oifigeach óg ina sheasamh san áit amháin ar fad. Ó tharla nár chleacht sí a bheith ag gliodaíocht le hoifigigh a bheadh ag gabháil an bealach, níor amharc sí amach ní ba mhó, ach lean sí dá cuid fuála gan a ceann a thógáil. Cuireadh an dinnéar ar bord. D'éirigh sí, chuaigh a chur a seol bródála i leataobh, agus spléachadh dá dtug sí de thaisme ar an tsráid, chonaic sí an t-oifigeach arís. Dar léi go raibh seo saoithiúil i gceart. I ndiaidh an dinnéir chuaigh sí anonn go dtí an fhuinneog go cineál imníoch, ach ní raibh an t-oifigeach ann níos mó, agus rinne sí dearmad de.

Cúpla lá ina dhiaidh sin, nuair a bhí sí ag teacht amach leis an bhaniarla le gabháil isteach sa charráiste, chonaic sí arís é. Bhí sé ina sheasamh ag taobh dhoras an tí, a aghaidh folaithe i gcába béabhair a chóta mhóir, agus a shúile dubha ag dealramh as faoina hata. Scanraigh Liosaivéata Iavanóvna, gan a fhios aici féin cad chuige, agus shuigh sí sa charráiste agus critheagla iontach uirthi.

Ar fhilleadh chun tí di, reath sí anonn go dtí an fhuinneog— bhí an t-oifigeach ina sheasamh san áit chéanna agus a shúile sáite inti. D'imigh sí ón fhuinneog agus í cráite ag iarraidh a dhéanamh amach cad é ba chiall do na gnóthaí. Bhí sí tógtha fosta ar dhóigh nár mhothaigh sí ariamh go dtí sin.

Ón am sin ní dheachaigh lá thart gan an fear óg nochtadh ag uair áirid faoi fhuinneoga an tí. D'éirigh mar a bheadh cumann idir eisean agus í féin ar dhóigh neamhchoitianta. Nuair a bhíodh sí ina suí i gcionn a cuid oibre, mhothaíodh sí ag teacht é, thógadh sí a ceann, agus ní raibh lá dá raibh ag teacht nach maireadh sí ní b'fhaide ag amharc air. Bhí an fear óg buíoch di as an méid sin, i gcosúlacht. Le súile géara na hóige ba léir di an lasadh tobann a thiocfadh ina ghruanna bána achan uair a n-amharcadh siad ar a chéile. I gcionn seachtaine rinne sí gealgháire leis.

Nuair a d'iarr Tomscaí cead ar an bhaniarla a chara a chur in aithne di, chuaigh croí an chailín bhoicht a léimrigh. Ach nuair a chuala sí nach innealtóir a bhí i Narúmov ach marcach, bhí sí buartha as páirt dá rún a ligean le scafaire aerach mar Thomscaí le ceist amaideach den tsórt.

Mac Gearmánaigh a bhí i Hermann. Bhain a athair faoi sa Rúis, agus d'fhág sé bunachar beag ag a mac a d'fhág ar an neamhacra é. Bhí sé creidte ag Hermann gur chóir dó déanamh cinnte de ina dhóigh, agus mar sin de ní bhaineadh sé don bhunairgead, agus bhí sé beo ar a thuarastal gan ligean lena dhroim a bheag nó a mhór. Lena chois sin bhí sé druidte ardmhianach, sa dóigh gurbh annamh a gheibheadh a chomrádaithe faill gabháil a gháirí faoina chuid críonnachta. Bhí mianta láidre aige, agus samhlaíocht thréamanta, ach shábháil treise a thola é ar dhrabhlás coitianta na hóige. Mar shampla, ainneoin go raibh croí cearrbhaigh aige, ní ghlacadh sé cártaí ina lámha am ar bith, nó bhí sé socair ina intinn aige nach raibh sé in inmhe 'an rud nach raibh teacht aige gan é a íobairt mar i ndúil agus go bhfaigheadh sé barraíocht'. Agus ina dhiaidh sin shuíodh sé i rith na hoíche ag táblaí na gcártaí agus baspairt air, ag coimhéad chora na himeartha.

Fuair scéal na dtrí cártaí greim mór ar a intinn, agus níor imigh sé as a cheann i rith na hoíche. 'Dá mba i ndán,' ar seisean leis féin agus é ag siúl go seachránach trí Chathair Pheadair tráthnóna lá arna mhárach, 'dá mba i ndán agus go n-inseodh an tseanbhean a rún domsa, nó go n-ainmneodh sí na trí cártaí a bhainfeadh... Cad chuige nach rachainn sa tseans leis! D'fhéadfainn mé féin a chur in aithne di, éirí mór léi, agus b'fhéidir a bheith mar leannán aici; ach ghlacfadh sé sin uilig am, agus í sin seacht agus ceithre fichid bliain d'aois. Thiocfadh di bás a fháil faoi chionn seachtaine, faoi chionn cúpla lá... Agus ansin an scéal é féin... an bhfuil sé inchreidte?... Ní fhéachfaidh mé leis, maise—tábhacht, measarthacht, agus díbheirge, sin iad na trí cártaí a bhainfeas domsa... Is iad a mhéadóidh mo chuid airgid faoi thrí nó faoi sheacht, agus a thabharfaidh saol suaimhneach ar an neamhacra dom.'

Ag meabhrú ar an dóigh seo dó, fuair sé é féin ar cheann de

phríomhshráideanna Chathair Pheadair, os coinne theach den tseandéanamh. Bhí an tsráid plódaithe le carráistí, ceann i ndiaidh an chinn eile ag gluaiseacht aníos go dtí an póirse a bhí ar aon bharr amhain solais. I gcionn achan bhomaite nochtadh cos dheachumtha spéirmhná éigin as carráiste acu seo, nó buatais ghliogarach oifigigh airm, nó stoca stríocach agus bróg an taidhleora. Bhí cótaí fionnaidh agus fallaingeacha ag sciobadh thart leis an doirseoir maorga státúil. Sheasaigh Hermann.

'Cé leis an teach sin?' ar seisean, ag cur ceist ar fhear garda an chúinne.

'Leis an Bhaniarla N.,' arsa an garda.

Chuaigh Hermann ar aon bharr amháin creatha. Tháinig an scéal iontach ar ais ina intinn. Thosaigh sé a shiúl aníos agus síos os coinne an tí, ag smaointiú ar an té ar leis é agus ar an bhua sonraitheach a bhí aici.

Bhí sé gearr-mhall nuair a d'fhill sé ar a chúinne beag féin. Ar feadh fada go leor ní raibh sé ábalta codladh, agus nuair a thit néal air sa deireadh bhí sé ag brionglóidigh faoi chártaí agus faoi thábla glas a raibh nótaí bainc agus bonnaí óir ina mollta air. Dar leis go raibh sé féin ag imirt cártaí, ceann i ndiaidh an chinn eile, ag tiontú síos na gcúinní go daigh, agus é ag baint ar fad agus ag tarraingt chuige féin an óir agus ag cur na nótaí isteach ina phóca. Ar mhúscailt dó go mall sa lá arna mhárach, lig sé osna as faoi chailliúint an tsaibhris draíochta seo aige, agus chuaigh amach a spaisteoireacht tríd an chathair arís, gur casadh ar ais é os coinne theach an bhaniarla. Bhí mar a bheadh cumhacht anaithnid á mhealladh ionsair. Sheasaigh sé agus thosaigh ag amharc ar na fuinneoga. Ag ceann acu seo chonaic sé cloigeann dubh agus í crom i gcosúlacht ar leabhar nó ar obair fuála. Tógadh an cloigeann, agus chonaic Hermann aghaidh bheag sholasta agus súile dubha. Ba shin an bomaite a chuir cor ina chinniúint.

III

Ní raibh ann ach go raibh faill ag Liosaivéata Iavanóvna a fallaing agus a hata a bhaint di nuair a chuir an baniarla faoina coinne agus a d'ordaigh an carráiste a ghléasadh arís. Chuaigh siad amach le gabháil isteach ann. Go díreach nuair a bhí beirt sheirbhíseach ag tógáil na seanmhná agus á cur isteach trí dhoras an charráiste, chonaic Liosaivéata Iavanóvna an t-oifigeach óg ag an roth. Rug sé greim láimhe uirthi; scanraigh sise, agus nuair a tháinig sí chuici fein bhí an fear óg ar shiúl agus bhí litir fágtha ina lámh aige. Chuir sí an litir i bhfolach ina miotóg, agus i rith an bhealaigh níor mhothaigh sí agus ní fhaca sí a dhath. Bhí sé de ghnás ag an bhaniarla, nuair a bhíodh siad amuigh sa charráiste, ceisteanna a cur i gcionn achan bhomaite—'Cé sin a casadh orainn?... Cá hainm atá ar an droichead seo?... Cad é atá scríofa ar an chlár úd?'—ach an iarraidh seo bhí Liosaivéata Iavanóvna ag tabhairt freagra ar bith a thagadh chun an bhéil chuici uirthi, agus gan iad ag fóirstin na gceisteanna, go dtí go dtáinig fearg ar an bhaniarla léi.

'Cad é a tháinig ort, a rún? Níl tú do mo chluinstin, sin nó níl tú do mo thuigbheáil... Buíochas do Dhia, níl mé briotach, agus ní dheachaigh mé in aois leanbaíochta go fóill.'

Ní raibh Liosaivéata Iavanóvna ag éisteacht léi. Ar theacht chun an bhaile, rith sí go dtí a seomra féin agus bhain an litir amach as a miotóg. Ní raibh séala ar bith uirthi. Léigh sí í: ceiliúr grá a bhí ann, í scríofa go bogbhriathrach agus go hurramach, agus í bainte focal ar fhocal as úrscéal Gearmánach. Ach ní raibh Gearmáinis ar bith ag Liosaivéata Iavanóvna, agus bhí sí iontach sásta leis an litir.

Ina dhiaidh sin, bhí an litir ag cur buartha as cuimse uirthi. Ba é seo an chéad uair di cumann rúin a cheangal le fear óg. Chuir a chuid dánachta scanradh uirthi. Bhí sí ag éileamh uirthi féin as a bheith chomh neamhfhaichilleach agus a bhí sí, agus ní raibh a fhios aici cad é a dhéanfadh sí. Ar chóir di stad de shuí ag an fhuinneog agus, le neart neamhshuime, ligean do cá bith dúil a bheadh ag an oifigeach óg leanstan don tóir, ligean dó fuarú? Ar chóir di an litir a chur ar ais chuige? Nó freagra fuarbhruite a shocródh an scéal a thabhairt air? Ní raibh aon duine aici a bhéarfadh comhairle di; ní raibh cara ná oide aici. Shocair

Liosaivéata ar fhreagra a thabhairt ar an litir.

Shuigh sí síos ag tábla scríofa, thug léi peann agus páipéar agus thosaigh a mheabhrú. Chuir sí tús ar an litir cupla iarraidh agus stróic arís í; chonacthas di am amháin go raibh an chaint ró-bhog, agus am eile go raibh sí róchrua. Sa deireadh d'éirigh léi roinnt línte a scríobh a bhí ina sásamh. 'Tá mé cinnte,' ar sise sa litir, 'go bhfuil dea-rún agat, agus nach raibh tú ag iarraidh tarcaisne a thabhairt dom leis an rud ráscánta a rinne tú; ach ní ceart dúinn aithne a chur ar a chéile sa dóigh seo. Tá mé ag cur do litreach ar ais chugat agus tá dúil agam nach mbeidh ábhar agam feasta a bheith ag eileamh as easurraim nach bhfuil tuillte agam.'

Lá arna mhárach, nuair a chonaic Liosaivéata Iavanóvna Hermann ag teacht, d'éirigh sí óna seol bródala, chuaigh isteach sa seomra eile, d'fhoscail an fhuinneog, agus chaith an litir amach ar an tsráid, ag brath ar éascaíocht an fhir óig. Rith Hermann aníos, thóg an litir, agus chuaigh isteach i siopa cístí a bhí ann. Ar bhriseadh an tséala dó fuair sé a litir féin agus freagra Liosaivéata Iavanóvna inti. Ba é seo an rud a raibh sé ag dúil leis, agus d'fhill sé abhaile.

Trí lá ina dhiaidh sin tháinig cailín óg géarshúileach ionsar Liosaivéata Iavanóvna le nóta as siopa hataí. D'fhoscail Liosaivéata Iavanóvna é go himníoch, ag déanamh gur bille a bhí ann, agus leis sin d'aithin sí lorg láimhe Hermann.

'Tá seachrán ort, a rún,' ar sise, 'ní domsa an nóta seo.'

'Duitse é, cinnte,' arsa an cailín dána, gan cluain a chur ar gháire slítheánta. 'Léigh é, le do thoil.'

Léigh Liosaivéata Iavanóvna go gasta é. Bhí Hermann ag iarraidh coinne a dhéanamh léi.

'Ní thig dó gur domsa seo,' arsa Liosaivéata Iavanóvna agus í scanraithe faoi chomh gasta agus a tháinig an t-iarratas, agus faoin dóigh ar cuireadh ina láthair é. 'Ní chugamsa a scríobhadh é seo, tá mé cinnte de.' Agus stróic sí an litir ina giotaí beaga.

'Más rud é nach duitse an litir, cad chuige gur stróic tú í?' arsa an cailín. 'Bhéarfainn ar ais í don duine a chuir chugat í.'

'Mar gheall ar an tsaol, a thaisce,' arsa Liosaivéata Iavanóvna, ag lasadh suas de thairbhe na bhfocal seo, 'agus ná bí ag tabhairt nótaí chugam feasta. Agus i dtaca leis an té a chuir anseo thú, abair leis gur chóir go mbeadh náire air.'

Ach níor shíothlaigh Hermann. Gheibheadh Liosaivéata Iavanóvna litreacha uaidh achan lá, ar dhóigh amháin nó ar dhóigh eile. Ní raibh siad aistrithe ón Ghearmáinis níos mó. Hermann é féin a scríobhadh iad: bhí sé spreagtha ag a mhór-mhian agus labhradh sé ina chanúint féin. Nochtadh siad do-chlaontacht a thola agus mearú a intinne ainshrianta. Níor smaointigh Liosaivéata Iavanóvna ní ba mhó ar iad a chur ar ais; léadh sí go fonnmhar iad agus thosaigh a thabhairt freagra orthu, go dtí go raibh a cuid nótaí féin ag éirí ní b'fhaide agus ní ba chaoine i gcionn achan uair an chloig. Sa deireadh chaith sí an litir seo a leanas amach an fhuinneog chuige:

'Tá bál ann inniu tigh Thaidhleoir na —. Beidh an baniarla ann. Beimid ag fanacht go dtí trátha an dó ar maidin. Seo é do sheans mé a fheiceáil liom féin. Chomh luath agus a imeoidh an baniarla, rachaidh a muintir faoi chónaí, is dócha: fágfar an doirseoir sa halla, ach is gnách leisean fosta a sheomra féin a bhaint amach. Tar tusa ar leath i ndiaidh an haon déag. Siúil díreach ar aghaidh suas an staighre. Má chastar aon duine leat sa halla, fiafraigh an bhfuil an baniarla faoi bhaile. Déarfar leat nach bhfuil agus ansin—ní bheidh an dara dóigh air—caithfidh tú filleadh ar ais. Ach ní dócha go gcasfar duine ar bith ort. Bíonn na cailíní aimsire uile ina suí i gcuideachta sa tseomra amháin. Tiontaigh ar thaobh do láimhe clé ag fágáil an halla duit, agus siúil díreach ar d'aghaidh go dtí seomra codlata an bhaniarla. Sa tseomra codlata, ar chúl na scáth, chífidh tú dhá dhoras bheaga, an ceann ar dheis do do thabhairt isteach sa tseomra staidéir, áit nach dtéann an baniarla am ar bith, agus an doras ar chlé do do thabhairt amach sa phasáid. Anseo tá staighre cúng casta a bhéarfas a fhad le mo sheomrasa thú.'

Bhí Hermann ar crith mar a bheadh tíogar ann, ag feitheamh leis an uair a bhí leagtha amach. Ar an deich a chlog tráthnóna bhí sé ina sheasamh os coinne theach an bhaniarla. Bhí aimsir mhillteanach ann. Bhí an ghaoth ag búirthíl agus bhí sneachta fliuch ag titim ina bhratóga. Bhí solas báite ag teacht ó na lampaí, agus bhí na sráideanna folamh. Bhí Hermann ina sheasamh ansin agus gan air ach a froc-chóta, agus gan é ag mothachtáil gaoth an tsneachta. Sa deireadh tugadh carráiste an bhaniarla sa láthair. Chonaic Hermann an tseanbhean chraptha agus í cuachta ina cóta d'fhionnadh sáible á hiompar amach as an teach idir lámha a seirbhíseach, agus a dalta ag sciúrdadh thart ina diaidh, fallaing fhuar éadrom uirthi agus a ceann cóirithe le bláthanna úra. Druideadh an doras agus ghluais an carráiste leis go hanásta tríd an tsneachta bog. Dhruid an doirseoir doras an tí. Chuaigh na soilse as na fuinneoga. Thosaigh Hermann a shiúl aníos agus síos os coinne an tí a bhí fágtha go folamh. Chuaigh sé suas go dtí lampa na sráide agus d'amharc ar a uaireadóir: bhí sé fiche bomaite i ndiaidh a haon déag. Mhair sé ina sheasamh faoin lampa agus a shúile sáite sa tsnáthaid bheag, ag fanacht go mbeadh na bomaití deireanacha caite. Go díreach ar leath i ndiaidh an haon déag shiúil sé suas leacacha na tairsí agus isteach sa phóirse a bhí ar aon bharr amháin solais. Ní raibh an doirseoir ansin. Rith sé suas an staighre, d'fhoscail sé doras an halla, agus chonaic sé seirbhíseach ina chodladh faoin lampa i gcathaoir mhór den tseandéanamh. Shiúil sé thart leis agus coiscéim éadrom theann leis. Bhí an seomra mór agus an seomra aíochta dorcha, agus gan ach solas beag fann ag teacht a fhad leo ón lampa a bhí sa halla. Chuaigh sé isteach sa tseomra codlata. Bhí lampa beag óir ar lasadh os coinne cása na n-íocón, a bhí lán de phictiúirí naofa ársa. Bhí cathaoireacha móra faoina gcumhdach de shíoda smolchaite agus dibheáin faoi chuisíní cluimhrí thart leis na ballaí as éadan a cheile, agus gan fiú aon cheann amháin acu orlach as a áit. Bhí múrbhrait Shíneacha ar na ballaí, agus dhá phictiúir as Páras le Madame Lebrun.

Pictiúir d'fhear tuairim agus daichead bliain a bhí sa chéad cheann: fear líon lán agus aghaidh dhearg sholasta air, éide airm bhánghlas air agus réalt ar a bhrollach. Sa dara pictiúir bhí spéir-bhean óg álainn, cromóg uirthi, agus a cuid gruaige púdaráilte cuachta suas ar bhaitheas a cinn agus rós sáite inti. Bhí achan chúinne den tseomra líonta d'ornáidí: bantréadaithe poircealláin, cloganna Le Roy, boscaí beaga *roulette*, gaothráin, agus áilleagáin eagsúla ban ar smaointíodh orthu ag deireadh na haoise seo a chuaigh thart i gcuideachta cuid balún Montgolfier agus cuid maighnéadachais Mesmer.

Chuaigh Hermann ar chúl na scáth. Bhí leaba bheag iarainn ina seasamh ansin; ar thaobh na láimhe deise bhí doras an tseomra staidéir, agus ar thaobh na láimhe clé an doras a bhéarfadh isteach sa phasáid é. D'fhoscail Hermann an doras seo agus chonaic sé an staighre cúng casta ag gabháil suas go dtí seomra an dalta bhoicht... Ach d'fhill sé ar ais agus chuaigh sé isteach sa tseomra staidéir dorcha.

Bhí an t-am ag gabháil thart go fadálach. Bhí achan chineál go ciúin. Buaileadh an dó dhéag sa seomra aíochta; bhuail na cloig sna seomraí eile uilig an do dheag, ceann i ndiaidh an chinn eile— agus thost achan chineál arís. Bhí Hermann ina sheasamh, ag ligint a thaca leis an sorn a bhí fuar faoi seo. Bhí a intinn suaimhneach; bhí a chroí ag bualadh go cothrom, mar a bheadh ag duine a bheadh socair ar ghnóthaí contúirteacha éigin a chaithfí a dhéanamh. Bhuail an clog an haon agus an dó a chlog ar maidin, agus mhothaigh sé trup carráiste i bhfad uaidh. D'fhág an croí a áit aige, dá ainneoin féin. Tháinig an carráiste go dtí an doras agus stad sé. Thosaigh daoine a rith anonn agus anall, chualathas glórtha, agus lasadh suas an teach. Rith triúr cailíní aimsire isteach sa tseomra codlata, agus ansin tháinig an baniarla isteach agus í i ndeireadh na péice, agus lig sí í féin síos i gcathaoir mhór. D'amharc Hermann trí scoilt sa doras. Chuaigh Liosaivéata Iavanóvna thart leis. Mhothaigh Hermann a coiscéim dheifreach ar chéimeanna an staighre bhig. Chorraigh rud éigin a bhí cosúil le haithrí istigh ina chliabh agus thost arís. Rinneadh cloch dá chroí.

Thosaigh an baniarla a bhaint di os coinne an ghloine. Baineadh di a bearád lása faoina chóiriú de rósaí; baineadh an pheiriúc phúdaráilte dá seancheann liath lombhearrtha, dhoirt na bioráin ina gcith thart faoin taobh di. Thit an chulaith bhuí, faoina hoibriú airgid, síos go dtí na cosa ataithe aici. Ba léir do Hermann diamhar-rúin mhíofara a *toilette* go hiomlán. Sa deireadh bhí an baniarla ansin ina culaith oíche agus a bearád oíche ar a ceann. San éide seo, a bhí ag fóirstin ní b'fhearr dá haois, ní raibh an anchuma scáfar chéanna uirthi.

Dálta na seandaoine uilig, ní fhaigheadh an baniarla codladh na hoíche. Nuair a bhí a cuid éadaí bainte di, shuigh sí síos sa chathaoir mhór ag an fhuinneog, agus thug cead a gcinn do na cailíní aimsire. Tugadh amach na coinnle agus fágadh an seomra arís gan ann ach an léaró solais a bhí ag teacht ón lampa beag. Bhí an baniarla ina suí ansin, dath buí uirthi uilig, a cuid liobar ag bogadaigh, agus í á luascadh féin anonn agus anall. D'aithneofá ar na súile marbhánta sin aici nach raibh smaoineamh dá laghad ina hintinn. An té a bheadh ag amharc uirthi, d'fhéadfadh sé a shílstin nach dá deoin féin a bhí an tseanbhean scáfar seo ag longadán, ach de thairbhe cumhacht fholaithe ghalbhánach éigin.

Ansin i dtoibinne tháinig athrú iontach ar an tseanghnúis mharbhánta seo. Stad na liobra de bhogadaigh agus tháinig loinnir sna súile: bhí fear coimhthíoch ina sheasamh os a coinne.

'Ná bíodh eagla ort, mar gheall ar Dhia agus ná bíodh eagla ort!' ar seisean de ghlór glinn íseal. 'Níl rún ar bith agam dochar a dhéanamh duit. Tháinig mé do d'agairt faoi achainí amháin.'

Níor labhair an tseanbhean, ach í ag amharc air agus cuma uirthi nár chuala sí é. Shíl Hermann gurbh é rud a bhí sí bodhar, agus chrom sé anuas os cionn a cluaise agus dúirt an rud céanna an dara huair. Níor labhair an tseanbhean an iarraidh seo ach an oiread.

'Thig leat mo shaol a dhéanamh séanmhar,' arsa Hermann, ag leanstan leis, 'agus ní chosnóidh sé a dhath duit. Tá a fhios agam go dtig leat trí cártaí a thomhas, ceann i ndiaidh a chéile...'

Stad Hermann. Bhí cuma ar an bhaniarla gur thuig sí cad a bhíothas a iarraidh uirthi, agus go raibh sí ag cuartú focal le freagra a thabhairt air.

'Ní raibh sa mhéid sin ach greann,' ar sise sa deireadh. 'Beirim mo mhionna nach raibh ann ach greann.'

'Ní gnó grinn é seo,' arsa Hermann go feargach. 'Cuimhnigh ar Thiplitscí ar chuidigh tú leis a bhris a thabhairt isteach.'

Baineadh stangadh as an bhaniarla, i gcosúlacht. Ba léir ar a dreach go raibh sí corraithe go mór, ach ba ghairid gur thig sí ar ais sa mharbhántacht chéanna.

'An dtig leat trí cártaí sin na bua a insint dom?' arsa Hermann. Níor labhair an baniarla. Lean Hermann leis:

'Cé dó a bhfuil tú ag coinneáil do rúin? Do do chuid ua? Tá siad saibhir gan é; agus lena chois sin, níl meas acu ar airgead. Ní dhéanfadh do thrí cártaí maith ar bith do dhuine drabhlásach. An té nach dtig leis oidhreacht a athar a choinneáil, gheobhaidh sé bás i mbochtanas, in ainneoin iomlán cumhachta an diabhail. Ní duine drabhlásach mise. Tá meas agam ar airgead. Ní rachaidh do thrí cártaí amú agamsa. Seo anois…!'

Stad sé agus é ag feitheamh go critheaglach lena freagra. Bhí an baniarla ina tost ar fad. Chuaigh Hermann síos ar a ghlúine.

'Más rud é go bhfuair do chroí eolas ariamh ar mhothú an ghrá,' ar seisean, 'más cuimhin leat a aoibhneas, má chuir caoineadh do mhic nuabheirthe aoibh an gháire ariamh ort, má chorraigh daonnacht ar bith am ar bith i do chliabh, agraim ort, mar gheall ar ghrá na máthar, na mná céile nó an leannáin, mar gheall ar achan rud a bhfuil beannaithe ar an tsaol seo, ná diúltaigh mé faoi m'achainí, nocht do rún dom. Cad é duitse é…? B'fhéidir go bhfuil baint aige le peaca uafásach éigin, le cailliúint na glóire síoraí, le margadh leis an diabhal… ach smaointigh; tá tú aosta, is gairid do sheal ar an tsaol seo—tá mise réidh le do pheaca a ghlacadh ar m'anam féin. Ach inis do rún dom. Smaointigh go bhfuil séan duine idir do lámha, agus go mbeidh, ní hamháin mé féin, ach mo chlann agus clann mo chlainne agus a shliocht sin ag guí beannacht ar d'ainm agus ag tabhairt urraim dó mar a bheadh rud naofa ann.'

Níor labhair an tseanbhean focal. D'éirigh Hermann ina sheasamh.

'A sheanchailleach na bpiseog!' ar seisean, ag teannadh achair ar a chéile. 'Cuirfidh mé fiacha ort freagra a thabhairt orm!'

Leis na focail sin bhain sé piostal amach as a phóca.

Ar fheiceáil an phiostail di tháinig cuma iontach corraithe ar an bhaniarla don dara huair. Bhain sí croitheadh as a ceann agus thóg a lámh mar a bheadh sí ag lorg chúl a cinn... agus d'fhan gan bogadh.

'Stad den amaidí!' arsa Hermann, ag breith greim láimhe uirthi. 'Tá mé ag fiafraí duit don uair dheireanach: an bhfuil tú sásta do thrí cártaí a ainmniú dom nó nach bhfuil?'

Níor thug an baniarla freagra ar bith air. Chonaic Hermann go raibh sí marbh.

IV

Bhí Liosaivéata Iavanóvna ina suí ina seomra féin agus a culaith bháil uirthi ar fad, agus í ag meabhrú go doimhin ina croí. Ar theacht abhaile di thug sí cead a cinn don chailín aimsire a tháinig ag freastal uirthi, ag rá léi go mbainfeadh sí féin a cuid éadaí di. Ansin bhain sí a seomra féin amach agus spaspas uirthi, nó bhí sí ag dúil go bhfaigheadh sí Hermann ansin roimpi, agus san am céanna b'fhearr léi nach bhfaigheadh. Ba léir di ón chéad amharc nach raibh sé ann, agus thug sí a buíochas don chinniúint a chuir mosán ina bhealach agus a choinnigh óna chéile iad. Shuigh sí síos gan a dhath a bhaint di, agus chuaigh a smaointiú ar na gnóthaí agus ar achan rud a tharla le í a mhealladh an fad sin in am chomh gairid. Ní dheachaigh trí seachtainí thart ón lá a chonaic sí an fear óg tríd an fhuinneog don chéad uair—agus bhí sí ag scríobh chuige cheana féin agus d'éirigh leis sin coinne oíche a fháil uaithi? Bhí a fhios aici a ainm, ach ní bheadh sin féin aici ach gurb é cuid de na litreacha ar chuir sé a ainm leo. Níor labhair sí leis ariamh, níor chuala sí ariamh glór a chinn, agus níor chuala sí iomrá air ariamh go dtí an tráthnóna seo féin. B'aisteach an scéal é! An tráthnóna sin go díreach, ag an bhál, tharla go raibh fearg ar Thomscaí leis an bhanphrionsa óg, Poilíne S., cionn is í a bheith ag gliodaíocht le fear éigin eile, rud ab annamh léi. Ba mhian le Tomscaí sásamh a bhaint amach agus a thabhairt le fios di gur chuma leis, agus chuir sé faoi choinne Liosaivéata Iavanóvna agus rinne masúrca fada léi nach raibh deireadh leis. Bhí sé ag magadh uirthi i rith an ama faoin toil a bhí aici d'oifigigh na n-innealtóirí, ag dearbhú di go raibh i bhfad níos mó eolais aige ná a d'fhéadfadh sí a shílstin. Agus bhí cuid den mhagadh chomh deas sin don fhírinne gur shíl Liosaivéata Iavanóvna níos mó ná uair amháin go raibh fios a rúin aige.

'Cé uaidh a bhfuair tú an t-eolas seo uilig?' ar sise, ag gáirí.

'Ó chara an duine a bhfuil aithne agat air,' arsa Tomscaí, 'agus fear sonraíoch i gceart é an cara céanna.'

'Agus cé hé an fear sonraíoch seo?'

'Hermann a ainm.'

Níor labhair Liosaivéata Iavanóvna focal, ach d'éirigh a lámha agus a cosa chomh fuar leis an tsioc.

'Hermann seo,' arsa Tomscaí, ag leanstan leis, 'macasamhail gaiscíoch de chuid na n-úrscéalta atá ann, go fírinneach: tá sé cosúil le Napóilean ar lorg a leiceann, agus tá anam Mheifeastofail ann. Tá mé ag déanamh go bhfuil trí cortha ar a laghad ar a choinsias aige. Ach nach tú a d'éirigh bán san aghaidh!'

'Tá pian i mo cheann... Agus cad é a bhí Hermann seo—nó cá bith ainm atá air—a insint duit?

'Tá Hermann iontach míshasta lena chomrádaí: deir sé dá mbeadh seisean ina áit go ndéanfadh sé a athrach ar fad... Cha chreidim nó tá a shúil ag Hermann é féin ort; ar scor ar bith, ní ar nós cuma liom a éisteann sé le glórtha molta a chomrádaí agus é ag caint ar a ghrá geal.'

'Agus cá háit a bhfaca sé mise?'

'I dteach an phobail, b'fhéidir; nó amuigh ar an tsráid... Ag Dia féin atá fhios! I do sheomra féin, b'fhéidir, nuair a bhí tú i do chodladh: ní chuirfinn thairis é.'

Leis sin tháinig triúr banuasal a fhad leo a chuir ceist orthu: *Oubli ou regret?* agus bhris sin comhrá ba mhian le Liosaivéata Iavanóvna a chur ní b'fhaide cé go raibh sé ag goilliúint uirthi san am céanna.

Ba í an Banphrionsa Poilíne í féin an bhean uasal a thóg Tomscaí mar pháirtí úr sa chúrsa damhsa seo. Fuair sí faill a gnó a réiteach leis agus í ag déanamh cuairt de bharraíocht sa damhsa agus ag casadh thart leis cúpla iarraidh sarar shuigh sí síos. Nuair a d'fhill Tomscaí ar a áit féin arís, ní ar Hermann nó ar Liosaivéata Iavanóvna a bhí a iúl ní ba mhó. Bhí sise i bhfách leis an chomhrá a briseadh a tharraing uirthi arís, ach bhí an masúrca thart, agus go gairid ina dhiaidh sin d'fhág an sean-bhaniarla an bál.

Ní raibh i gcuid cainte Thomscaí uilig ach giob geab lucht damhsa, ach fuair sé greim mór ar a croí ag an ógbhean aislingeach seo. An pictiúir a tharraing Tomscaí de Hermann, bhí sé ag cur leis an phictiúir a rinne sí féin de, agus cé go raibh a mhacasamhail coitianta go leor san am de thairbhe na n-úrscéalta, bhí sé á scanrú agus ag cur cluain ar a hintinn san am céanna. Bhí sí ina suí ansin, a cuid sciathán tarnocht crosach ar a chéile agus a ceann, faoina chóiriú de bhláthanna, crom ar a brollach foscailte … Leis sin osclaíodh an doras i dtoibinne, agus tháinig Hermann isteach. Chuaigh sí ar aon bharr amháin creatha.

'Cá raibh tú?' ar sise de ghlór íseal critheaglach.

'I seomra codlata an bhaniarla,' arsa Hermann. 'Tá mé ag teacht as sin anois díreach. Tá an baniarla marbh.'

'A Dhia na Glóire!… Cad tá tú a rá?'

'Agus de réir cosúlachta,' arsa Hermann, 'mise is ciontach lena bás.'

D'amharc Liosaivéata Iavanóvna air, agus tháinig caint Thomscaí ar ais ina hintinn: 'Tá trí cortha ar a laghad ar a choinsias ag an fhear sin.' Shuigh Hermann ar bhun na fuinneoige a dheas di, agus d'inis an scéal go hiomlán di.

D'éist Liosaivéata Iavanóvna leis agus uafás uirthi. Mar sin de, na litreacha coscracha seo, na hachainíocha lasánta, an ghéar-leanúint dhána righin—níorbh é an grá ab údar dóibh! Airgead—ba é sin an rud a shantaigh a chroí! Nior léise a thiocfadh a mhianta a shásamh agus a dhéanamh séanmhar! An dílleachta bocht, ní raibh inti ach guaillí gadaí, a chuidigh i ngan fhios di féin le dúnmharfóir na seanmhná a thóg í. Ghoil sí go géar goirt agus í ag déanamh aithrí crua cráite i ndiaidh an ghníomha. Bhí Hermann ag amharc uirthi gan focal a rá. Bhí an croí á fháisceadh ansin feasta, ach níorbh iad deora an chailín bhoicht ná áilleacht a gnúise faoi ualach an bhróin, níorbh iad sin a bhí ag cur buartha ar a chroí cadránta. Ní raibh léan ar bith air ag smaointiú dó ar an tseanbhean a bhí marbh. An t-aon rud amháin a bhí ag cur uafáis air—sin go raibh an rún go raibh sé ag brath air lena shaibhreas a dhéanamh, go raibh sé sin caillte go deo.

'Anduine atá ionat!' arsa Liosaivéata Iavanóvna sa deireadh.

'Ní raibh mé ag iarraidh a báis,' arsa Hermann, ag tabhairt freagra uirthi. 'Ni raibh mo phiostal lódáilte.'

Thost siad.

Bhí spéartha an lae ann. Chuir Liosaivéata Iavanóvna as an choinneal a bhí ar shéala a bheith caite: líon solas tláith an seomra. Thriomaigh sí na súile a bhí dearg le caoineadh, agus d'amharc sí anonn ar Hermann: bhí sé sin ina shuí ar bhun na fuinneoige, a dhá lámh crosach ar a chéile aige, agus dreach dúrúnta duibhnéaltach air. Bhí sé iontach cosúil le pictiúir Napóilean sa chruth sin. Gan fiú Liosaivéata Iavanóvna, nár bhain an chosúlacht seo stangadh aisti.

'Cad é mar a rachaidh tú amach as an teach?' ar sí sa deireadh. 'Smaointigh mé ar thú a ligean amach an staighre folaithe, ach chaithfimis a ghabháil thart le seomra codlata an bhaniarla, agus tá eagla orm.'

'Inis dom cén dóigh a dtiocfaidh mé ar an staighre folaithe agus rachaidh mé amach mé féin.'

D'éirigh Liosaivéata Iavanóvna ina seasamh, bhain eochair amach as an drár, shín chuige í, agus d'inis dó go mion beacht cad a bhí le déanamh aige. D'fháisc Hermann an lámh fhuar mharbh aici, thug póg dá ceann crom, agus chuaigh amach.

Chuaigh sé síos an staighre casta agus isteach arís i seomra codlata an bhaniarla. Bhí an tseanbhean mharbh ina suí mar a bheadh cloch ann, agus leagan socair suaimhneach ar a haghaidh. Sheasaigh Hermann os a coinne agus d'amharc sé fada buan uirthi mar a bheadh sé ag iarraidh an fhírinne uafásach a chinntiú dó féin. Sa deireadh chuaigh sé isteach sa tseomra staidéir, mhothaigh taobh thiar de bhrat an bhalla lena mhéara go dtáinig sé ar an doras folaithe, agus shiúil leis síos an staighre dorcha agus tocht aisteach air. 'B'fhéidir,' ar seisean leis féin, 'trí scór bliain agus an t-am seo, go raibh ógfhear aigeantach, atá anois ina chré le fada an lá, go raibh sin ag éalú isteach sa tseomra céanna seo, a chóta bródáilte air, a cheann cóirithe *à l'oiseau royal,* agus é ag teannadh a hata thrí-chúinnigh lena bhrollach: agus inniu go díreach stad croí a sheanleannáin de bhualadh...'

Ag bun an staighre tháinig Hermann ar an doras. D'fhoscail sé é leis an eochair chéanna, agus fuair sé é féin i bpasáid a thug amach ar an tsráid é.

V

Trí lá i ndiaidh na hoíche seo na cinniúna, ar an naoi a chlog ar maidin, thug Hermann a aghaidh ar chlochar na N., an áit a raibh corp an bhaniarla le tíolacadh. Cé nach raibh aithreachas ar bith air, ina dhiaidh sin ní thiocfadh leis glór a choinsiasa a mhúchadh agus é a rá leis arís agus arís eile: is tú dúnmharfóir na seanmhná. Ní raibh mórán d'fhíorchreideamh aige, agus ar an ábhar sin bhí sé lán piseog. Bhí sé creidte aige go dtiocfadh leis an bhaniarla marbh mírath a chur ar a shaol, agus bhí rún aige a ghabháil chun a tórraimh go n-iarrfadh sé maithiúnas uirthi.

Bhí teach an phobail lán. Ba le hobair mhór a d'éirigh le Hermann a bhealach a dhéanamh tríd an tslua. Bhí an chónra leagtha ar chróchar galánta faoi théastar veilbhite. Bhí an marbhánach ina luí inti agus a lámha crosach ar a chéile ar a brollach, bearád lása ar a ceann, agus culaith gheal sróil uirthi. Bhí lucht an teaghlaigh ina seasamh thart timpeall uirthi: na seirbhísigh agus cótaí dubha orthu agus coinnle ina lámha; a daoine muinteartha agus éide an dúbhróin orthu—a clann, a cuid ua, agus a cuid fionnua. Ní raibh aon duine ag gol: ní bheadh sna deora ach *une affectation.* Bhí an baniarla chomh haosta sin, agus ba é an dearcadh a bhí ag a daoine muinteartha le fada an lá gur duine í a raibh a seal tugtha. Rinne easpag óg seanmóir uirthi. Chuir sé síos i mbriathra simplí coscracha ar chríoch shuaimhneach na mná naofa seo a raibh a saol fada ina ullmhúchán i gcomhair bás Críostaí. 'Tháinig aingeal an bháis uirthi,' ar seisean, 'agus í ag faire agus ag meabhrú go diagánta, ag feitheamh le céile an mheán oíche.' Críochnaíodh an tseirbhís go fiúntach agus go truacánta. Ansin chuaigh muintir na seanmhná suas ar tosach a chur a mbeannachta leis an chorp. Lean chuid mhór aíonna iad, de dhaoine a tháinig a fhágáil slán ag an té a raibh páirt aici leis an oiread sin blianta ina gcuid spóirt agus pléisiúir dhíomhaoin. Ina dhiaidh sin tháinig lucht an teaghlaigh. Sa deireadh tháinig an banchleasaí aosta aníos—b'ionann aois di agus don bhaniarla—agus beirt chailín óg faoina cuid ascaillí. Ní raibh d'urra inti cromadh síos chun an talaimh, ach ba í an t-aon duine ansin a shil cúpla deor agus í ag pógadh lámh fhuar a máistreása. Ansin ghlac Hermann uchtach agus chuaigh sé suas go dtí an chónra. Shléacht sé go talamh agus luigh sé cúpla bomaite ar an urlár fuar faoina chrathán de chraobhacha giúise. Ansin d'éirigh sé ina sheasamh agus é chomh bán san aghaidh leis an mharbhánach í féin, chuaigh suas céimeanna an chróchair, agus d'umhlaigh sé a cheann… Sa bhomaite sin chonacthas dó gur amharc an marbhánach go magúil air, ag déanamh leathdhrod ar a súil. Tharraing Hermann siar faoi dheifir, bhain truisle dó, agus thit sé ar lorg cúl a chinn ar an urlár. Tógadh é. Sa bhomaite céanna iompraíodh Liosaivéata Iavanóvna amach sa phóirse agus í i laige. Bhris na rudaí seo ar shollúntacht an ghnáis ghruama ar feadh dornán bomaití. D'éirigh monamar toll i measc an phobail, agus chuir Kammerherr caol cnámhach a bhí gaolmhar don bhean a bhí marbh, chuir sin cogar i gcluais Sasanaigh a bhí ina sheasamh ag a thaobh, ag insint dó gur mac díomhaointis di an t-oifigeach óg. 'Ó?' arsa an Sasanach go fuarbhruite, ag tabhairt freagra air.

I rith an lae sin bhí Hermann trína chéile go mór. D'ith sé a dhinnéar i dteach bídh iargúlta, agus, rud ab annamh leis, d'ól sé cuid mhór mar i ndúil agus go múchfadh sé an buaireamh intinne a bhí air. Ach is amhlaidh is mó a bhog an fíon a intinn. Ar fhilleadh chun tí dó chaith sé é féin sa leaba gan snáithe a bhaint de, agus thit néal trom codlata air.

Bhí an oíche ann nuair a mhúscail sé, agus bhí an ghlealach ag doirteadh a solais isteach ina sheomra. D'amharc sé ar an chlog: bhí sé ceathrú go dtí an trí. D'imigh an codladh de, agus shuigh sé ar an leaba, agus chuaigh a smaointe ar thórramh an tseanbhaniarla.

Sa bhomaite sin thug duine éigin amuigh ar an tsráid spléachadh isteach ar an fhuinneog agus d'imigh leis arís. Níor chuir Hermann sonrú ar bith anseo. I gcionn bomaite chuala sé doras an tseomra tosaigh á fhoscailt. Shíl Hermann gurbh é a ghiolla féin a bhí ann agus é ag teacht abhaile ar meisce, mar ba ghnách, óna shiúl oíche. Ach ansin mhothaigh sé coiscéim anaithnid. Bhí duine éigin ag siúl agus scríobadach bhog á déanamh aige lena chuid cuarán. Osclaíodh an doras, agus tháinig bean isteach agus culaith gheal uirthi. Shíl Hermann gurbh é a sheanbhanaltra a bhí ann, agus bhí iontas air cad a thug anseo í ag an am seo d'oíche. Ach siúd anall chuige an bhean gheal go sciobtha, gur sheasaigh os a choinne—agus d'aithin Hermann an baniarla!

'Tháinig mé chugat in éadan mo thola,' ar sise de ghlór láidir, 'ach ordaíodh dom d'achainí a thabhairt duit. An trí, an seacht, agus an t-aon na cártaí a bhainfidh duit agus a n-imirt ceann i ndiaidh an chinn eile, ach ar acht nach n-imreoidh tú ach cárta amháin acu sna ceithre huaire fichead, agus nach n-imreoidh tú cárta arís choíche, a fhad agus a bheas tú beo. Tá mé ag tabhairt maithiúnas duit i mo bhás, ar chuntar go bpósfaidh tú mo dhalta, Liosaivéata Iavanóvna.'

Leis na focail sin thiontaigh sí uaidh go suaimhneach, shiúil go dtí an doras, agus d'imigh léi, ag scríobadh a cuarán ar an urlár. Mhothaigh Hermann an plab a baineadh as doras na sráide agus é á dhruidim, agus chonaic sé an duine ag amharc isteach tríd an fhuinneog air an dara huair.

Bhí sé fada go leor sara dtáinig Hermann chuige féin. Chuaigh sé isteach sa seomra eile. Bhí a ghiolla ina chodladh ar an urlár: ba le stró nach beag a d'éirigh le Hermann a mhúscailt. Bhí an giolla ar meisce, mar ba ghnách. Ní raibh ciall ar bith le baint as. Bhí an bolta ar dhoras na sráide. D' fhill Hermann go dtí a sheomra féin, las sé coinneal, agus scríobh sé síos an aisling.

VI

Ní thig le dhá smaoineamh dho-chorraithe a bheith ann i gcuideachta i saol na hintinne, ach oiread agus a thig le dhá thoirt an t-ionad amháin a líonadh sa saol corpartha. Ba ghairid gur dhíbir 'an trí, an seacht agus an t-aon' cruthaíocht na seanmhná mairbhe as intinn Hermann. Ní théadh an trí, an seacht, agus an t-aon amach as a cheann, agus bhíodh siad ag teacht chun an bhéil chuige de shíor. Dá bhfeiceadh sé cailín óg deireadh sé: 'Chomh maiseach léi! An trí hart déanta!' Nuair a chuirtí ceist air 'Cén t-am é?' deireadh sé: 'Cúig bomaití go dtí an seacht.' Achan duine a raibh maróg air bheireadh sé an t-aon ina cheann. Lean an trí, an seacht, agus an t-aon, lean siad dó agus é ina chodladh, ag glacadh achan riocht ab aistí ná a chéile. D'fhás an trí os coinne a shúl go raibh sé ina bhláth mór álainn. Ghlac an seacht déanamh geataí móra Gotacha. Agus d'éirigh an t-aon ina dhamhán alla millteanach mór. Fíodh iomlán a chuid smaointe le chéile ina smaoineamh amháin: tairbhe a bhaint as an rún a chosain chomh daor sin dó. Thosaigh sé ag smaoineamh ar an arm a fhágáil agus a ghabháil a thaisteal ar an choigríoch. Ba mhian leis taisce óir a bhaint amach i dtithe cearrbhachais Pháras le draíocht na bua a bhí aige. Thit rud amach a réitigh a chosán dó gan cor bealaigh ar bith a chur air féin.

Cuireadh cuallaíocht de chearrbhaigh shaibhre ar bun i Moscó, faoi stiúrú an duine uasail iomráitigh Teicilinscí: fear a bhí ansin a chaith a shaol i gcionn cártaí agus a raibh na milliúin gnóthaithe aige tráth, ag baint billí geallúna agus ag díol a chuid fiacha le hairgead síos. Thabhaigh an seanchleachtadh a bhí aige muinín a chomrádaithe, agus tharraing a fhéile agus a fhiúntas, agus feabhas a chócaire, agus an aoibh lách a bhí air féin, tharraing sin gradam an phobail air. Tháinig sé go Cathair Pheadair. Phlódaigh an t-aos óg an teach aige, ag déanamh dearmad de na báil ar mhéad a ndúil sna cártaí, agus ag glacadh aoibhneas meallacach faró de rogha ar phléisiúir na suirí. Thug Narúmov Hermann leis tigh Theicilinscí.

Shiúil an bheirt trí shraith de sheomraí galánta a bhí lán de fhreastalaithe múinte. Bhí na seomraí uilig plódaithe le daoine. Bhí dornán de cheannfoirt airm agus de chomhairleoirí príobháideacha ag imirt fuist. Bhí fir óga ina suí go falsa ar na dibheáin faoina gcumhdach de shíoda agus iad ag ithe uachtair shiocaithe agus ag caitheamh a bpíopaí. Ins na seomraí aíochta bhí tuairim agus fiche fear cruinn thart ar thábla fada, áit a raibh fear an tí ina shuí agus é ag reachtáil an bhainc. Fear tuairim agus trí scór a bhí ann, agus cuma fhiúntach mhacánta air. Bhí ceann geal liath air, leagan maránta ar a aghaidh sholasta chruinn, agus súile beoga loinnreacha aige a raibh aoibh an gháire iontu ar fad. Chuir Narúmov Hermann in aithne dó. Chroith Teicilinscí lámh leis go carthanach, d'iarr air gan coimhthíos ar bith a dhéanamh, agus lean leis an roinnt.

Mhair an imirt ar feadh tamaill. Bhí corradh le deich is fiche cártaí ar an tábla. Stadadh Teicilinscí i ndiaidh achan chuarta le faill a thabhairt do na cearrbhaigh a ngnóthaí a shocrú, chuireadh sé síos a mbris, d'éisteadh go múinte lena n-achainí, agus dhíríodh sé ní ba mhúinte arís cúinne cárta a bheadh tiontaithe siar ag lámh neamhchúramach. Faoi dheireadh bhí an cluiche thart. Mheasc Teicilinscí na cártaí as úire agus rinne sé réidh le toiseacht ar chluiche eile.

'Ar mhiste leat mise cárta a imirt?' arsa Hermann, ag síneadh a láimhe amach as cúl duine uasail ramhair a bhí ag imirt fosta.

Rinne Teicilinscí miongháire leis agus d'umhlaigh a cheann gan labhairt, mar chomhartha go raibh sé sásta. Rinne Narúmov gáire, mhol sé Hermann as an troscadh fada a bhriseadh, agus ghuigh sé tús maith air.

'Seo chugat é!' arsa Hermann, i ndiaidh a gheall a scríobh ar chárta le giota cailce.

'Cé mhéad?' arsa an baincéir, ag déanamh leathdhrod ar a shúile. 'Gabhaim pardún, ní thig liom a fheiceáil.'

'Seacht míle agus daichead,' arsa Hermann.

Ar chluinstin na bhfocal seo thiontaigh a raibh i láthair a gceann ar an bhomaite, agus bhí súile achan duine sáite i Hermann.

'Tá sé as a chéill!' arsa Narúmov ina intinn féin.

'Ba mhian liom a chur ar do shúile duit,' arsa Teicilinscí, agus an aoibh chéanna ar fad air, 'go bhfuil do gheall iontach trom. Níor imir éinne anseo go fóill níos mó ná dhá chéad cúig déag agus trí fichid den iarraidh amháin.'

'Nach cuma?' arsa Hermann. 'An imreoidh tú mo chárta nó nach n-imreoidh?'

Chlaon Teicilinscí a cheann agus an dreach umhal géillstineach air.

'Ní raibh mé ach ag iarraidh a chur in iúl duit,' ar seisean, 'nach féidir liom imirt ach amháin ar son airgid síos, ós rud é gur chuir mo chomrádaithe iontaoibh ionam. I dtaca liom féin de, ar ndóigh, tá mé cinnte gur leor d'fhocal, ach mar gheall ar ordú na himeartha agus na gcuntaisí, caithfidh mé iarraidh ort airgead a chur ar do chárta.'

Bhain Hermann nóta bainc amach as a phóca agus shín chuig Teicilinscí é. Thug seisean spléachadh gasta air agus d'fhág sios ar chárta Hermann é. Thosaigh an cluiche. Thit an naoi ar dheis, agus an trí ar chlé.

'Bhain sé!' arsa Hermann ag taispeáint a chárta.

D'éirigh cogarnach i measc na gcearrbhach. Chuir Teicilinscí gruaim ina mhalaí, ach bhí aoibh an gháire ar ais ar a aghaidh i mbomaite.

'Ar mhaith leat an t-airgead a thabhairt leat anois?' ar seisean le Hermann.

'Más é do thoil é,' arsa Hermann.

Bhain Teicilinscí dornán de nótaí bainc amach as a phóca, agus dhíol an dola sa bhomaite. Ghlac Hermann a chuid airgid agus d'fhág an tábla. Rinneadh stangaire de Narúmov. D'ól Hermann gloine líomanáide agus d'imigh leis abhaile.

Tráthnóna lá arna mhárach tháinig sé tigh Theicilinscí arís. Bhí fear an tí ag reachtáil an bhainc. Tháinig Hermann aníos go dtí an tábla agus d'fhág an mhuintir eile an cosán aige. D'umhlaigh Teicilinscí go lách dó. D'fhan Hermann le roinnt úr, agus ansin d'imir sé cárta, ag cur a sheacht míle agus daichead agus an méid a bhain sé aréir roimhe sin lena chois air.

Chuaigh Teicilinscí a chur amach na gcártaí. Thit cuileata ar dheis agus an seacht ar chlé. Nocht Hermann a chárta féin—an seacht.

Lig gach éinne 'Á!' as. Ba léir gur baineadh Teicilinscí as a chleachtadh. Chuntais sé amach ceithre mhíle dhéag agus ceithre fichid, agus chuir anonn chuig Hermann iad. Ghlac Hermann uaidh go réidh iad agus d'imigh leis sa bhomaite.

An tráthnóna ina dhiaidh sin tháinig Hermann go dtí an tábla arís. Bhí siad uilig ag feitheamh leis; d'fhág na ceannfoirt airm agus na comhairleoirí a gcuid fuist go bhfeiceadh siad an imirt neamhghnách seo. D'éirigh na hoifigigh óga de léim ó na díbheáin, agus chruinnigh na seirbhísigh uilig sa tseomra aíochta. Chruinnigh an t-iomlán acu thart ar Hermann. Níor imir na cearrbhaigh eile a gcuid cártaí, ach iad ag feitheamh go mífhoighdeach go bhfeicfeadh siad cén deireadh a bheadh ar an scéal aige. Bhí Hermann ina sheasamh ag an tábla ag déanamh réidh le himirt leis féin in éadan Teicilinscí. Bhí sé seo go bán san aghaidh, ach bhí aoibh an gháire air ar fad. Bhain ceachtar acu an séala de phaca cártaí. Mheasc Teicilinscí a chuid féin. Ghearr Hermann a chuidsean agus d'imir a chárta, á chumhdach le carnán de nótaí bainc. Dar leat gur comhrac aonair a bhí ar cois. Bhí ciúineas doimhin ar fud an tseomra.

Thosaigh Teicilinscí a chur amach na gcártaí. Bhí crith ar a lámha. Thit banríon ar dheis, agus an t-aon ar chlé.

'Bhain an t-aon!' arsa Hermann, agus nocht sé a chárta féin.

'Tá do bhanríon buailte,' arsa Teicilinscí go lách.

Baineadh geit as Hermann: go dearfa, in áit an aoin, ba í an bhanríon spéireata a bhí aige. Ní thiocfadh leis amharc a shúl a chreidbheáil, agus gan dul aige a thuigbheáil cad é mar a thiocfadh leis an cárta contráilte a tharraingt.

Sa bhomaite sin chonacthas dó go ndearna an bhanríon

spéireata leathdhrod ar a súil agus go ndearna sí miongháire scigiúil. Bhain an chosúlacht shuaithní stangadh as...

'An tseanbhean!' ar seisean ag ligean uaill scanraithe as.

Tharraing Teicilinscí na nótaí anall chuige féin. Bhí Hermann ina sheasamh gan bogadh. Nuair a d'imigh sé ón tábla, d'éirigh callán mór cainte. 'D'imir sé cluiche ar dóigh!' arsa na cearrbhaigh. Mheasc Teicilinscí na cártaí go húrnua, agus lean an imirt mar ba ghnách.

CRÍOCH

Chuaigh Hermann as a chéill. Tá sé in Ospidéal Obachov, i seomra a seacht déag; ní thugann sé freagra ar cheist ar bith, ach é ag caint trína fhiacail go hiontach gasta agus a rá: 'An trí, an seacht agus an t-aon! An trí, an seacht agus an t-aon!'

Phós Liosaivéata Iavanóvna stócach deas lách. Tá post aige sa státsheirbhís agus é go maith sa saol: mac don airíoch a bhí ag an bhaniarla atá ann. Tá girseach á tógáil ag Liosaivéata Iavanóvna—duine muinteartha di féin. Rinneadh captaen de Thomscaí agus tá sé le pósadh ar an Bhanphrionsa Poilíne.

SAIMIAITIN

Eivgéini Saimiaitin (1884-1937)

B'innealtóir báid é a bhí páirteach sa ghluaiseacht réabhlóideach i gCathair Pheadair, agus díbríodh é as an áit mar gheall air. Le linn an chéad chogadh domhanda cuireadh go Sasana é chun bristeoirí oighir a thógaint thar cheann na Rúise. I ndiaidh na réabhlóide bhí sé ag léachtóireacht ar innealtóireacht mara agus foilsíodh an-chuid leabhar teicniúil a scríobh sé ina taobh.

Thart ar 1911 thosnaigh sé ag scríobh gearrscéalta agus úrscéalta. Cuireadh a dhara leabhar *Scéalta Ceantair* faoi chosc, ach lean sé den scríobh agus thug sé spreagadh mór don ghrúpa liteartha Deartháireacha Sharafain. Ba scríbhneoir ceannródaíoch é i measc grúpa liteartha eile chomh maith, na Foirmiúlaithe, ach d'fheidhmigh sé ar a chonlán féin ag leanúint a loirg féin. Tá blas na híoróine ar roinnt mhaith dá chuid scríbhinní agus d'aithin údaráis a linne é sin go tapaí: chuireadar a úrscéal cáiliúil *Sinne* faoi chosc, dála an-chuid eile dá shaothar.

Chonacthas do Shaimiaitin go mbeadh droch-chinniúint i ndán don litríocht a fhaid agus a dhein na Boilséivigh cos ar bolg ar an duine aonair. Ní raibh sé i gcoinne na réabhlóide, ach cháin sé na nithe a bhí ag titim amach mar thoradh uirthi. Thuig sé go rímhaith go gcaithfidh scríbhneoir a bheith i mbun machnaimh le fada chun a chuid saothair a ghiniúint go macánta, gan a bheith ag scríobh ar mhaithe le haon ideolaíocht a chuirfeadh faoi laincisí é. Chreid sé gurb iad na heiricigh, na daoine buile, na sceiptigh, lucht aislinge agus uile, a chumann is a cheapann an litríocht, agus nach raibh an bua sin ag státseirbhísigh dhílse. Thar éinni eile theastaigh an fhírinne chun aon fhíorlitríocht a chruthú, agus bhí sí sin de dhíth ar an réimeas a bhí ag teacht chun cinn ag an am sa Rúis.

Níor cheil Saimiaitin a smaointe ariamh agus chuir sé in iúl go neamhbhalbh iad ina chuid leabhar. Ní haon iontas é, mar sin, go raibh sé faoi ionsaí de shíor mar gheall ar a thuairimí polaitiúla is liteartha. Theastaigh uaidh a shaol a chaitheamh in áit a mbeadh breis saoirse aige agus scríobh ar a sháimhín só. I ndeireadh na dála bhí de mhisneach aige scríobh chuig Stailin féin, a thug cead dó dul ar imirce, agus chaith sé a shaol sa bhFrainc ó 1932 ar aghaidh.

Tá cáil Shaimiaitin ag brath cuid mhaith ar *Sinne*, a scríobh sé chomh fada siar le 1920 ach nár foilsíodh i gceart go dtí 1952 nuair a cuireadh eagrán Rúisise i gcló i Nua-Eabhrac. Úrscéal diostóipeach atá ann a scríobhadh roimh leithéidí *Brave New World* Aldous Huxley nó *Nineteen Eighty-Four* George Orwell a bhí ar aon mhúnla leis.

Frithchaitheamh is ea *Sinne* ar dhaoine faoin réimeas Cumannach a raibh oideachas orthu agus nár ghlac leis an deachtóireacht a bhí ag teacht chun cinn. Thuig Saimiaitin go maith cad a bhí i ndán d'éinne a mhair i stát Boilséiveach a chuir leasuithe míchneasta i bhfeidhm beag beann orthu siúd a thug leathscéal dóibh iad a bhrostú sa chéad áit. Déanann Saimiaitin cur síos san úrscéal ar shaol nach bhfuil sa duine aonair ann ach neamhdhuine a aimsíonn a bhrí i bhformle matamaitice, agus an bhréag in uachtar gur mar a chéile gach éinne gan difear, agus nach bhfuil de dhualgas ar éinne ach fónamh don stát mí-aiceanta seo. Tá na daoine seo ina gcónaí i saol atá faoi chosaint ag díon millteanach mór agus fallaí, agus an t-iomlán déanta as gloine ghlas. Tá gach éinne faoi dhiansmacht laistigh de agus an spéir ar aon dath i gcónaí, gan oiread is scamall amháin le feiscint. Tá an stát seo á rialú ag deachtóir a dtugtar an Bronntóir air, agus d'ainneoin go mbíonn toghcháin ann ó am go chéile, caitheann na saoránaigh a vótaí ar a shon gan teip. Tá deimhin déanta de ag an mBronntóir go mbeidh gach éinne ar aon tuairim i leith gach éinní, dá laghad é.

Tá *Sinne* scríofa mar shraith tuarascálacha atá in ainm is a bheith breacaithe ag innealtóir. Tá sé ag obair ar thógáil an *Iomlán*, spásárthach suntasach. Gnó mór pobail is ea tógaint an árthaigh seo, a thabharfaidh daoine chun cóilíneachtaí nua a phlandáil ar phlainéid imigéiniúla sa spás agus pé dúchasaigh atá orthu cheana a thabhairt chun sibhialtachta, mar dhea. Is éard is cúram don innealtóir ná foirmlí a cheapadh chun an tionscnamh seo a chur chun cinn. Glacann sé le prionsabail an chomhluadair mheicniúil a bhfuil sé mar chuid de, ach ní féidir leis dearmad a dhéanamh ar a indibhidiúlacht féin. Nuair a fháigheann an t-innealtóir seo, D-503—tá uimhir ar gach éinne sa saol seo—nuair a fhaigheann sé amach go bhfuil an cailín a dtugann sé grá di ina ball de ghrúpa a bhfuil sé mar aidhm acu an stát a threascairt, baintear geit mhór as ar dtús:

'Ach tá sé sin dochreidte! Tá sé míréasúnta amuigh is amach! Nach bhfeiceann tú nach bhfuil á bheartú agat ach réabhlóid?'

'Cinnte,' a fhreagraíonn sí, 'agus cad 'na thaobh go bhfuil sé sin míréasúnta?'

'Bhuel, ar an gcéad dul síos níl sé indéanta, mar gurbh í ár Réabhlóid—agus táim ag caint i mo thaobh féin, ní thar do cheannsa—ba í ár Réabhlóid an réabhlóid dheiridh agus ní fhéadfaidh aon cheann eile a bheith ann. Tá's ag gach mac máthar é sin…'

'Cén chiall atá leis an méid atá á rá agat? An réabhlóid dheiridh? Níl a leithéid agus réabhlóid dheiridh ann. Ní bheidh aon deireadh le réabhlóidí choíche ná go deo.'

Ba leor an méid beag sin a bheith scríofa ag Saimiaitin chun a leabhar a dhamnú, mar go dtáinig tuairimí síor-réabhlóideacha dá leithéid salach ar pholasaí an stáit, agus dar leis an lucht ceannais nach raibh ann ach Trótscaíochas faoi chruth eile.

Gearrscéal is ea 'Mamái' ina gcuireann Saimiaitin síos ar shaol intleachtóirí i gCathair Pheadair, á samhlú mar phaisinéirí a fhaigheann bás ón bhfuacht ar bháid dhaortha.

Mamái

Ní tithe iad a thuilleadh na tithe i gCathair Pheadair um thráthnóna nó i rith na hoíche. Níl iontu faoi sin ach báid cloiche sé léibheann a scinneann thar na tonnta cloiche idir na saolta uaigneacha sé léibheann eile; agus tá na báid ar lasadh le soilse cábáin gan chomhaireamh a chaitheann a solas amach ar mhuir chlamprach na sráideanna. Agus ní gnáthlóistéirí atá sna cábáin, go deimhin, ach paisinéirí. Go díreach mar a tharlaíonn ar aon bhád, tá breacaithne acu ar a chéile. Saoránaigh is ea iad de phoblacht sé léibheann atá faoi ionsaí ag muir na hoíche.

Gach aon tráthnóna, sciúrdadh paisinéirí Bhád Uimh. 40 tríd an gcuid sin de Mhuir Chathair Pheadair atá le haimsiú ar an léarscáil faoin ainm Sráid Lachtain. Sheasadh Osaip, a bhí ina dhoirseoir tráth ach a dtugtar an Saoránach Malaiféiv air anois, sheasadh sé taobh leis an stangairt agus é ag gliúmáil amach sa dorchadas trína spéaclaí, agus ó am go chéile chaitheadh na tonnta duine amháin nó duine eile de na paisinéirí aníos. Tharraingíodh an Saoránach Malaiféiv as an dorchadas iad, agus bhíodh gach éinne acu fliuch báite faoin sneachta. Dhéanadh sé a speaclaí a chothromú agus thugadh sé meas cuí ar gach éinne acu. Ba chosúil go raibh baint ag foinse a mheasa le gléasra casta a spéaclaí.

Anois, agus ar mhaithe le Peotar Peitrivits Mamái, casann sé timpeall cosúil le máistir géar scoile, agus a spéaclaí ar bharr a shróine.

'Bhí do bhean chéile ag súil leat i gcomhair an dinnéir, a Pheotar Peitrivits. Tá sí ag feitheamh le fada. Cad faoi deara duit a bheith chomh déanach seo?'

Agus an méid sin ráite aige, shocraigh sé a spéaclaí síos go cosantach ina leaba cheart. Ba i ngluaisteán a shrois an chéad phaisinéir eile an áit, agus ba é an fear fadshrónach ó Uimh. 25 a bhí ann. Cruthaíonn sé sin fadhb! Fadhb is ea an duine fadshrónach seo. Ní féidir 'duine uasal' a thabhairt air, agus tá an focal 'saoránach' pas beag ciotrúnta. Conas is féidir teacht timpeall ar an bhfadhb…?

'Ó, a Chomrádaí Uasail Milnic…! Drochaimsir… a Chomrádaí Uasail Milnic…'

Agus faoi dheireadh ardaíonn a spéaclaí ar a chlár éadain. Tá Eileasae Eileasaevits ag teacht ar bord.

'Bhuel, a bhuí le Dia! An bhfuil gach éinní i gceart is i gcóir? Cóta fionnaidh agus uile: nach bhfuil eagla a chaillte ort? Lig dom: scuabfad é…'

Captaen an bháid is ea Eileasae Eileasaevits, teachta an tí chomh maith. Duine de na hAtlais ghruama atá cromtha crapaithe ag an bhfulaingt agus a dhealraíonn a bheith ag iompar coirnis na Díthreibhe taobh le Sráid na Milliún is ea Eileasae Eileasaevits.

De réir gach dealraimh, bhí an choirnis éirithe níos troime an lá áirithe úd. Bhí Eileasae Eileasaevits ag séideadh agus ag puthaíl.

'Cuir fios ar gach éinne sna hárasáin… Déan deifir… Cruinniú… i seomra na gcruinnithe…'

'A thiarcais! A Eileasae Eileasaevits, an bhfuil fadhb nua… fadhb nua chasta ann?'

Níor theastaigh aon fhreagra. Ba leor mar fhreagra stracfhéachaint amháin a thabhairt ar an gclár éadain ciaptha sin agus na guaillí faoina n-ualach trom. Chothromaigh an Saoránach Malaiféiv a spéaclaí go cliste, agus rith sé chun na paisinéirí a dhúiseacht. Ba gheall le trumpa deireanach an Ardaingil a chnag faire ar na doirse; chuir sé deireadh le gach barróg. D'imigh gach aon argóint as in análacha reoite righne, agus d'fhan spúnóga anraith ar crochadh idir pláta agus béal.

Bhí Peotar Peitrivits Mamái ag slogadh a chuid anraith siar— nó chun a bheith cruinn, ba é a bhean chéile a bhí á coinneáil leis go dúthrachtach. Bhí sí cosúil le Búda Síneach ina suí ina cathaoir uillinne, mór trócaireach ilchíochach, agus cosúil le Búda, is le hanraith a chothaigh sí a fear daonna.

'Anois! Déan deifir, a Phiteince. Éireoidh an anraith fuar. Cé chomh minic agus a chaithfidh mé á rá leat, agus deirim arís leat é, gan leabhair a léamh agus tú i do shuí chun boird?'

'Sea, a Ailince, sea, go díreach anois, go díreach… Ach is é an séú eagrán atá ann, an dtuigeann tú? An séú eagrán de *Dúiséanca* le Bogdanóivits. Le linn ionradh na bhFrancach dódh an t-eagrán ar fad seachas trí chóip… agus seo an ceathrú cóip de anseo agam. An dtuigeann tú?'

Níor den mhianach céanna é Mamái na bliana 1917 agus laoch fíochmhar na meánaoiseanna as ar ainmníodh é, agus ní bhfuair sé bua ar éinní ariamh ach na leabhair a bhíodh á léamh aige. Nuair a bhí sé ina bhuachall láidir deich mbliana d'aois, chuir sé na deich n-aithne de ghlanmheabhair. Ba bhreá leis cluichí na bpáistí, agus chothaigh a mháthair é. Anois agus é ina bhuachaill maol suas agus anuas le daichead bliain d'aois, bhí sé ag obair in oifig árachais, gan aon dúil aige ach i leabhair, agus ba í a bhean a chothaigh é.

Níor theastaigh ach go ndéanfadh sé íobairt do Bhúda agus go slogfadh sé siar lán spúnóige anraith chun a bheith ina fhear saolta arís agus dearmad déanta aige ar fhís na fáinne pósta, é gafa go sásta lena smaointe féin arís. Ansin d'aireodh sé go cáiréiseach cneasta lena mhéaracha gach uile litir in aon leabhar.

'Leagan cruinn ceart den chéad eagrán… le cead an Choiste Cinsireachta… Nach gleoite an "h" beag bídeach sin ar a dhá chos láidre féin…?'

'Bhuel, a Pheite, cén chiall atá leis seo? Bhíos ag screadaíl i do chluas agus tá tú ag léamh fós. Bodhar? Ní foláir nó táir bodhar, mar go bhfuil duine ag cnagadh ar an doras.'

Bhrostaigh Peotar Peitrivits i dtreo an halla chomh tapaí agus a bhí ar chumas a chos an gnó a dhéanamh. Casadh air ag an doras péire spéaclaí ar bharr sróine.

'Tá cruinniú gairmthe ag Eileasae Eileasaevits. Brostaigh ort.'

'Nach mór an crá croí é? Duine ar a sháimhín só ag léamh leabhair… Agus cad tá cearr an babhta seo?' Bhí deora i nguth an bhuachalla mhaoil.

'N'fheadar, ach déan deifir.' Dúnadh doras an chábáin de phlimp, agus bhrostaigh na spéaclaí as radharc.

Ba léir nach raibh gach éinní i gceart agus i gcóir ar bord. B'fhéidir go raibh an bád dulta ar fán, nó arís go raibh sí pollta i ngan fhios d'éinne agus ollmhuir bhrónach na sráideanna ag bagairt isteach orthu. In áit éigin san imigéin os a gcionn, ar dheis agus ar chlé, bhain cnaganna snagacha scanrúla macalla as doras gach aon chábáin; in áit éigin ar na léibhinn chlapsholasmhara bhí fo-chomhráite cogarnacha le cloisint, maille le cliotar cos ag imeacht leo síos go tapaí, cosa ag déanamh i dtreo an chábáin chomónta, seomra club an tí.

Agus is ann a chuir scamaill stoirmiúla tobac cuma shuaite ar an spéir bhoghtach. Chroch ciúineas múchtach calrach ar an aer, á bhriseadh in amanna ag cogair nach gcloisfí ach ar éigean. Bhuail Eileasae Eileasaevits cloigín. Chrom sé chun tosaigh. Chuir sé grainc air féin... Bhí pléascadh a ghuaillí le cloisint sa dorchadas ... D'ardaíodar coirnis na Díthreibhe dofheicthe agus ligeadar di titim go glórach ar na cloigne thíos fuithi.

'A dhaoine uaisle. De réir eolais iontaofa, déanfar cuardach tí anocht.'

Deineadh scríobadh agus tarraingíodh cathaoireacha. Ghob ceann nó dhó as an slua, agus bhí méara móra gona bhfáinní agus faithní, ribíní agus féasóga leathleicinn le feiscint. Agus as na scamaill tobac scaoileadh clagarnach anuas ar an Atlas cromtha.

'Ní hea, lig dom! Bheimis buíoch díot... Conas? Agus cad faoin airgead páipéir?... A Eileasae Eileasaevits, molaim i dtaca leis na geataí... Leabhair. Sin é an áit is fearr, leabhair...'

Chrom Eileasae Eileasaevits go righin ach sheas sé an fód go daingean. Gan a cheann a chasadh (nó b'fhéidir nach raibh ar a chumas casadh anois) labhair sé le Osaip:

'A Osaip, cé air a bhfuil an dualgas a bheith ag seasamh garda anocht?'

I lár an tosta, bhreac méar Osaip an t-ainm cinniúnach ar an bhfalla. Ní thar litreacha a ghluais sí, ach thar sheilfeanna troma leabhar Mhamái.

'Is é an chéad seal eile ná seal an tSaoránaigh Mamái. An Saoránach Malaiféiv.'

'Maith go leor. Beir leat na gunnáin ar eagla go ndéanfaidh éinne iarracht teacht isteach gan bharántas...'

Scinn Bád Uimh. 40 ar aghaidh trí fharraigí stoirmiula Shráid Lachtain. Bhí sí ag únfairt is ag geonaíl, agus bhí an sneachta ag bualadh i gcoinne fuinneoga geala na gcábán; áit éigin ina broinn, bhí sí ag déanamh uisce i ngan fhios d'éinne, agus níorbh fhéidir a bheith cinnte go dtiocfadh sí slán as an oíche gheimhreata chun cuan maidne a shroisint, nó fiú nach raghadh sí go tóin poill. D'fholmhaigh an seomra cruinnithe go tapaí, agus chruinnigh na paisinéirí timpeall ar an gcaptaen a fágadh ina staic ina measc.

'A Eileasae Eileasaevits, nach gcuardóidh siad ár bpócaí chomh maith? Ach ní féidir go gcuardóidh, an gcuardóidh?'

'A Eileasae Eileasacvits, n'fheadar ach go gcrochfad mo chuid nótaí, cosúil leis an bpáipéar leithris?'

Rith na paisinéirí i dtreo a gcábán éagsúil, agus ba neamh-ghnách a n-iompar iontu: bhíodar ag snámh thart ar an urlár, agus ag cuardach lena lámha faoi na cupaird; bhíodar ag speiceáil le huamhan ar cheann plástair Tholstái; bhaineadar seanfhráma anuas as an áit a raibh a seanmháthair ag breathnú orthu go sochma le breis is caoga bliain.

Sheas an mionduine saolta Mamái os coinne an Bhúda amach, agus ar eagla na súile uilefhiosaí uafásaí úd choimeád sé a dhá shúil féin faoi cheilt. Ba strainséirí diomhaoine dó a dhá lámh, gan a bheith iontu ach sciatháin ghearra piongaine. Ba mhór an náire dó a lámha le daichead bliain anuas, agus marach go raibh sé náirithe acu ag an nóiméad sin, seans go labhródh sé ina dtaobh chun fáil réidh lena ualach—ach fós féin, chuirfeadh sé uafás air agus bhí sé dochreidte...

'N'fheadar cad 'na thaobh go bhfuil eagla ort! Tá do shrón féin éirithe bán! Cad é sin dúinne? Ní hamhlaidh go bhfuil na milliúin inár seilbh.'

Ag Dia atá a fhios an mbeadh Mamái an cheathrú céad déag ag gníomhú cosúil le Mamái sa bhliain 1917 dá mbeadh na lámha aisteacha ciotacha céanna aige, maille leis an mbean chéanna agus an rún céanna. Áit éigin i gcúinne éigin bhí luchóg ag scríobadh sa tost bagarthach, ach thug Mamái 1917 sciúrd i dtreo pholl na luchóige agus dúirt sé go stadach:

'Tá i mo sheilbh... Is é sin le rá, inár seilbhne... Tá inár seilbh... ceithre mhíle dhá chéad.'

'Cad é? An bhfuil? Cá bhfuair tú é?'

'Fuair... Fuaireas é... beagán ar bheagán... Bhí eagla orm go minic...'

'Cad é? An bhfuilir á rá liom gur ghoid tú é? An bhfuilir ag rá gur mheall tú mé? Agus mise, an truán bocht, ag ceapadh... Ach, a Phitieince, a chroí, conas...? Ó, nach mise an t-ainniseoir bocht!'

'Is ar mhaithe le leabhair... Theastaigh...'

'Tá a fhios agam go maith faoi na leabhair atá i gceist agatsa, agus sciortaí orthu! Ná habair éinní liom!'

Níor bhuail máthair Mhamái é ariamh ina shaol ach aon uair amháin, in aois a deich mbliana nuair a d'oscail sé sconna an tsamabháir a bhí lasta aici. Rith an t-uisce go léir as. Thit an samabhár as a chéile mar gheall ar an teas, agus chrom an sconna a cheann ar leataobh uaidh go brónach. Agus anois den chéad uair ina shaol bhraith Mamái go raibh a cheann i mbís idir lámha a mháthar, a threabhsar á scaoileadh anuas, agus...

Ach go tobann le gliocas an bhuachalla, d'aimsigh Mamái slí chun dearmad a dhéanamh ar an sconna silteach brónach... ar na ceithre mhíle dhá chéad. Dúirt sé go caointeach:

'Tá sé in am dom garda a sheasamh go dtí a ceathair a chlog... Le gunnán. Agus dúirt Eileasae Eileasaevits dá mbeadh éinne ag tabhairt faoi theacht isteach gan bharántas...'

Tháinig athrú suntasach ar an mBúda bagarthach tintreach, agus ina ionad bhí an mháthair ilchíochach dhea-chroíoch le feiscint.

'A thiarcais! An bhfuilid go léir ar buile? Ar Eileasae Eileasaevits atá an locht ar fad. Bí cúramach! Ná bí ag smaoineamh ar bheart dá leithéid...'

'Ó, ní smaoineoinn air. Coimeádfad... i mo phóca é. An

dóigh leat go smaoineoinn air? Ní dhéanfainn dochar don chuileog is lú…'

Labhair sé go fírinneach, agus dá dtiteadh aon chuileog ariamh i ngloine Mhamái d'ardaíodh sé go cúramach í. Shéideadh sé uirthi agus scaoileadh sé saor chun eitilte í. Ní raibh ábhar imní in aon chor ann.

Ach maidir leis na ceithre mhíle dhá chéad…

Agus arís, i bhfianaise ar Bhúda a bheith ann:

'Nach mór an crá croí thú! Agus anois cá gcuirfidh tú do chreach? Á, ná habair éinní, le do thoil… Creach, sea.'

I leabhair? Na buataisí sa halla? An páipéar leithris? Píob an tsamabháir? Taobh istigh dá hata? An ruga a bhí ar crochadh sa seomra folctha agus samhail an ridire ghoirm air? An scáth fearthainne leathoscailte tais? Clúdach stampáilte litreach agus seoladh coimeasáir anaithnid air, an Comrádaí Góldabáiv, agus é caite go neamhchúramach ar an mbord? Ní hea. Bheadh sé sin ró-bhaolach… Agus i ndeireadh na dála, ag druidim leis an meán oíche, cinneadh ar dhul i muinín beart síceolaíoch: beidh siad ag cuardach pé áit is mian leo ach amháin thart ar dhoras an tí, agus is ann atá cearnóg iontlaise urláir agus í scaoilte. Ardaítear go cúramach í le cabhair scian páipéir. Clúdaítear na ceithre mhíle ghoidte (ná habair focal, le do thoil!) i bpáipéar céarach briosca ('D'fhéadfadh sé a bheith tais faoi thairseach dhoras an tí') agus cuirtear na ceithre mhíle faoin gcearnóg.

Tá Bád Uimh. 40 ar crith, ar a barraicíní, ag cogarnaíl. Tá na sleasphoill ag lonradh go fiabhrasach ar mhuir dhorcha na sráideanna, agus ar an gcúigiú, an dara is an tríú léibheann ardaítear cuirtíní is nochtann scáthanna sna pánaí geala. Sea. Ní raibh faic na fríde le feiscint. Pé ar bith, tá beirt thíos sa chlós agus tabharfaidh siad rabhadh nuair a thosnóidh sé…

D'fhan an Saoránach Malaiféiv thíos, ag machnamh agus a spéaclaí ar bharr a shróine.

'Duine síochánta mise agus anam cneasta agam ó dhúchas, ach is doiligh fanacht beo sna drochlaethanta seo. Féach, a dúras liom féin, tabharfad cuairt abhaile ar Ostaisceov. Sroisim é… agus an dóigh a bhfuil cúrsaí idirnáisiúnta… bhuel, ní fhéadfá éinní ba mheasa a shamhlú. Tá greim scornaí ag gach éinne ar a chéile… ní fearr ná mic tíre iad. Níl aon bheatha i ndán do mo leithéidse ann. Anam síochánta atá ionamsa.'

Ar an dóigh sin a labhair an fear síochánta, greim láimhe aige ar ghunnán agus sé bhás dlúite sna sé philéar ann.

'Ach conas a d'éirigh leat sa chogadh leis an tSeapáin, a Osaip? B'éigean duit daoine a mharú.'

'Bhuel, cogadh a bhí ann… Cogadh. Sin scéal eile ar fad.'

'Agus bhain tú leas as beaignit chomh maith?'

'Ó am go chéile… Tá sé cosúil le mealbhacán a shá: beagáinín crua ar dtús lasmuigh, agus ina dhiaidh sin… téann sí isteach ceart go leor, an-bhog go deo.'

Nuair a luadh an mealbhacán tháinig creatha fuachta ar Mhamái.

'Ach mise… ní dhéanfainn é ar ór ná ar airgead, dá mbeadh mo bhás air!'

'Fan go bhfeicfidh tú. Nuair a bheidh sé i ngiorracht duit beidh a mhalairt de thuairim agat…'

Tost. Tá cuileoga bána sneachta ag eitilt thart ar an lampa. Go tobann, cloistear pléascadh fada raidhfil i bhfad amach, ach tá an tost i réim arís ina dhiaidh—agus na cuileoga sneachta. A bhuí le Dia! Ceathair a chlog. Ní thiocfaidh siad anois. Athróidh an garda i gceann tamaill, agus thar n-ais linn go dtí an cábán chun codlata…

Ar fhalla sheomra leapa Mhamái, luasc an ridire breac-chearnógach gormbhán a chláíomh gormbhán, ach stad sé; bhí íobairt dhaonna á déanamh os a chomhair amach.

Bhí an Bantiarna Mamái uileghabhálach ilchíochach, amhail Búda, agus í ina ríchathaoir sna harda i measc na scamaill bhána línéadaigh. Chuir an dreach a bhí uirthi in iúl gurbh ise a chuir cruthú an domhain i gcrích an lá sin, agus gur thuig sí go rímhaith go raibh gach éinní maith, fiú an fear beag seo, d'ainneoin a cheithre mhíle dhá chéad. D'fhan an fear beag ina sheasamh go fulangach taobh leis an leaba, deargshrónach agus préachta ag an bhfuacht gona dhá lámh ghearra mar sciatháin piongaine agus cuma strainséara air i gcónaí.

'Bhuel. Isteach leat, isteach leat…'

Leathdhún an ridire gormbhán a dhá shúil. Ba léir agus ba ró-léir, agus bhí sé ina ábhar trua, go ngearrfadh an fear beag comhartha na croise air féin, go sínfeadh sé a dhá lámh amach, agus go gcaithfeadh sé é féin i ndiaidh a chinn mar a bheadh sé á thumadh féin san uisce.

Sheas Bád Uimh. 40 an stoirm agus bhain sé cuan na maidne amach. Bhí deabhadh ar na paisinéirí agus iad ag tarraingt comhaid ghnótha as, agus ciseáin lán de bheatha, agus iad ag brostú i dtír thar spéaclaí Osaip.

Ag cromadh, d'iompair Eileasae Eileasaevits coirnis na Díthreibhe dofheicthe thar Osaip, agus bhrúisc sé anuas ar a cheann é, ag imeacht leis thairis:

'D'fhéadfá brath air anocht go cinnte. Bheadh sé chomh maith agat rabhadh a thabhairt dóibh.'

Ach bhí lá iomlán le caitheamh roimh oíche. Agus d'imigh na paisinéirí ar fán ar fud na háite, agus iad tré chéile sa chathair aduain anaithnid sin Cathair Pheadair. Ar shlite bhí sí iontach cosúil, agus ar shlite eile bhí sí éagosúil, leis an gCathair Pheadair a d'fhágadar ina ndiaidh beagnach bliain ó shin, agus cá raibh a dtriall an uair sin? Tonnta reoite deoranta cloiche agus sneachta; cnoic agus gleannta; bundúchasaigh Astrálacha feistithe i ngiobail anaithnide, maille le raidhflí ar théadacha thar a nguaillí; agus nósanna aisteacha acu leis, ag tabhairt cuairt ar a chéile san oíche cosúil le *Rob Roy* Walter Scott. Agus anseo, anois, tá Ascaill na Tuaithe le feiscint agus rianta braoiníní fola sa sneachta ann. Ní hea, ní hí seo Cathair Pheadair!

D'imigh Mamái ar seachrán suas Ascaill anaithnid seo na Tuaithe, agus i measc na mbundúchasach Astrálach. Náirigh a sciatháin ghearra piongaine é; chrom a cheann cosúil le sconna samabháir nár sádráladh; agus bhí sé ciaptha ina choiscéimeanna ag meall crua sneachta faoina sháil bhrúite chlé.

Ach ar iompú boise, d'ardaigh sé a cheann. Bhí a chosa ag

rince cosúil le hógánach cúig bliana is fiche, agus poipíní ar a leicne, agus dhein fuinneog siopa aoibh gáire le Mamái—

'Hóigh! Seachain tú féin!' Bhrúigh bundúchasaigh dhubha Astrálacha thairis agus málaí mór millteach arbhair thar a nguaillí acu.

Léim Mamái as an tslí, gan a dhá shúil a bhaint den fhuinneog, agus chomh luath is a bhíodar imithe thart, d'fhill sé ar an bhfuinneog, agus an aoibh gáire inti fós.

'Sea, ar mhaithe leis seo—dhéanfá goid nó d'inseofá bréag nó dhéanfá éinní.'

Sa bhfuinneog dhein leabhar ó aimsir Chaitríona Móire a gháire mealltach macnasach nocht: *Cur Síos ar Áilleacht Chathair Pheadair.*

Níor nocht sí ach cuid bheag di féin go neamhchúramach faoi mar a dhéanfadh bean chluanach, lena mhealladh isteach go dtí an nead chlúthmhar úd idir dhá leathanach bhoga gorm-mharmair.

Thit Mamái i ngrá amhail duine dhá bhliain is fiche. Ba ghnách leis dul go hAscaill na Tuaithe gach lá, ag breathnú isteach go ciúin sa bhfuinneog agus ag amhránaíocht dó féin. Ní raibh sé in ann codladh i rith na hoíche agus bhíodh sé ag ligint air nach raibh ar a chumas codladh mar gheall ar luchóg a bhí ag creimeadh rud éigin áit éigin faoi thairseach an dorais. Chuaigh sé amach gach maidin, agus gach maidin chuir an chearnóg chéanna taobh leis an doras drithlín áthais tríd go binn. Thíos faoin gcearnóg sin a bhí stór Mhamái, i ngiorracht dó ach i bhfad uaidh chomh maith. Cad a dhéanfadh sé anois agus an fhírinne i dtaobh na gceithre mhíle tagtha chun solais?

Ar an gceathrú lá agus greim doirne aige ar a chroí amhail gealbhan, dhein Mamái a bhealach isteach tríd an doras aitheanta ar Ascaill na Tuaithe. Bhí an deisceartach liathfhéasógach dosfhabhrach ina sheasamh taobh thiar den chuntar, agus is i ngéibheann aigesean a bhí sise ag meath le cumha. Tháinig a shinsir ghaisciúla chun beochta i Mamái, agus tharraing sé caol díreach ar an deisceartach.

'Ó, a Uasail Mamái! Tá rud éigin curtha ar leataobh agam duit… Is fada anois, fada…'

Dhlúthaigh Mamái a ghreim ar an ngealbhan, agus é ag ligint air go raibh sé ag casadh leathanaigh na leabhar go muirneach, ach ní raibh ann ach a dhroim; agus taobh thiar dá dhroim, sa bhfuinneog, bhí sise ag déanamh aoibh gáire leis. Thóg sé aníos cóip sheanchaite den *Teileascóp* ó 1835, agus é ag margáil i gcónaí; agus ansin chroith sé a lámh gan dóchas san aer. Faoi dheireadh agus é ag smúrthacht taobh leis na seilfeanna, dhein sé a bhealach timpeall de choiscéimeanna sionnachúla i dtreo na fuinneoige, agus dúirt go neamhchúiseach:

'Agus cé mhéid í seo?'

Ó, bhí an gealbhan scaoilte saor. Coimeád greim air! Coimeád greim air! Ag méirínteacht lena fhéasóg a bhí an deisceartach:

'Bhue…el… mar ghar duit féin… céad agus caoga duitse.'

'Hum… B'fhéidir…' (Hurá! Cloigíní agus sailbhí!) 'Bhuel, b'fhéidir… Tabharfad duit an t-airgead amárach agus tógfad liom ansin í.'

Ach bhí an rud ba mhó uafáis—an chearnóg ag doras an tí—amach roimhe fós. An tráthnóna sin bhí Mamái ina shuí agus é i mbroid: chaithfeadh sí a bheith aige. Ní fhéadfadh sé, d'fhéadfadh sé, ní fhéadfaí é a shamhlú, ná a dhéanamh, níorbh fhéidir, do-dhéanta, riachtanach…

Maidir leis an taibhse i bhfáinne pósta, an té uilefhiosach trócaireach—bhí sí ag ól tae.

'Cad 'na thaobh nach bhfuilir ag ithe, a Phiteince? Cad tá cearr leat?… An bhfuil tú ar neamhchodladh arís?'

'Tá. Na luchóga… N'fheadar…'

'Ná bí ag crapadh do chiarsúir ar an dóigh sin! Sin rud nua!'

'Nílim á chrapadh…'

Folmhaíodh an ghloine faoi dheireadh; níor ghloine é ach bairille dhá scór galún gan tóin. Bhí an Búda sa chistin ag glacadh le híobairtí an chócaire. Fágadh Mamái leis féin sa seomra staidéir.

Glan díreach roimh bhuille a dó dhéag, ba é Mamái a bhí ag déanamh tic amhail clog. Shloig sé siar lán béil aeir. Chuir sé cluas le héisteacht air. Chuaigh sé amach sa halla ar a bharraicíní i dtreo an deasc scríbhneoireachta, agus thóg sé scian páipéir. Chuaigh sé ar a ghogaide go fiabhrasach cosúil le leipreachán, taobh le doras an tí. Chlúdaigh drúchtíní oighir a cheann maol: shleamhnaigh sé a scian faoin gcearnóg, d'ardaigh, agus… Lig sé glam gan dóchas as.

Ar chloisint na glaime sin di, réab an Búda amach ón gcistin agus chonaic sí lena cosa ceann maol tornapa, leipreachán ar a ghogaide agus greim aige ar scian, agus níos ísle fós, carn beag páipéar creimthe.

'Na ceithre mhíle… Na luchóga… Ansin. Ansin atá se!'

Chomh míthrócaireach cruálach céanna le Mamái an cheathrú céad déag, léim Mamái 1917 aníos ag bagairt a scine, agus thug sé sciúird i dtreo an chúinne taobh leis an doras san áit ar rith an luchóg a d'éalaigh as an spás faoin gcearnóg. Agus sháigh Mamái a namhaid le fonn fola. Mealbhacán: crua ar dtús mar gheall ar a chraiceann, agus bog ina dhiaidh, agus—stad. Cearnóg adhmaid iontlaise, agus an deireadh.

TÉACHOV

Antón Pavlaivits Téachov (1860-1904)

Rugadh é i ndeisceart na Rúise, i dTaganróg ar imeall na Mara Duibhe. Ba sheirfeach é a sheanathair, ach d'éirigh leis a shaoirse a cheannach. Daoine cráifeacha neamhurchóideacha a bhí ina thuismitheoirí a dhein chuile iarracht oideachas den scoth a thabhairt dá bpáistí, ach bhíodar crua orthu leis. Dhein Antón staidéar ar an leigheas in Ollscoil Mhoscó, áit ar ghnóthaigh sé céim agus ar deineadh dochtúir de.

Níor theastaigh uaidh ach fónamh ar a chuid othar, agus d'oibrigh sé ar feadh tamaill in ospidéal i mbaile beag i ngiorracht do Mhoscó. Bhain sé leas as an taithí sin ní ba dhéanaí nuair a thosnaigh sé ag scríobh, agus bhí raidhse mhór cuimhní aige ar na nithe a chonaic agus a cheap sé. Chreid sé féin gur chabhraigh an t-eolas a fuair sé go mór lena thuiscint ar shíceolaíocht na ndaoine a bhí faoi chaibidil aige ina chuid gearrscéalta agus eile.

Ba bhreá le Téachov aon chomhluadar, agus ní hamháin go raibh bua na cainte aige ach ba dhuine fial flaithiúil é. Thosnaigh sé ag scríobh gearrsceálta grinn sa bhliain 1879 agus foilsíodh a chéad chnuasach díobh in 1887. De réir a chéile chuaigh ábhar a chuid scríbhneoireachta i ndoimhneas, ach níor chaill sé féith an ghrinn ariamh d'ainneoin nach raibh sé i mbarr na sláinte i gcónaí. Insíonn sé a chuid scéalta mar a bheadh dearmad déanta aige air féin, ag cloí leis na nithe beaga fírinneacha chun cur le brí a n-inste. Chuir sé spéis i ngalair na haigne go háirithe, agus tá a mheon mar dhochtúir anama is colna le feiscint ina scéal 'Ar an mBealach', áit a ndeireann an príomhcharachtar, 'Bhronn an Nádúr aigne fhiosrach ar gach uile Rúiseach, maille le claonadh chun tuairimíochta, agus acmhainn iontach mór creidimh; ach déantar smionagar de na claonta seo go léir i bhfianaise ár n-éigríonnachta, ár leisce agus ár gcumas iontach beag is fiú a dhéanamh den uile ní.'

Mar a dúradh cheana, baineann a lán de scéalta Théachov le hothair agus breoiteacht, agus is minic a léiríonn siad a chomhbhá le daoine faoi léan is leatrom. Ar cheann de na scéalta is mó cáil a scríobh sé agus an tréith sin le feiscint ann, tá 'Barda Uimhir a Sé'. Cuireann sé síos ann ar ospidéal meabharghalair, áit a n-imrítear brúidiúlacht ar na hothair go coitianta, agus a gcaitheann siad a saol i measc salachair. Tá dochtúir amháin ann, áfach, a chíonn agus a cháineann an t-uafás ina thimpeall. Tuigeann sé na nithe sin agus na leasuithe atá de dhíth, ach ní leor a thoil is a dhea-intinn chun aon athrú a chur i gcrích. Is nós leis a bheith ag caint le hothar amháin, agus éiríonn sé ana-cheanúil air. De réir a chéile tosnaíonn cairde an dochtúra ag ceapadh go bhfuil sé féin as a mheabhair nuair a aithrisíonn sé tuairimí an othair sin dóibh. I ndeireadh na dála tugann na dochtúirí cuireadh dó cuairt a thabhairt ar othar áirithe i mBarda Uimhir a Sé, agus téann sé ann, ach dúntar an doras air ina dhiaidh agus déantar othar de féin, othar a fhaigheann bás taobh istigh de lá agus oíche mar gheall ar na droch-choinníollacha san ospidéal.

Ní raibh mórán measa ag Téachov ar thuairim Tholstái i dtaobh an fhéinséanta, agus cuireann sé a dhearcadh féin in iúl i bhfocal an othair is ansa leis an dochtúir san ospidéal:

Tá cré dá leithéid dothuigthe don chuid is mó de na daoine, ag moladh go ndéanfaí neamhshuim den shaibhreas, de nithe breátha an tsaoil agus den fhulaingt. B'ionann neamhshuim a dhéanamh dá bhfulaingt agus neamhshuim a dhéanamh dá mbeatha, a bhfuil ocras agus fuacht agus cailliúint mar chuid di, maille le heagla roimh an mbás mar a bhí ar Hamlet. Tá an bheatha ar fad le fáil sna mothuithe seo: is féidir fuath nó éadóchas a léiriú ina taobh, ach ní féidir í a dhíspeagadh. Sea, deirim arís nach bhfuil aon bhuannaíocht i ndán do theagasc na Stóch. Ní raibh ariamh i saol an duine ó thús deireadh ach goilliúnacht mar gheall ar phian agus mar fhreagra ar ghreannú.

Má léirigh Téachov a chomhbhá le daoine, níor leasc leis a fhuath dóibh siúd a d'iarr an tsamhlaíocht a chur faoi chois a chur in iúl. D'fhógair sé cogadh dá chuid féin ar an rud comónta agus an chaolaigeantacht a chonaic sé ina thimpeall.

Fuair Téachov bás go hóg leis an eitinn sa Ghearmáin, áit a raibh sé ag súil le leigheas. Deineadh ócáid mhór náisiúnta as a bhás agus sochraid mhór millteach air i Moscó.

Deirtear go raibh tionchar nach beag ag scéalta Théachov ar scríbhneoirí Éireannacha agus ar Phádraic Ó Conaire ach go háirithe, ach d'ainneoin gur aistríodh corrcheann dá chuid scéalta go Gaeilge, ba í Mairéad Ní Mhaicín an chéad duine a dhein iarracht mhór iad a thiontú go díreach ón Rúisis go Gaeilge. Fós féin, ba bheag a líon i bhfianaise na gcéadta a scríobh Téachov in imeacht na mblianta, gan trácht ar a chuid drámaí agus úrscéalta. Níor fhoilsigh an Gúm ach aon imleabhar amháin de na scéalta a d'aistrigh Ní Mhaicín. Tugadh le tuiscint ann go raibh imleabhar eile le teacht, ach ní cosúil go dtáinig.

An Oíche roimh Cháisc

Bhíos i mo sheasamh ar bhruach an Ghóltva ag feitheamh leis an mbád farantóireachta anall. De ghnáth bíonn an Góltva ina habhainn thostach smaointeach ag spréacharnach go faiteach taobh thiar d'fhás uaibhreach giolcaigh, ach ní raibh spréite amach romham anois ach loch mór groí. Bhí tuilte an earraigh dulta thar a bruacha, an dá thaobh den abhainn faoi uisce i bhfad isteach faoin tír agus seilbh acu ar gharraí, bánta is riasca, sa tslí nach raibh le feiscint ach tor aonair nó poibleog ag gobadh aníos, cosúil le carraig gharbh sa dorchadas.

Cheapas go raibh an aimsir go haoibhinn. D'ainneoin go raibh an oíche dorcha, bhíos in ann an t-uisce, na crainnte agus éinne a bheadh ag seasamh i ngiorracht dom a dhéanamh amach. Bhí an domhan ar fad soilsithe ag réalta a bhí scaipithe gan áireamh ar fud na spéire go léir. Níor chuimhin liom an oiread sin réalt a fheiscint ariamh. Le fírinne, ní fhéadfá barr méire féin a shá eatarthu. Bhí cinn mhóra ann ar cóimhéid le hubh gé, agus cinn bheaga chomh beag le síol cnáibe; bhí chuile cheann díobh tagtha amach le niamhracht shaoire na Cásca a cheiliúradh, nite úr lúcháireach, agus gaethe gach ceann acu ag rince go cneasta. Chaith an spéir a scáil san abhainn, agus thum na réalta iad féin ina doimhneas, ag croitheadh ar chamóga a craicinn. Fós féin, bhí teas san aer agus d'fhan sé go ciúin. I bhfad amach uaim, sa dorchadas do-threáite ar an taobh thall, bhí corrthine dhearg-loiscneach ag dó.

Cúpla coiscéim amach uaim, dheineas amach fíor dhorcha duine a raibh hata ard craiceann caorach air agus maide cnapánach ina ghlaic aige.

'Nach mór an mhoill ar an mbád farantóireachta!' arsa mise.

'Ba chóir go mbeadh sí anseo faoi seo,' a d'fhreagair an fhíor dhorcha.

'An bhfuilir ag feitheamh uirthi chomh maith?'

'Nílim,' a dúirt an tuathánach agus é ag méanfach. 'Theastaigh uaim na soilse a fheiscint. Raghainn trasna ach níl cúig chóipeic le spáráil agam chun íoc as an turas.'

'Tabharfadsa duit é.'

'Ná tabhair. Tá sé cneasta uait, ach b'fhearr duit é a choimeád agus coinneal a lasadh ar mo shon nuair a bheidh an mhainistir sroiste agat. Bheadh sé sin i bhfad níos fearr, agus fanfaidh mise anseo. Agus níl an bád sin tagtha fós! N'fheadar ach go bhfuil sí imithe faoi.'

Chuaigh an tuathánach síos go dtí imeall an uisce agus tharraing sé ar an gcábla, ag glaoch os ard, 'A Iarónaim! A Ia-ró-naim!'

Tháinig fuaim mhall clog mór chugainn ón taobh thall, mar a bheadh sé dár bhfreagairt. Rinne sé nóta maolaithe domhain cosúil leis an téad ab ísle ón olldord, agus dhealraigh an oíche féin a bheith ag osnaíl. Nóiméad ina dhiaidh sin, scaoileadh gunna mór. D'imigh a fhuaim ag tormáil trid an dorchadas agus dhein sí stad áit éigin taobh thiar díom. Bhain an tuathánach a hata de agus ghearr sé an chroch chéasta air féin.

'Tá Críost éirithe!' ar seisean.

Ní raibh fuaim an chéad urchair imithe sara raibh urchar eile le cloisint, agus ceann eile arís ina dhiaidh, agus líonadh an dorchadas le torann creathánach gan stad. Las tinte nua ina mbladhmanna taobh leis na tinte dearga, agus iad go léir ag rince is ag splancadh go foréigneach le chéile.

'A Ia-ró-naim!' tháinig glór lag fada.

'Táid ag glaoch ón taobh thall,' a dúirt an tuathánach. 'Tugann sé sin le tuiscint nach bhfuil an bád farantóireachta ann, agus ní foláir nó tá Iarónaim ina chodladh.'

Chuir na tinte agus nótaí binne an chloig tarraingt agus tnúthán orm. Bhíos ar tí mo chuid foighne a chailliúint; agus i ndeireadh na dála, bhíos ag gliúmáil sa dorchadas tiubh agus chonaiceas fíor a bhí iontach cosúil le croch. An bád farantóireachta lena rabhamar ag tnúth le fada a bhí ann. Tháinig sí go hiontach mall, agus marach go raibh sí ag éirí níos soiléire de réir a chéile, chreidfeá go raibh sí ina stad nó ag imeacht anonn.

'A Iarónaim! Brostaigh ort!' a ghair mo thuathánach. 'Tá duine uasal ag feitheamh!'

Shleamhnaigh an bád farantóireachta suas le taobh an bhruaigh, luasc sí, dhein sí díoscán agus stad sí faoi dheireadh. Bhí fear ard ina sheasamh inti agus greim aige ar an gcábla; casóg agus hata coirceogach manaigh a bhí air.

'Cad a chuir moill ort?' a d'fhiafraíos de agus mé ag léim ar bord.

'Maith dom é,' a d'fhreagair Iarónaim. 'An bhfuil éinne eile ann?'

'Níl.'

Thóg Iarónaim an cábla ina dhá lámh, chrom sé amhail comhartha ceiste, agus lig sé gnúsacht as. Thosnaigh an bád ag díoscán agus ag luascadh. De réir a chéile d'imigh fíor an tuathánaigh gona hata ard as radharc, agus bhíomar ar ár mbealach trasna na habhann. Dhírigh Iarónaim é féin go luath agus thosnaigh sé ag oibriú lena leathlámh. Bhí an bheirt againn inár dtost agus sinn ag díriú ar an taobh thall, ag snámh ina threo. Cheana féin bhí 'na soilse' a raibh an tuathánach ag tnúth leo tosnaithe. Bhladhm bairillí móra píce ar thaobh an uisce agus chaitheadar a scáileanna amach go fáilteach chugainn, mar a bheidís dearg le héirí na gealaí. Shoilsigh na bairillí loiscneacha an deatach a d'éirigh aníos uathu agus na daoine a bhí ag scinneadh isteach is amach eatarthu, ach ina dtimpeall agus taobh thiar díobh san áit as a dtáinig an ceol binn, bhí dorchadas do-threáite i réim i gcónaí. Go tobann, léim roicéad suas chun na spéartha amhail ribín órga, ag scoilteadh na hoíche; chuar sé agus, díreach mar a bheadh sé ag briseadh, dhoirt sé splancanna anuas. D'éirigh búireach aníos ón taobh thall, cosúil le gáir mholta i bhfad amach uathu.

'Go hálainn!' a dúirt mé go hard.

'Níl insint béil air,' a dúirt Iarónaim agus lig sé osna. 'Is í an oíche is cúis leis. Marach sin ní thabharfaimis aon aird ar roicéad, ach anocht tá gach éinní beag ina ábhar áthais. Cén ceantar arb as duit, pé scéal é?'

D'inis mé dó.

'Sea, oíche lán d'áthas atá ann,' a lean Iarónaim leis agus guth lag brónach aige mar a bheadh ag othar ag teacht chuige féin tar éis babhta fada tinnis. 'Tá neamh agus talamh ag déanamh gairdis, an domhan is an dúlra ar fad ag céiliúradh na saoire. N'fheadar an bhféadfá a insint dom, a mháistir chneasta, cén fáth nach féidir le duine dearmad a dhéanamh ar a chuid bróin i láthair an tsonais is mó?'

Dhealraigh sé dom ar dtús nach raibh sa cheist seo a cuireadh orm gan choinne ach leithscéal chun dul ag argóint i dtaobh nithe diaga mar is maith le manaigh dhíomhaoine thuirseacha. Ní raibh an fonn sin orm agus d'fhiafraíos de, 'Cad is ábhar bróin duitse, a bhráthair?'

'Gnáthbhrón dála gach éinne eile, a mháistir chneasta; tá na manaigh faoi néalta bróin inniu; fuair an Déagánach Niocalái bás le linn an aifrinn.'

'Toil Dé go ndéantar!' arsa mise mar a déarfá ó do bhéal amach. 'Tá an bás i ndán dúinn go léir. Creidim féin go bhfuil ábhar buíochais sa mhéid sin féin, agus deirtear go dtéann éinne a fháigheann bás ar oíche na Cásca chun neimhe láithreach bonn.'

'Is fíor dhuit é.'

Stadamar den chaint. Ní raibh ach líne an chladaigh le feiscint anois san áit a raibh fíor an tuathánaigh gona hata ard craiceann caorach, agus chuaigh loisceadh na mbairilí píce i ngile.

'Agus tá sé le léamh go soiléir sna Scrioptúir nach bhfuil sa bhrón agus san aiféala ach díomhaointeas,' a dúirt Iarónaim, ag briseadh an tosta. 'Ach más sea, cad 'na thaobh go mbíonn an croí ag déanamh bróin agus go dtugann sé an chluas bhodhar don réasún? Cad 'na thaobh go gcuireann sé fonn goil ar dhuine?'

Bhain Iarónaim croitheadh as a ghuaillí. Chas sé i mo threo agus thosnaigh sé ag caint go tapaí. 'Dá bhfaighinnse bás ní dhéanfadh sé puinn difir d'éinne, agus ní bheadh cumha ar éinne i mo dhiaidh. Ach ba é Niocalái a bhásaigh—níor dhuine ar bith eile é! Is doiligh liom a chreidiúint nach bhfuil sé ar talamh a thuilleadh. Agus mé i mo sheasamh anseo sa bhád, bím ag ceapadh go gcloisfidh mé a ghuth ag glaoch orm ón gcladach. Bhí sé de nós aige teacht anuas go dtí an abhainn chun glaoch orm le maolú ar mo chuid uaignis. D'éiríodh sé óna leaba i rith na hoíche d'aon ghnó chun glaoch orm. Á mhuise, nárbh eisean an duine cneasta cineálta! Ba gheall le máthair dom Niocalái. Déan trócaire ar a anam, ó, a Thiarna!'

Tharraing Iarónaim ar an gcábla uair amháin, ach chas sé arís i mo threo. 'A dhuine chóir, nárbh iontach glé a aigne!' a dúirt sé go bog. 'Guth ceolmhar binn a bhí aige! Bhí sé cosúil leis an nguth sin a mholfar anois le linn an aifrinn: "Ó, is cneasta sólásmhar an guth agatsa." Agus thar aon cheann eile dá bhuanna daonna, bhí bua suntasach eile aige.'

'Cén bua é sin?' d'fhiafraíos de.

Thug an manach stracfhéachaint orm mar a bheadh sé ag cinntiú mo chuid iontaofachta, agus dúirt sé go gáireata: 'Bhí bua na nduanta diaga aige! Ba mhíorúilt é, a dhuine chóir, agus níorbh éinní níos lú ná sin é. Beidh iontas ort nuair a chuirfidh mé síos air. Tháinig ár n-athair, uachtarán na mainistreach, chugainn ó Mhoscó. Dhein ár n-ardviocáire staidéar i gCasan, agus tá manaigh agus seanóirí eagnaí go leor againn, ach fós—creid é nó ná creid!—níl ar chumas éinne acu éinní a chumadh! Ach bhí ar chumas manach simplí, déagánach nár fhoghlaim aon ní agus nach raibh éinní mór déanta aige, bhí ar a chumas siúd duanta a chumadh! Ba mhíorúilt é. Míorúilt, go deimhin!'

D'fháisc Iarónaim a dhá lámh ina chéile, ag déanamh dearmad glan ar an gcábla, agus lean sé leis le neart paisin: 'Bíonn stró an domhain ar ár n-ardviocáire ag cur a chuid searmóiní i dtoll a chéile. Nuair a bhí sé ag gabháil do stair na mainistreach a bhreacadh, chuir sé tuirse go leor ar na manaigh go léir, agus b'éigean dó dcich dturas a dhéanamh go dtí an baile mór; ach maidir le Niocalái, níor chuir sé strus ná stró dá laghad air duanta diaga a chumadh a bhí chomh maith le seanmóin agus stair.'

'Agus an bhfuil sé chomh deacair sin duanta dá leithéid a chumadh?'

'Tá, go deimhin, an-dheacair go deo,' agus chlaon Iarónaim a cheann. 'Ní haon chabhair an eagna agus an naofacht le chéile don té nár bhronn Dia an bua sin air. Bíonn na manaigh gan tuiscint ag rá nach bhfuil le déanamh ach beatha an naoimh atá faoi chaibidil agat a léamh maille le lorg na gcumadóirí eile a leanúint agus a bheith ag scríobh leat dá réir, ach tá dul amú orthu, a dhuine chóir. Is fíor go gcaithfidh eolas cruinn a bheith agat ar mhionsonraí shaol na naomh, agus caithfidh do chuid duanta a bheith ag teacht le modh cumtha na nduanta, i dtaca lena dtús agus a ndeireadh agus a n-ábhar chomh maith. Caithfidh an chéad iomann, mar shampla, tosnú le "Tá sé roghnaithe" nó "Tá sé tofa", agus caithfidh an chéad phaidir atá mar chuid de tosnú le "Aingeal". Más spéis leat é, tosnaíonn an chéad phaidir sa duan diaga don Tiarna Íosa ar an dóigh seo: "A Aingil an Chruthaitheora, neart an Tiarna"; ach an chéad phaidir sa duan don Mhaighdean Bheannaithe, tosnaíonn sé: "Cuireadh aingeal, teachtaire ón neamh"; agus maidir leis an bpaidir sa duan do Niocalái na nIontas, tosnaíonn sé: "Aingeal ina chruth, neach talmhaí". Tosnaíonn siad go léir le "Aingeal". Gan dabht, caithfidh aon chumadóir duanta diaga cloí lena múnla ceart, ach i ndeireadh na dála, ní hé beatha an naoimh nó an múnla is tábhachtaí, ach áilleacht agus binneas an duain. Caithfidh gach éinní a bhaineann leis a bheith cneasta muirneach bog; níor chóir go mbeadh aon fhocal garbh nó mí-oiriúnach ann. Caithfidh sé a bheith cumtha sa dóigh go mbeidh an té atá ag guí le neart a chroí ag gol le háthas, agus a anam ag croitheadh le huamhan. I nduan amháin don Mhaighdean, scríobh sé: "Déan gairdeas, tusa atá ardaithe i súile na ndaoine! Déan gairdeas, tusa is ansa leis na haingil!" I gcuid éigin eile den duan céanna, scríobh sé: "Déan gairdeas, a chrann na dtorthaí naofa a chothaíonn ár gcreideamh; déan gairdeas, a chrann na nduilleog trócaireach a chlúdaíonn ár bpeacaí!" '

Chrom Iarónaim a cheann agus chlúdaigh sé a aghaidh lena

dhá lámh, mar a bheadh sceimhle nó náire air i dtaobh ní éigin.

'Crann na dtorthaí naofa… crann na nduilleog trócaireach!' a dúirt sé de chogar. 'An raibh focail chomh binn leo ariamh ann? Conas a d'fhéadfadh an Tiarna bua dá leithéid a bhronnadh air? Ar mhaithe leis an ngontacht, bhí sé de nós aige an-chuid focal agus smaointe a fhí in aon fhocal amháin, agus nárbh iontach fírinneach an tslí ar shruthaigh a chuid cumadóireachta uaidh! "A Réalt chaoin sholasmhar an domhain," a deireann sé ina dhuan d'Íosa uilethrócaireach. Níor dúradh ná níor scríobhadh na focail sin ariamh cheana: ba eisean a chum agus a cheap—d'aimsigh sé ina chloigeann féin iad! Ach ní hamháin go gcaithfidh gach aon líne a bheith líofa dea-labhartha, caithfidh sí a bheith maisithe le an-chuid nithe: le bláthanna agus solas, le gaoth agus gach éinní sa saol sofheicthe. Caithfidh gach aon achainí a bheith scríofa chun titim go bog buíoch ar an gcluas. "Déan gairdeas i dtír Ríocht an Pharthais," a scríobh sé sa duan do Niocalái na nIontas: ní raibh sé sásta glacadh leis na focail "Déan gairdeas i bParthas" amháin. Is réidhe agus is binne ar an dóigh sin é. Agus is mar sin a chum Niocalái, glan díreach ar an dóigh sin. Ach níl ar mo chumas a rá leat cé chomh maith agus a chum sé.'

'Sea. Más ea, is mór an trua go bhfuair sé bás,' arsa mise. 'Ach fós féin, a bhráthair, bogaimis linn nó beimid déanach.'

Chuimhnigh Iarónaim air féin agus rug sé greim ar an gcábla. Bhí na cloig go léir ag bualadh cois cladaigh cheana féin: dhealraigh sé go raibh Mórshiúl na Croise tosnaithe in aice leis an mainistir, agus bhí soilse ag bogadh sa spás dorcha taobh thiar de na tinte cnámha.

'Ar cuireadh duanta Niocalái i gcló?' a d'fhiafraíos d'Iarónaim.

'Conas a d'fhéadfadh sé iad a chur i gcló?' Agus lig sé osna as. 'Ach bheadh sé aisteach: cad 'na thaobh go gcuirfeadh? Ní raibh spéis dá laghad ag éinne inár mainistir iontu; níorbh fhiú tráithnín leo iad. Bhí a fhios acu go mbíodh Niocalái i mbun pinn, ach níor thuagadar aon aird air. Níl puinn measa ag éinne na laethanta seo ar chumadóireacht ár linne.'

'An raibh siad claonta ina coinne?'

'Sin é go díreach. Dá mbeadh Niocalái ina sheanóir b'fhéidir go mbeadh spéis éigin ag na bráithre ina chuid duanta, ach ní raibh daichead bliain slánaithe aige fós. Bhí cuid acu ag magadh faoi, agus a thuilleadh ag ceapadh go mba pheaca mór é go raibh sé ag scríobh éinní in aon chor.'

'Cad 'na thaobh gur chuir sé aon dua air féin éinní a scríobh, mar sin?'

'Ó, thug sé sólás dó féin, go príomha. Ba mise an t-aon duine de na bráithre a léigh a chuid duanta diaga. Ba nós leis barróg mhór a bhreith orm, mo chuid gruaige a chuimilt agus a bheith ag caint go séimh liom mar a bheifeá le leanbh. D'osclaíodh sé doras a chillín agus cuireadh sé i mo shuí mé taobh leis, agus bhímis ag léamh—'

D'fhág Iarónaim a chábla díomhaoin ar feadh tamaill agus tháinig sé anall chugam.

'Bhíomar an-mhór le chéile,' a dúirt sé de chogar, le súile lonracha. 'Pé áit a chuaigh seisean, chuas ina theannta. Nuair nach rabhas ina theannta bhíodh brón air; ba mhó a ghrá domsa ná d'éinne eile de na bráithre, mar gheall ar an tslí a gcuireadh a chuid duanta ag gol mé. Tá sé brónach a bheith ag cuimhneamh air. Anois táim cosúil le dílleachta nó baintreach. Tá na bráithre sa mhainistir seo againne maith agus cneasta agus cráifeach, tá a fhios agat, ach níl éinne acu cneasta muirneach. Táid go léir glórach agus iad ag caint in ard a gcinn, ag casachtach agus ag siúl go trom, ach bhíodh Niocalái ag caint go ciúin cneasta, agus dá dtabharfadh sé faoi deara go raibh éinne ina chodladh leanfadh sé ar aghaidh chomh héadrom le cuileog nó míoltóg. Aghaidh chomh báúil muirneach a bhí air…'

Lig Iarónaim osna fhada as agus tharraing sé ar an gcábla. Bhíomar ag teacht i ngiorracht do bhruach na habhann anois. De réir a chéile bhíomar ag snámh amach go mall as dorchadas agus ciúineas na habhann agus isteach i dtír draíochta, plúchta ag deatach agus lán de challán is solas. Anseo agus ansiúd bhí cinn chapall le feiscint gan bogadh agus iad cosúil le dealbha copair.

'Is gearr go mbeidh siad ag canadh canóin na Cásca,' arsa

Iarónaim. 'Ach tá Niocalái básaithe, agus dá bharr sin ní bheidh éinne ann lena ciall a mhíniú. Ní raibh aon chumadóireacht ba bhinne ná canóin seo na Cásca, dar leis. Thugadh sé éisteacht don uile fhocal di. Beidh tusa ann, a dhuine uasail: éist leis an gcantaireacht.'

'Cad é? Nach mbeidh tusa sa teampall chomh maith?'

'Ní féidir liom. Caithfidh mé aire a thabhairt don bhád.'

'Ach nach ndéanfar uainíocht ort?'

'N'fheadar. Ba chóir go dtiocfadh duine i m'áit ar a naoi a chlog, ach chíonn tú go bhfuilim anseo fós. Caithfidh mé a admháil go mba mhaith liom dul go dtí an teampall.'

'An manach thú?'

'Sea. Is é sin le rá gur bráthair tuata mé.'

Rith an bád isteach sa bhruach agus stad sí. Chuireas cúig chóipeic i lámh Iarónaim chun íoc as mo thuras agus léim mé síos ar tír. Tiomáineadh cairt isteach sa bhád agus bean ina codladh is buachaill ann. Chrom Iarónaim ar a théad agus thosnaigh an bád ag gluaiseacht arís, agus bhí cuma pas beag dearg ar an manach faoi sholas na tine.

Chuaigh mo chéad choiscéimeanna tríd an láib; níos faide ar aghaidh d'aimsigh mé slí bhog a raibh rian úr cos air. Lean sé sin go dtí geataí dorcha na mainistreach, a bhí cosúil le béal uaimhe, agus trí scamaill deataigh, agus tranglam de mhná is fir is capaill gan srathair, agus bhí cairt is vaigíní den uile shaghas ann. Bhí na capaill ag cur cuach astu, agus gach éinne ag cabaireacht is ag gáire, agus lonraigh gach éinní faoin solas dearg, trí scáthanna guairneánacha deataigh—gach éinní ina chíor thuathail, go deimhin! Agus aisteach go leor, i measc na tuairteála seo aimsíodh slí le gunna mór a lódáil agus arán sinséir a dhíol!

Níor lú an ghníomhaíocht sa chlós, ach ba mhó ord is eagar a bhí ar chúrsaí laistigh de na fallaí ná lasmuigh. Anseo bhí boladh aitil agus túise ar an aer. Fós féin bhí an slua ag caint go glórach, ach ní raibh éinne ag gáire ná ní raibh na capaill ag seitreach. I measc na gcros agus na gcloch tuama sheas daoine le chéile ina mbaiclí dlútha agus beartáin is bulóga ar iompar acu; ba léir go raibh a lán díobh tagtha i bhfad le beannacht a fháil ar a mbulóga, agus bhí tuirse orthu. Bhain buataisí na mbráithre óga tuata cling ghlórach as an gcasán iarainn ó na geataí go dtí doras an teampaill agus iad ag rith go fuadrach air; istigh sa chlogtheach bhí teacht agus imeacht agus scairteadh.

'Nach breá gnóthach an oíche í seo!' a cheap sé. 'Nach maith an oíche í!'

Dhealraigh gach éinní a bheith ina fhrithchaitheamh ar an ngníomhaíocht seo, ó na scáthanna dorcha go dtí an casán iarainn agus na clocha tuama agus na crainnte a raibh an slua ag corraí fúthu. Bhí coimhlint shuaite ar siúl ag an doras idir na sluaite a bhí ag teacht agus iad siúd a bhí ag imeacht. Bhrostaigh dream amháin isteach agus tháinig dream eile amach, ach d'fhilleadar, sheasadar ar feadh tamaill agus bhogadar ar aghaidh arís. Chuadar ó áit go háit agus iad ag fánaíocht leo mar a bheidís ag cuartú ní éigin; thosnaigh na tonnta ag an doras agus scuabadar leo isteach sa teampall, agus chorraigh siad na línte tosaigh san áit a raibh an pobal ba stuama ina seasamh. Ní fhéadfaí smaoineamh ar phaidreoireacht rialta: ba bheag an phaidreoireacht a bhí ann in aon chor. Ní raibh ann ach cineál áthas lánchroíúil páistiúil gan freagracht, nár theastaigh uaidh ach leithscéal chun teacht saor ó aon srian, briseadh amach i ngníomh de shaghas ar bith, fiú i mbrú agus tarraingt chlamprach.

Bhí an ghníomhaíocht neamhghnách seo le tabhairt faoi deara le linn sheirbhís na Cásca. Osclaíodh geataí shanctóir na séipéal go léir amach; d'eitil dlúthscamaill túise timpeall ar shiogairlíní criostail na lampaí; bhí soilse i ngach aon áit, loinnir, agus drithleach na bhfáideog. Ní fhéadfaí aon léamh a dhéanamh, agus lean an amhránaíocht ar aghaidh go suairceach gnóthach gan stad. Tar éis gach aon chanóin d'athraigh na sagairt a n-éidí agus chuadar amach le túis a scaipeadh, agus dheineadar é sin beagnach gach deich nóiméad.

Ba ar éigean a d'aimsigh mé áit dom féin nuair a scuab tonn daoine anuas ó thosach an teampaill le mo chaitheamh siar. Os mo chomhair amach d'imigh déagánach ard ramhar agus é ag iompar fáideog fhada dhearg, agus taobh thiar de bhrostaigh uachtarán foltliath na mainistreach a raibh coróin órga ar a cheann. De réir mar a d'imíodar as radharc bhrúigh an slua thar n-ais mé go dtí an áit a rabhas cheana féin. Ní raibh ach deich nóiméad eile imithe thart, áfach, gur scuab tonn eile suas agus tháinig an déagánach i radharc arís. An babhta seo, lean an t-ardviocáire é, an duine ceannann céanna a scríobh stair na mainistreach, de réir sheanchas Iarónaim.

Le linn dom a bheith ag meascadh leis an slua agus de réir mar a chuaigh an scleondar uileghabhálach áthasach i bhfeidhm orm, bhí cás Iarónaim ag cur isteach go mór orm. Cad 'na thaobh nár dhein éinne uainíocht air? Cad 'na thaobh nár chuireadar duine ba ghairbhe nach mbeadh chomh cneasta leis go dtí an bád farantóireachta?

'Ardaigh do shúile, ó, a Shíóin, agus féach,' a chan an cor. 'Tá do Mhac, Solas Dé, tagtha.'

Thugas stracfheachaint ar na haghaidheanna timpeall orm. Bhí dreach geal áthais ar gach éinne, ach ní raibh 'ciall na hamhránaíochta' mínithe ag éinne ann, agus níor baineadh 'an anáil de' éinne. Cad 'na thaobh nár dheineadar uainíocht ar Iarónaim? Shamhlaigh mé é go soiléir, ag seasamh leis an bhfalla, cromtha agus é ag breith greim díocasach ar áilleacht na bhfocal naofa. Thuigfeadh seisean go beacht gach éinní a chuaigh de na daoine taobh liom a thuiscint agus bheadh sé ag ól an uile ní go cíocrach lena chluas ghéar, ar meisce agus thar bharr a chéille le háthas go mbainfí a anáil de, agus níorbh áthasaí éinne sa teampall ná eisean. Ach anois bhí sé ag rámhaíocht sall agus anall ar an abhainn dhorcha, ag caoineadh a bhráthair mhairbh, a chara. Ramhraigh tonn aniar aníos agus shleamhnaigh manach mór gáireata idir mise agus na daoine eile le slí a dhéanamh do bhean a bhí feistithe i hata agus clóca veilbhite, agus bhí sé ag breathnú siar is ag láimhseáil clocha a phaidrín. Bhrostaigh searbhónta mainistreach ina diaidh, ag iompar cathaoireach os ár gcionn.

D'fhágas an teampall. Theastaigh uaim Niocalái marbh, cumadóir anaithnid na nduanta diaga, a fheiscint. Chuas tríd an gclós ina raibh sraith cillíní na manach taobh leis na fallaí, agus bhreathnaíos isteach i gceann nó dhó de na fuinneoga éagsúla, ach rud ar bith ní fhacas, agus chasas siar. Níl aon aiféala orm anois ná faca mé Niocalái. Cá bhfios ach go millfeadh radharc air an pictiúr a dhein mo chuid samhlaíochta dom? Chím é go soiléir, an duine fileata úd nár thuig éinne eile, a théadh amach san oíche chun glaoch ón gcladach ar Iarónaim, agus a scaipeadh réalta is gaethe grianmhara ar a dhuanta diaga le neart a uaignis. Tá sé cúthaileach bán, gona aghaidh chneasta smaointeach, agus le cois a chuid intleachta, chím ina shúile an ghrámhaireacht is an t-áthas mór gan srian, cosúil le háthas páiste, a thugas faoi deara ar ghuth Iarónaim nuair a d'aithris sé sleachta dom as na duanta diaga.

Nuair a d'fhágamar an teampall tar éis an aifrinn bhí sé ina lá cheana. Bhí an mhaidin tagtha. Bhí na réalta bailithe leo agus cuma ghormghlas ghruama ar an spéir; ar an gcasán iarainn, na clocha tuama, agus bachlóga na gcrann bhí an drúcht tais ina luí, agus bhí an t-aer géar tais chomh maith. Lasmuigh den chlós ní raibh aon fhuadar a thuilleadh mar a bhí san oíche. Bhí cuma chodlatach ar idir chapaill agus dhaoine; ba ar éigean a chorraíodar, agus ní raibh ach cúpla carnán dubh luaithrigh fágtha mar fhuílleach ó na bairillí píce. Nuair a bhíonn duine tuirseach codlatach samhlaíonn sé dó féin go bhfuil an dúlra sa riocht céanna chomh maith. Dhealraigh sé dom go raibh na crainnte agus an féar úr ina gcodladh, agus bhí maolaithe ar chling na gclog, nach raibh leath chomh glórach ná chomh meidhreach agus a bhí san oíche roimhe. Bhí deireadh leis an bhfuadar ar fad, agus ní raibh fágtha tar éis an scleondair ach corthacht thaitneamhach agus mian chun codlata is teasa.

Bhíos in ann an abhainn a fheiscint ó bhruach go bruach anois. Bhí ceo éadrom ag teacht isteach ina ghiobail bheaga scamallacha thar a dromchla, agus bhí taise fhuar á hanálú aníos ag an uisce. Nuair a léim mé isteach sa bhád farantóireachta, bhí vaigín agus breis is fiche fear is ban ann cheana féin. Shín an cábla díomhaoin tais amach thar an abhainn leathan, agus shamhlaíos dom féin go raibh cuma na tuirse air; d'imigh sé as radharc faoi cheo bán in amanna.

'Tá Críost éirithe! An bhfuil éinne eile ag teacht?' a d'fhiafraigh guth cneasta.

D'aithníos guth Iarónaim. Ní raibh an manach ceilte ag an dorchadas a thuilleadh, agus chonaiceas fear ard caolslinneánach thart ar chúig bliana is tríocha d'aois, ceannaithe móra cruinne, súile codlatacha leathdhúnta, agus féasóg gharbh dhinnchruthach air. Cuma iontach brónach tuirseach a bhí air.

'Nár deineadh uainíocht ort fós?' a d'fhiafraíos de agus iontas orm.

'Ormsa?' ar seisean agus miongháire ar a aghaidh, agus chas sé a aghaidh fhuar dhrúchtfhliuch i mo threo. 'Ní bheidh éinne in ann teacht i m'áit go maidin. Tá gach éinne dulta chuig uachtarán na mainistreach anois le troscadh an Charghais a bhriseadh.'

Tharraing sé ar an gcábla, agus chabhraigh tuathánach beag leis a raibh hata fionnaidh rua air cosúil leis na potaí a ndíoltar mil iontu; dheineadar beirt gnúsacht chairdiúil, agus ghluais an bád amach ó bhruach na habhann.

Chuamar ar snámh trasna na habhann, agus sinn ag corraí an cheo le linn ár dturais. Focal ar bith níor labhair éinne. D'oibrigh Iarónaim go ciúin lena leathlámh. D'fhan a dhá shúil fhaiteacha laga ag breathnú orainn uile, agus faoi dheireadh dhírigh sé a radharc ar aghaidh rósmhar bhean chéile cheannaí óg taobh liom, agus í ag seasamh siar go ciúin ón gceo a chlúdaigh í. Níor bhain sé a shúile di chomh fada agus a lean an turas.

Ba bheag de mhianach fir a bhí sa radharc fada sin; dhealraigh sé dom go raibh Iarónaim ag breathnú ar aghaidh bhean chéile an cheannaí d'fhonn aghaidh chneasta mhuirneach a chara chaillte a fheiscint arís.

Vanca

MAIRÉAD NÍ MHAICÍN
a d'aistrigh

Bhí Vanca Siúchov naoi mbliana d'aois, agus bhí sé ina phrintíseach ag Aileachuin gréasaí le trí mhí. D'fhan sé ina shuí go mall Oíche Nollag. Chuaigh an gréasaí agus a bhean agus a chuid oibrithe chuig seirbhís dhiaga an mheán oíche, agus nuair a fuair Vanca an fhaill chuaigh sé go dtí prios an mháistir agus thug leis seanpheann meirgeach agus buidéal dúigh. Spréigh sé amach ansin duilleog pháipéir a bhí cornaithe ina phóca aige, agus chuaigh ar a ghlúine ag an bhinse agus é ag brath litir a scríobh. Ach bhreathnaigh sé ina thimpeall go critheaglach sular leag sé an peann ar an pháipéar. D'amharc sé ar an íocón, agus ar na seilfeanna agus ar an méid ceap a bhí orthu. Lig sé osna ansin, agus chrom os cionn an pháipéir, an áit a raibh sin leagtha aige ar an bhinse.

'A athair mhóir,' scríobh sé, 'tá mé ag cur litreach chugat. Guím Nollaig shona duit, agus go gcuire ár dTiarna Dia an rath ort. Níl athair ná máthair agam. Níl fágtha agam ach tusa.'

D'amharc Vanca ar an fhuinneog dhorcha, áit a raibh solas na coinnle ag glinnireacht, agus samhlaíodh dó go raibh sé ag amharc ar a athair mór agus á fheiceáil go glinn soiléir. Constaintín Macairits ab ainm don athair mór. Bhí sé ag obair mar fhaireadóir oíche ag muintir Shivireiv. Seanduine beag tanaí a bhí ann agus é i gcionn a chúig bliana is trí fichid; ach bhí sé gasta lúthmhar go fóill, aoibh an gháire air i gcónai agus súile pótaire ina cheann. Chaitheadh sé an lá ina chodladh sa chistineach, nó ag déanamh a chomhrá leis na cócairí, ach san oíche bhíodh sé ag siúl thart faoin fhoirgneamh, cóta mór de chraiceann caorach air, agus é ag bualadh a bhata ar an talamh. Bhíodh an dá mhada ag rith lena sála—sean-Chaisteanca agus an mada ar tugadh Viún air, cionn is é a bheith caol fada mar a bheadh easóg ann. Bhí Viún iontach múinte lách, agus bhíodh sé mar sin le coimhthígh agus le comharsain. Ach ní raibh sé iontaofa. Bhí sé sárchílíonta agus sárchealgach. Ní raibh a mhacasamhail eile le fáil ag teacht aníos go fáilí a bhreith greim coise ar dhuine, nó ag tabhairt cuairte i ngan fhios ar an bhialann, nó ag goid cearc ó mhuintir na tuaithe. Ba dhóbair, níos mó ná aon uair amháin, go ngearrfaí na cosa deiridh de; crochadh é cúpla iarraidh; bhuailtí é achan seachtain go mbíodh sé leathmharbh, ach thigeadh sé thart arís i dtólamh.

Sa bhomaite seo, bheadh an t-athair mór ina sheasamh ag an gheafta, ag caochadh a shúl ar fhuinneoga lasta dearga shéipéal an tsráidbhaile, agus é ag comhrá leis na seirbhísigh. Bheadh sé ag bualadh a bhos ar a chéile agus é ar crith leis an fhuacht; ach bheadh sé ag seitgháire go rógánta, agus bhainfeadh sé liomóg as an chailín aimsire agus liomóg eile as an chócaire.

'An nglacfaidh sibh pinse snaoisín?' arsa an seanduine agus é ag síneadh an bhocsa snaoisín chuig na mná.

Ghlac na mná pinse snaoisín agus chuir siad sraothartach astu féin. Thaitin sin go breá leis an tseanduine; chuir sé scairt mhór gáire as agus ar seisean, 'Coimhéadaigí! Tá sé sioctha oraibh!'

Thug siad snaoisin do na madaí, fosta. Chuir Caisteanca sraoth aisti, chuir cár uirthi féin agus siúd i leataobh léi agus stuaic uirthi. Bhí Viún rómhúinte le sraothartach ar bith a dhéanamh; ní dhearn sé ach a ruball a chraitheadh. Bhí aimsir ghalánta ann; bhí an t-aer go húr éadrom agus ní raibh smid ar bith ghaoithe ann, ná smúit dá laghad ceo. An ré dhorcha a bhí ann, ach bhí an sráidbhaile uilig le feiceáil—na tithe faoina gcinn bhána, an toit ag éirí in áirde ó na simléirí, na crainn agus dath an airgid orthu ón tsiocán bán, agus na ráthachanna sneachta. Bhí an spéir breactha le réalta geala loinnireacha, agus bhí Bealach na Bó Finne le feiceáil chomh soiléir sin gur dhóigh le duine gur níodh le sneachta é faoi choinne na Féile…

Lig Vanca osna; d'fhliuch sé an peann, agus lean air ag scríobh:

'Agus fuair mé greadadh millteanach inné. Rug an máistir greim gruaige orm, agus streachail sé amach ar an tsráid mé agus bhuail sé mé le ceap na mbróg, cionn is gur thit mé i mo chodladh agus mé ag bogadh an chliabháin. Agus seachtain ó shin dúirt an mháistreás liom scadán a ghlanadh agus thosaigh mise ag an ruball, ach rug sise greim rubaill air, agus thosaigh do mo bhualadh san aghaidh leis an chloigeann cáidheach. Bíonn na fir oibre ag magadh fúm, agus do mo chur chun an tí tábhairne faoi choinne vodca, agus ag iarraidh orm cúcamair a ghoid ón mháistir. Agus buaileann an máistir mé le cibé arm is congaraí dó. Ní fhaighim a dhath le hithe. Bheir siad giota aráin dom ar maidin, agus brachán i dtráth an mheán lae agus giota aráin arís tráthnóna; ach i dtaca le tae nó le brot de, slogann bunadh an tí iad féin an t-iomlán. Agus bheir siad orm luí sa phóirse, agus nuair a théann an leanbh a chaoineadh ní fhaighim codladh ar bith a dhéanamh, ach mé ag bogadh an chliabháin i rith an ama. A athair mhóir, a thaisce, déan trócaire orm ar son Dé, agus tabhair chun an bhaile mé as an áit seo, chuig an sráidbhaile—ní thig liom fanacht anseo. Caithim mé féin ag do ghlúin—beidh mé ag guí Dé le mo bheo—ach tabhair ar shiúl as seo mé, nó gheobhaidh mé bás.'

Tháinig oibriú ar bhéal Vanca, chuimil sé a lámha dubha cáidheacha dá shúile agus chuaigh sé a smeacharnaigh.

'Spíonfaidh mé do chuid tobac duit,' scríobh sé leis, 'agus má dhéanaim rud ar bith as an chasán thig leat an craiceann a bhaint díom, más mian leat. Má shíleann tú nach mbeidh obair ar bith ansin faoi mo choinne, iarrfaidh mé ar an mhaor, ar son Chríosta, ligean dom a chuid bróg a ghlanadh—nó rachaidh mé a bhuachailleacht in ionad Féadca. Ach, a athair mhóir, a thaisce, ní thig liom fanacht anseo. Tá sé uafásach… Ba mhaith liom imeacht liom chun an bhaile i ngan fhios, de shiúl mo chos, ach níl bróga ar bith agam, agus tá eagla orm roimh an tsiocán. Agus nuair a bhéas mé fásta suas agus mé i m'fhear déanta, bhéarfaidh mé aire duit ar a shon seo, agus ní ligfidh mé d'éinne focal ar bith a rá leat. Agus nuair a gheobhaidh tú bás beidh mé ag agar ar Dhia suaimhneas síoraí a thabhairt do d'anam, go díreach mar a dhein mé do mo mhamaí, Palaigia.

'Cathair mhór Moscó. Tá na tithe uilig galánta, agus tá cuid mhór beithíoch ann, ach níl caoirigh ar bith ann, agus níl na madaí drochmhúinte. Ní théann na buachaillí atá anseo amach leis an réalt faoi Nollaig, agus ní ligtear d'éinne ceol a dhéanamh sa chór. Chonaic mé duáin á ndíol i siopa áirid, san fhuinneog, agus doruithe leo, faoi choinne achan chineál éisc, agus iad iontach maith. Tá duán amháin acu chomh mór sin go gcoinneodh sé beithíoch éisc a bheadh daichead punta ar mheáchan. Agus chonaic mé siopaí eile a raibh gunnaí de gach aon chineál iontu—gunnaí mar a bhíos ag na daoine uaisle—creidim go gcosnódh siad céad rúbal an ceann. Agus cearca fraoich, agus cearca coille, agus bíonn giorraithe sna siopaí feola; ach ní insíonn lucht na siopaí cá háit a maraítear iad.

'A athair mhóir, a thaisce, nuair a bheas crann na Nollag faoina chuid bronntanas ag na huaisle, bain cnó órga de faoi mo choinnese agus cuir i dtaisce sa chófra glas í. Iarr ar Ólga Iognaitéavna í—abair gur faoi choinne Vanca é.'

Dhein Vanca smeacharnach agus stán sé ar an fhuinneog arís. Ba chuimhin leis mar a théadh a athair mór chun na coille go ngearradh sé giúis óg a dhéanfadh crann Nollag do na huaisle. Bhíodh Vanca féin leis i gcónaí. Bhí saol breá ann an t-am sin. Bhíodh an t-athair mór ag casachtaigh, bhíodh an siocán ag brioscarnaigh, agus bhíodh Vanca ag gáire. Ba ghnách leis an athair mór lán a phíopa a chaitheamh ar dtús. Ansin chaitheadh sé snaoisín go fadálach agus é ag gáire faoi Vanca beag conáilte. Bhíodh na crainn óga ina seasamh ansin faoina gclúdach siocáin gan bogadh astu, agus iad ag fanacht go bhfeiceadh siad cé acu ceann acu a bhí le bás a fháil. Agus ansin i dtobainne chífeá coinín ag sciorradh mar a bheadh saighead ann. Ní thiocfadh leis an athair mór gan gabháil a scairtigh:

'Coinnigh é! Coinnigh é! Há! A rógaire—tú féin agus do ruball beag giortach!'

Nuair a bhíodh an crann gearrtha ag an athair mór tharraingeadh sé chun an bhaile go tigh na n-uasal é, agus ansin théadh siad á dhéanamh réidh agus á chóiriú. Ba í Ólga

Iognaitéavna, cara Vanca, ba ghnóthaí díobh uilig... Nuair a bhí Palaigia, máthair Vanca, agus díobháil gan a dhath eile a bheith le déanamh aici, theagaisc sí léitheoireacht agus scríbhneoireacht agus na huimhreacha go dtí céad dó—agus fiú an *quadrille* nár theagasc sí dó. Nuair a fuair Palaigia bás cuireadh an dílleachta bocht Vanca chun na cistine chuig a athair mór, agus as sin arís go Moscó, ar fostú ag an ghreasaí Aileachuin.

'Tar faoi mo choinne, a athair mhóir, a chroí,' scríobh Vanca sa litir. 'Ar son Chríosta Mhic Dé, agraím thú mo thabhairt as an áit seo. Bíodh trua agat dom, i mo dhílleachta bocht dom, nó bíonn achan duine ag gabháil dom, agus tá mé ag fáil bháis leis an ocras, agus an chumha atá orm, níl aithris ná insint béil le déanamh uirthi—bím ag caoineadh agus ag caoineadh. Agus an lá faoi dheireadh bhuail an máistir sa chloigeann mé leis an chasúr agus thit mé as mo sheasamh, agus de thoradh reatha a tháinig mé chugam féin ar ais. Saol bocht anróiteach atá agam anseo—tá bail na madaí orm... Mo bheannacht arís chuig Aileona, chuig Éagór Caoch agus chuig fear an chóiste; agus ná tabhair mo mhileodean do dhuine ar bith. Is mise do gharmhac, Iavan Siúchov.

'A athair mhóir dhílis, tar faoi mo choinne.'

D'fhill Vanca an duilleog páipéir a raibh an scríbhinn uirthi ina ceithre coda, agus chuir isteach sa chlúdach a cheannaigh sé an tráthnóna roimhe sin ar chóipeic. Mheabhraigh sé tamall beag agus ansin d'fhliuch sé an peann agus scríobh sé an seoladh:

Chuig m'athair mór sa sráidbhaile.

Thochais sé a cheann; mheabhraigh sé arís, agus ansin chuir sé giota eile leis: 'Constaintín Macairits.'

Bhí sé sásta cionn is nár chuir éinne isteach air agus é ag scríobh. Chuir sé a bhearád ar a cheann agus rith sé amach ar an tsráid gan cóta mór a chaitheamh air féin agus gan air ach a léine agus a bhríste.

D'inis na freastalaithe sa tsiopa feola dó aréir roimhe sin, nuair a chuir sé ceist orthu, go gcuirtear na litreacha isteach i mboscaí an phosta, agus go dtugtar iad as sin ar shiúl fríd an tír ar thróicí a mbíonn cloigíní ar na beithígh a bhíonn á dtarraingt agus a mbíonn a gcuid tiománaithe ar meisce. Rith Vanca go dtí an chéad bhosca posta, agus sháith sé an litir luachmhar uaidh isteach tríd an scoilt...

Bhí an dóchas á chealgadh chun suain, agus i gcionn uair an chloig bhí sé ina chodladh go sámh, agus é ag brionglóidigh. Bhí an sorn á fheiceáil aige sa bhriongloid. Bhí a athair mór ina shuí ar an tsorn, a dhá spáig tharnochta á luascadh aige anonn agus anall, agus é ag léamh na litreach do na cócairí...

Bhí Viún ina sheasamh de chois an tsoirn, agus é ag croitheadh a rubaill.

An Cainteoir

LIAM Ó RINN
a d'aistrigh

Maidin álainn aoibhinn, bhíothas ag cur an mheastóra choláiste Ciril Iavanaivits Babaileonov, a bhí tar éis bás d'fháil den dá ghalar atá chomh coitianta sa dúthaigh seo againn: bean chéile gan mhaith agus iomarca dí. Nuair a ghluais an tsochraid ón eaglais chun dul go dtí an reilig, seo isteach i gcóiste le Póplavscaí, comrádaí oifige don té a bhí marbh, agus níor bhain sos ná stad dó go raibh sé i láthair a charad Griogóir Peitrivits Sapáicin, fear óg go raibh meas go leor ag cách air cheana féin. Faoi mar is eol dá lán de mo chuid léitheoirí, is beag duine atá chomh maith le Sapáicin chun óráid a dhéanamh ar bhainis, ar iúbhaile nó ar shochraid. Bíonn a theanga ar a thoil aige gach aon uair is maith leis é, pé acu ina chodladh, ina throscadh, ar deargmheisce nó faoi fhiabhras dó. Ritheann a chaint go héadrom éasca ar nós uisce as píopa, agus is í atá go flúirseach aige; agus ní lia ciaróg i dtigh ósta ná briathar cumhachtach aige chun óráid a dhéanamh. Labhrann sé i gcónaí go binnfhriotalach agus go breá fada, i dtreo, uaireanta (agus go mór mór ar bhainis ceannaí), nach foláir na póilíní a thabhairt isteach chun stop a chur leis.

'Seo chugat mé, a sheana-bhuachaill!' arsa Póplavscaí nuair a fuair sé roimhe sa bhaile é. 'Cuir ort do hata is do chóta agus téanam ort. Tá duine de na buachaillí tar éis bháis; anois díreach atáimid á sheoladh go ríocht na bhflaitheas, agus caithfirse roinnt bheag ráiméise a stealladh chun slán is beannacht a chur leis… Níl againn ach tú. Dá mba duine suarach a bheadh tar éis bháis ní chuirfimis isteach ort, ach an rúnaí, tá's agat… taca don oifig, mar a déarfá. Ba chiotach an mhaise dhúinn boc mór dá shaghas a chur gan óráid a dhéanamh os a chionn.'

'Á, an rúnaí!' arsa Sapáicin, ag méanfach, 'an meisceoir, is dócha?'

'Is é. Beidh cistí baise ann agus sólaistí... Beidh costas an chóiste le fáil agat. Téanam ort, a mhic ó! Scaoil uait rotha seama éigin in aice na huaighe ar nós Chicearó agus beidh an saol mór buíoch díot!'

Thoiligh Sapáicín chuige sin go fonnmhar. Chuir sé a chuid gruaige trína chéile, chuir cuma bhrónach ar a ghnúis, agus seo amach ar an tsráid é féin agus Póplavscaí.

'Tá aithne agamsa ar an rúnaí sin agaibh,' ar seisean, ag suí síos sa chóiste. 'Rógaire glic agus bithiúnach déanta, beannacht dílis Dé lena anam! Agus níl puinn dá shórt le fáil.'

'Faire fút, a Ghriogóir, ní ceart masla a thabhairt do na mairbh.'

'Is fíor dhuit, *aut mortuis nihil bene*, ach mar sin féin, ba mhór an bligeárd é.'

Rugadar ar an tsochraid agus ghabhadar léi. Bhí an corp á iompar go mall agus bhí caoi acu ar rith isteach i dtithe tábhairne trí huaire ar an slí chun na reilige agus beagán d'ól chun sláinte an fhir mhairbh.

Dúradh na gnáthurnaithe os cionn na huaighe. Bhí bean chéile, máthair chéile agus deirfiúr chéile an fhir mhairbh ann agus ghoileadar a ndóthain mar is gnáth ar a leithéid d'ócáid. Ní hé sin fein ach, nuair a bhí an chónra á ligint síos san uaigh, scread an bhean chéile: 'Lig isteach mé ina theannta!' ach níor lean sí isteach san uaigh é—is dócha gur chuimhnigh sí ar an bpinsean. Nuair a bhí ciúineas ann arís thug Sapáicín coiscéim ar aghaidh, d'iompaigh a shúile ar an gcuideachtain, agus labhair mar seo:

'An fíor a bhfeiceann mo shúil agus a gcloiseann mo chluas? Nach aisling sceoin é seo a chím: tuama agus sileadh deor, osnaíl agus éagaoine? Mo léan géar is m'atuirse! Ní aisling é ná taibhreamh, is níl locht ar radharc ár súl. An té a chonaiceamar chomh gairid sin ó shin is é chomh misniúil láidir, chomh lán de ghlaine is d'úireacht na hóige, an té a bhí, tamall beag ó shin, mar a bheadh an bheach gan tuirse, ag breith a choda meala chun coirceog an stáit is na maitheasa poiblí, an té a... sin é an fear céanna san anois agus é iompaithe ina chré is ina cheo gan ghus.

Tháinig an bás gan trua gan trócaire is leag a lámh fhuar air nuair a bhí sé fós, d'ainneoin a aoise móire, i lánaoirde a nirt is i lár a dhóchais. Cá bhfaighimid a leithéid arís? Cé a líonfaidh an bhearna? Is mó fear maith atá i seirbhís an stáit ach ní raibh ach aon Phrocofaí Osaipits amháin againn. Bhí a chroí go léir san obair a bhain lena dhualgas macánta; ní spáráladh sé a neart nó a dhúthracht, ach é ag obair i ndéanaí na hoíche, gan cuimhneamh ar a thairbhe féin, gan breab a ghlacadh ó éinne... Cad é mar dhrochmheas a bhíodh aige ar an muintir gurbh áil leo é a cheannach agus dochar a dhéanamh don leas poiblí, an mhuintir gur mhian leo, le saibhreas claon an tsaoil seo, é a mhealladh óna dhualgas a chomhlíonadh! Sea, os comhair ár súl roinneadh sé a thuarastal beag ar chomrádaithe dhó ba bhoichte ná é féin agus chloiseabhair féin ó chianaibhín olagóin na mbaintreach is na ndílleachtaí a mhaireadh ar a dhéirc. Sáite mar a bhí sé i ndea-oibreacha agus i ndualgas a oifige, ní raibh sé páirteach i ngairdeachas an tsaoil seo agus dhiúltaigh fiú amháin d'aoibhneas an phósta; mar is eol daoibh, bhí sé ina bhaitsiléir go deireadh a laethe. Agus cá bhfaighimid arís a leithéid de chomrádaí? Anois díreach samhlaítear dom go bhfeicim an aghaidh ghlanbhearrtha chineálta san iompaithe chugainn le miongháire cneasta séimh; anois díreach samhlaítear dom go gcloisim glór a ghutha chaoin chairdiúil. Síocháin do d'anam geal, a Phrocofaí Osaipits! Síocháin agus suaimhneas duit, a oibritheoir uasail ionraic!'

Lean Sapáicin air ag caint, ach d'éirigh cogarnach idir a lucht éisteachta. Thaitin an óráid le gach éinne agus bhain sí deor as cuid acu, ach bhí a lán nithe ann a bhí go hait, dar leo. Sa chéad áit níor thuigeadar cad 'na thaobh don chainteoir Procofaí Osaipits a thabhairt air agus Ciril Iavanaivits mar ainm air. Sa dara háit bhí a fhios ag cách gur thug an fear marbh a shaol go léir ag achrann lena chéile chóir agus d'fhág san nár cheart baitsiléir a ghlaoch air; sa treas áit bhí mothall mór d'fheasóg rua air nár bhearr sé riamh agus mar sin de níor thuig éinne cén fáth gur labhair an cainteoir ar a aghaidh ghlanbhearrtha. Níor thuig na daoine na nithe sin agus bhíodh gach aon fhéachaint acu ar a chéile agus gach aon chroitheadh acu á bhaint as a nguaillí.

'A Phrocofaí Osaipits,' arsa an cainteoir, ag féachaint síos san uaigh agus solas ina shúil, 'a Phrocofaí Osaipits, ba neamhálainn agus, dá n-abrainn é, ba urghránna an aghaidh a bhí agat. Ba ghruama is ba chrua an fear tú, ach is eol dúinn go léir go raibh croí fairsing flaithiúil macánta faoin snó dorcha dúr san agat!'

Níorbh fhada gur tugadh faoi deara go raibh rud éigin ait ar an gcainteoir féin. Bhí sé ag féachaint go géar ag pointe áirithe, ag corraí go míshuaimhneach agus ag cromadh ar a ghuaillí a chroitheadh chomh maith le cách. Ansin, ar leagadh na súl, stad an chaint aige, leath a bhéal air le hionadh, agus d'iompaigh sé chun Póplavscaí.

'Féach!' ar seisean agus sceon ina dhá shiúl, 'tá sé ina bheatha!'

'Cé atá ina bheatha?'

'Procofaí Osaipits. Sin é ina sheasamh in aice an leachta san thall é!'

'Ach ní bhfuair seisean bás riamh! Is é Ciril Iavanaivits atá marbh.'

'Ach dúraís féin liom gurbh é an rúnaí a bhí tar éis bháis.'

'B'é Ciril Iavanaivits an rúnaí. Tá an scéal ina phraiseach agat, a bhuachaill. Gan amhras, is é Procofaí Osaipits a bhí mar rúnaí againn roimhe sin, ach aistríodh go dtí an dara roinn é dhá bhliain ó shin agus deineadh ardchléireach de'.

'Ach! Ní thuigfeadh an diabhal féin sibh!'

'Cad 'na thaobh gur stadais? Lean leat, tá an scéal go ciotach.'

D'iompaigh Sapáicin chun na huaighe agus lean sé den óráid bhinnbhriathrach a bhí ar siúl aige roimhe sin. B'fhíor go raibh Procofaí Osaipits, cléireach aosta glanbhearrtha ina sheasamh ansin in aice le leacht. Bhí sé ag féachaint ar an gcainteoir agus púic air le feirg.

'Nach deas an obair agat é!' arsa na cléirigh eile le Sapáicin, ag gáire agus iad ag fillcadh ón tsochraid. 'Fear á chur agus é ina bheatha!'

'Ní haon chúis gháire é, a fhir óig!' arsa Procofaí Osaipits. 'Bheadh an óráid sin oiriúnach do dhuine marbh, b'fhéidir, ach nuair a dhéantar í i dtaobh duine bheo níl inti ach searbhas. D'anam don diúcs, cad a bhí agat á rá? Ná raibh suim agam i mo thairbhe féin, ná díolfainn mé féin, ná glacfainn breab! Ní féidir a leithéid a rá i dtaobh na mbeo ach le searbhas. Agus féach, a dhuine chóir, ce a d'iarr ort cuntas a thabhairt ar m'aghaidh? Neamhálainn! Urghránna! Bíodh sé mar sin! Ach cad ba ghá seó a dhéanamh de mo chuntanós os comhair an tsaoil mhóir? Masla is ea é!'

TOLSTÁI

Leiv Niocaláivits Tolstái (1828-1910)

Ba sa bhliain 1862 a phós Tolstái Sóifia, iníon óg le Behrs, dochtúir i Moscó, agus as sin amach chaith sé a chuid ama go léir ar a eastát Easnáia Póileana ag Túla. Tá a thuilleadh i dtaobh a bheatha agam i *Mil as Gach Bláth*.

Dhírigh sé ar dtús ar a leabhar mór *Cogadh agus Síocháin* agus lean sé ar aghaidh ina dhiaidh sin le *Anna Careinine*. Thóg sé breis agus cúig bliana déag air an dá úrscéal sin a scríobh. Theastaigh uaidh úrscéal mór stairiúil a chumadh, agus ba mhinic a chuala sé scéalta óna mhuintir féin i dtaobh ionradh Napóilean ar an Rúis sa bhliain 1812. Ní hamháin sin, ach bhí cuimhne chruinn aige féin ar an gcogadh sa Chrimé a raibh sé páirteach ann agus beagáinín breacaithe aige faoi cheana.

Deintear iarracht ó am go chéile eagrán giorraithe d'úrscéalta móra Tholstái a sholáthar, agus baintear na cnámha astu ar mhaithe le scéalta neamhurchóideacha rómánsúla a dhéanamh díobh, ach léiríonn iarrachtaí dá leithéid míthuiscint mhór ar a mbrí agus na cuspóirí a bhí ag Tolstái i dtús baire. Dhearbhaigh sé féin go mb'fhearr leis an rómánsaíocht go léir a fhágaint ar lár ar mhaithe le plé stuama fealsúnta a chur chun cinn. Ní raibh sé ag iarradh caitheamh aimsire a sholáthar, ach dul i ngleic le fadhbanna morálta agus eile an tsaoil. B'ionann na sleachta fada agallaimh a bhaint as a leabhar agus neamhní a dhéanamh díobh, mar is iontu a nochtann na carachtair a gcroíthe dá chéile mar iarracht teacht ar thuiscint ar chiall is cuspóirí na beatha.

Is é *Cogadh agus Síocháin* an t-úrscéal frithchogaidh is mó a scríobhadh ariamh, agus éiríonn leis de bharr a fhírinní agus atá an cur síos, a fheidhmíonn go neamhspleách ar aon teagasc neamhbhalbh morálta ann. Nuair a bhíonn daoine ag iarraidh cur síos a dhéanamh air is minic a thagraíonn siad dó dála canbhás ealaíontóra a bhfuil na dathanna go léir buailte anuas air. Tá an ceart acu ar shlí, ach is canbhás beo atá ag Tolstái, agus ní aontaobhach atá sé ach doimhneas ar dhoimhneas le fáil ann. Tá na fíoracha go léir ag síorghluaiseacht agus ag síorbhogadh, agus saol ar leith ag gach aon charachtar ann gona fhás is a fhorbairt mar dhuine agus mar chuid den chomhluadar mór, agus ní dhéanann Tolstái dearmad ar a n-intinn agus a gcuspóirí a léiriú.

Tá radharc le fáil i g*Cogadh agus Síocháin* ar bhreis agus céad carachtar ó gach aon aicme den phobal. Tá daoine nach bhfuil acu ach gnáthmhodhanna coimeádacha smaointe agus baothchaint gan bhrí, agus tá na saighdiúirí is an chosmhuintir, a fhulaingíonn an chuid is measa den chogaíocht. Chímid ina scéal na seomraí galánta i gCathair Pheadair agus na daoine a raibh cluas an bhanimpire acu, agus chímid na taidhleoirí Rúiseacha ag cúirt na hOstaire. Cuireann Tolstái os ár gcomhair tigh simplí an tseanghinearáil, an Prionsa Bolcónscaí, chomh maith le saol neamhchúramach mhuintir Rostov i Moscó agus ar a n-eastát faoin tuath. Déanann Tolstái cur síos ar shaol lucht ceannais arm na Rúise, ach nochtann sé dúinn leis saol reisimint na Husár agus saol na ndaoine atá i mbun bataire páirce.

Níl aon leabhar eile i litríocht an domhain inchurtha le *Cogadh agus Síocháin*. Is éard a dhein Tolstái ann ná saol iomlán a athchruthú. Ní hé gur theastaigh uaidh scéal lom stairiúil a bhreacadh, ach chuir sé roimhe stair a scríobh mar a chonaic gach éinne a bhí páirteach inti í. Aithníonn gach éinne gur dhein Tolstái cur síos fíor ar uafás aon chogaidh, ar mhisneach nó meatacht na ndaoine a bhíonn páirteach ann. Cuireann sé ranna fada teoirice lena chuntas ar chogaíocht chun plé a dhéanamh ar an stair mar fhórsa dosheachanta. Ba bheag an meas a bhí aige ar shibhialtacht na hEorpa, ach chothaigh sé meas thar chuimse ar nithe nádúrtha daonna, agus bhí dóchas aige as an maitheas ar chreid sé a bheith taobh thiar den uile rud. Thuig sé nach raibh sa stair féin ach fórsa dall atá beag beann ar an duine agus go gcaithfear gníomhartha an duine a fheiscint i gcoinne an chúlbhrait sin.

Cheap an fealsamh Rúiseach Niocalái Beirdeáiv go raibh teagasc morálta Tholstái inmholta go leor ach róshimplí i dtaca le nádúr an duine. D'aithin sé go raibh eagla ar Tholstái roimh an mbás, ós rud é gur shéan sé go bhféadfadh aon aiséirí a bheith i ndán don chorp. Bhain nithe dá leithéid de chiall a theagaisc féin dar le Beirdeáiv, a chreid go raibh an iomarca muiníne aige as an réasún, gur chreid sé nach raibh le déanamh ach an fhírinne a lua agus bheadh gach éinne ag feidhmiú dá réir. Ba laige eile é, dar leis, gur thug Tolstái droim láimhe le teagasc na heaglaise ar mhaithe le monasaíocht a dhein beag d'Íosa Críost agus a chruthaigh creideamh ar aon chosúlacht leis an mBúdachas.

Scríobh Tolstái *Anna Caireinine* sa bhliain 1874, go gearr i ndiaidh *Cogadh agus Síocháin*, agus léiríonn sé na tuiscintí céanna ann, cé nach bhfuil cúrsaí cogaíochta faoi chaibidil aige an babhta seo. Tugann sé dhá shruth chontrártha beatha chun solais agus taispeánann sé dúinn an toradh atá orthu i mbeatha a phríomh-charachtar, Anna Caireinine agus Constaintín Leivin. Ní thugann sé mórán eolais dúinn ar óige Anna mar mhíniú ar a beatha agus a gníomhartha ina dhiaidh sin, ach tugann sé le tuiscint gur sháraigh sí reacht nádúrtha an phósta nuair a thit sí i ngrá le fear eile darbh ainm Vrónscaí agus ar rugadh a mhac di. Bean éirimiúil álainn ionraic atá inti. Níl spéis dá laghad ag Vrónscaí dul faoi chuing an phósta, ach scarann Anna lena fear céile ar mhaithe leis. Tá croí maith mór ag a fear céile, a ghlacann cúram a bpáiste Suireoise air féin, ach ar an gcoinníoll go bhfanfaidh sí glan amach uaidh as sin amach. Tá uirthi cuma tharraingteach a chothú le Vrónscaí a choiméad faoina draíocht, ach nuair a theipeann ar an iarracht sin, ní chíonn sí go bhfuil an dara suí sa bhuaile aici ach lámh a chur ina bás féin. Loitear saol gach éinne a bhaineann léi mar gheall ar a cuid gníomhartha agus cinntí.

Ní mar a chéile an scéal sa dara sruth den leabhar, áfach, mar a gcuirtear Constaintín Leivin in aithne dúinn. Bhí an cathú céanna air agus é féin ag cuimhneamh ar lámh a chur ina bhás féin chomh maith, ach éiríonn leis creideamh a aimsiú a chuireann le brí a bheatha. Chíonn sé go bhfuil an mhaitheas agus an olcas lasmuigh de dhlíthe cúise is éifeachta, agus go bhfuil dlí bunúsach taobh thiar de chúrsaí na tsaoil arb ionann é agus beatha don duine.

Anna Careinine

Is mar a chéile gach aon chlann shona, ach tá a míshonas féin ar gach aon chlann mhíshona.

Bhí gach aon rud bun os cionn tigh mhuintir Oblónscaí. Fuair an bhean chéile amach go raibh caidreamh faoi rún idir a fear céile agus an mháistreás chónaithe Fhrancach a bhí acu tráth, agus bheartaigh sí nach bhfanfadh sí in aontíos leis a thuilleadh. Bhí cúrsaí sa riocht sin le trí lá faoi sin, agus an teaghlach ar fad thíos leis. Níor léir dóibh ciall ar bith le bheith ina gcónaí le chéile a thuilleadh, agus cheapadar gur mhó go mór an chosúlacht a bheadh idir aíonna óstáin. D'fhan an bhean chéile ina cuid seomraí féin, agus níor fhill a fear céile abhaile i rith an lae; rith na páistí ar fud an tí go míshuaimhneach. Bhí an mháistreás chónaithe Shasanach in achrann le banriarthóir an tí, agus scríobh sí chuig cara dá cuid ag súil go mbeadh sise in ann post nua a aimsiú di; bhailigh an cócaire leis as an tigh gan filleadh, agus thug an cailín aimsire is an cóisteoir fógraí imeachta chomh maith.

Ar an tríú lá tar éis an achrainn lena bhean, dhúisigh an Prionsa Steapán Arcadaivits Oblónscaí, nó Stiopa mar a thug a lucht aitheantais air, dhúisigh sé ag an ngnáth-am ar a hocht a chlog, ach ní i seomra codlata a mhná a dhúisigh sé ach ar tholg maracach faoi chlúdach leathair ina sheomra staidéir. Chas sé a chorp dea-bheathaithe ramhar ar an tolg lingeach mar a bheadh sé ag súil le codladh fada eile, agus d'fháisc sé a dhá lámh go teann timpeall ar cheann de na piliúir, ag cur a leicinn leis; ach ansin d'oscail sé a shúile go tobann agus shuigh sé suas.

'Fan go bhfeicfidh mé... céard a bhí ann?' a smaoinigh sé agus é ag iarraidh cuimhneamh arís ar a bhrionglóid. 'Céard é? Á, sea: bhí daoine ar cuireadh ag Alaibin ag Darmstadt—ní hea, ní i nDarmstadt ach i Meiriceá—agus ba é Alaibin a thug na cuirí. Cuireadh an dinnéar ar bhoird a bhí déanta as gloine—sea, agus bhí na boird ag canadh *Il mio tesuro*... nó rud éigin cosúil leis ach níos fearr; agus bhí buidéil bheaga ann nár bhuidéil i gceart iad ach mná…' Bhí a dhá shúil ag spréacharnach go meidhreach, agus dhein sé gáire agus é i mbun machnaimh. 'Sea. Bhí sé ana-dheas go deo. Bhí nithe go leor eile ann nach bhfuilim in ann cuimhneamh orthu anois i mo dhúiseacht.' Ansin thug sé faoi deara léas beag solais ag teacht isteach taobh leis an dallóg. Chuir sé a dhá chos síos ar an urlár lena shlipéir a aimsiú, na slipéir leathair a thug a bhean chéile dó mar bhronntanas ar a lá breithe an bhliain roimhe agus iad bróidnithe aici féin. Le taithí naoi mbliana, agus gan éirí, shín sé lámh amháin amach i dtreo a fhallaing oíche san áit a mbíodh sé de ghnáth ina sheomra codlata. Ach chuimhnigh sé go tobann cá raibh sé ina chodladh agus nárbh é a sheomra codlata é. D'imigh an gáire dá aghaidh agus chuir sé púic air féin.

'A thiarcais! A thiarcais!' a dúirt sé ag ligint osna agus é ag cuimhneamh ar gach a bhí tarlaithe. Tháinig na nithe beaga sin go léir chun cuimhne mar gheall ar an achrann lena bhean chéile, an riocht dofhuascailte ina raibh sé, agus thar éinní eile, chonacthas dó a chiontacht.

'Is cinnte nach maithfidh sí dom é. Ní fhéadfadh sí mé a mhaitheamh! Agus is é an rud is measa faoi ná gur ormsa atá an milleán ar fad. Is mise atá ciontach; agus fós féin, nílim ciontach as! Is í sin an tragóid!' a dúirt sé leis féin. 'A thiarcais! A thiarcais!' a dúirt sé faoina fhiacla gan dóchas, agus é ag cuimhneamh ar na codanna ba phianmhaire den achrann. Ba é an nóiméid ba mheasa ná an nóiméad a d'fhill sé ón amharclann agus é meidhreach agus sásta go leor, agus piorra iontach mór ina ghlaic aige dá bhean. Ní raibh sí le fáil sa seomra suí nó, rud a chuir iontas air, ní raibh sí sa seomra staidéir, agus faoi dheireadh tháinig sé uirthi ina seomra codlata agus an litir mhí-ámharach sceite sin ina lámh.

D'fhan sí ina suí ann—Dairia chiaptha shíorfhuadrach, agus (mar a cheap sé féin) Dairia pas beag simplí—an nóta ina glaic agus idir sceon, éadóchas is fhearg le feiscint ar a gnúis.

'Cad é seo? É seo?' a d'fhiafraigh sí de, ag taispeáint an nóta dó. Agus mar a tharlaíonn go minic, níorbh é a chuimhne ar an eachtra áirithe sin a chiap é ach a chuimhne ar a fhreagra féin.

Ag an nóiméad sin go díreach, tharla rud éigin dó a tharlaíonn don chuid is mó de na daoine nuair a bheirtear orthu i mbun coire: ní raibh am a dhóthain aige chun an dreach cuí a chur ar a aghaidh mar gheall ar a chiontacht i súile a mhná. In ionad uabhar a ghlacadh nó a choir a shéanadh nó leathscéalta a dhéanamh nó maithiúnas a lorg nó fiú a bheith neamhchúiseach go leor (bheadh éinní níos fearr ná an rud a dhein sé), dhein sé a ghnáthgháire cneasta gan cuimhneamh ('frithghníomh inchinne', a cheap Oblónscaí, a raibh spéis sa bhfiseolaíocht aige), agus dá bharr sin ní raibh le feiscint ar a aghaidh ach miongháire seafóideach.

Ní fhéadfadh sé an miongháire seafóideach sin a mhaitheamh dó féin. Nuair a chonaic Dairia é, ghabh creathán tríthi cosúil le racht péine fisiciúla agus, leis an tréine ba dhual di, scaoil sí le sruth focal cruálach agus rith sí léi amach as an seomra. Ó shin i leith dhiúltaigh sí glan é a fheiscint arís.

'Ar an miongháire seafóideach sin ba chóir an chiontacht a leagadh,' a cheap Oblónscaí. 'Ach cad tá le déanamh agam? Cad is féidir liom a dhéanamh?' a d'fhiafraigh sé de féin le neart éadóchais, agus ní raibh sé in ann aon fhreagra a aimsiú.

[Comhrá idir Constaintín Leivin agus a leasdeartháir Cosnaiseiv]

'N'fheadar an bhfuil a fhios agat, ach bhíos ag cuimhneamh ort,' a dúirt Suirgé Iavanaivits. 'De réir mar a chloisim ón dochtúir sin, tá nithe uafasácha ar siúl i do chontae; duine cliste is ea an dochtúir. Dúirt mé leat cheana agus deirim arís é nach ceart duit gan freastal ar na comhairlí ceantair, agus tú ag fanacht glan ar chúrsaí talmhaíochta. Má tá daoine macánta chun tarraingt siar astu, n'fheadar conas a dhéanfar an gnó—ag Dia amháin atá a fhios, go deimhin. Táimid ag íoc airgid. Caitear é go léir ar phá, ach níl scoileanna againn, níl lucht leighis ann ná mná seoil ná siopaí poitigéara ná faic na ngrást.'

'Dheineas mo dhícheall,' a d'fhreagair Leivin go bog in aghaidh a thola, 'ach níl sé ar mo chumas! Cad tá le déanamh?'

'Cad é an ní nach bhfuil ar do chumas? Caithfidh mé a rá nach dtuigim in aon chor thú. Ní ghlacaim le míchúram ná míchumas. An é nach bhfuil ort ach leisce?'

'Ní ceann amháin acu ná an ceann eile, ná fiú an tríú ceann. Dheineas mo dhícheall agus is léir dom nach bhfuil ar mo chumas éinní a chur i gcrích.'

Níor thug sé mórán airde ar an méid a bhí á rá ag a dheartháir. Agus é ag breathnú amach thar an abhainn ag bun na páirce, dhein sé amach go raibh rud éigin dubh ann, ach ní raibh sé in ann a dhéanamh amach ar chapall é nó cléireach ar mhuin capaill.

'Cad 'na thaobh nach bhfuilir in ann éinní a dhéanamh? Dhein tú iarracht. Níor éirigh leat i do thuairim féin, agus anois tá tú éirithe as. Nach bhfuil aon uaillmhian agat?'

'Uaillmhian!' a dúirt Leivin, agus chuaigh caint a dheartháir go beo ann. 'Ní thuigim a leithéid. Cuir i gcás gur insíodh dom san ollscoil go dtuigeann daoine eile cad is calcalas suimeálach ann ach nach dtuigim féin é, bheadh uaillmhian i gceist. Ach i dtús báire caithfear a bheith cinnte go bhfuil cumas áirithe agat chuige, agus thar éinní eile go bhfuil tábhacht leis na nithe seo.'

'Bhuel, nach bhfuil aon tábhacht leis?' a dúirt Suirgé Iavanaivits agus é dulta sa bheo ann nár léirigh a dheartháir aon spéis i rud a bhí thar a bheith tábhachtach, dar leis, agus ba léir nach raibh sé ag éisteacht leis pé ar bith.

'Ní tábhachtach liomsa é agus níl spéis dá laghad agam ann. Cad tá le déanamh ina thaobh?' a d'fhreagair Leivin. Idir an dá linn bhí sé déanta amach aige gurbh é an cléireach féin a bhí ann agus é tar éis cur faoi deara do na seirfigh éirí as an treabhadh. Bhíodar ag casadh na céachta thart. 'An amhlaidh go bhfuil an treabhadh go léir déanta acu?'

'Ach éist,' a dúirt an deartháir ba shine, agus chuir sé grainc ar a aghaidh álainn éirimiúil, 'tá teorainn le gach éinní. Tá sé maith go leor a bheith i do dhuine corr, a bheith macánta agus i gcoinne aon chur i gcéill: tuigim é sin go léir go rímhaith. Ach níl bun ná barr leis an méid atá á ra agatsa, nó tá droch-chiall leis. Conas is neamhthábhachtach leat rud, agus tú ag maíomh go bhfuil grá mór agat do na daoine—'

'Níor mhaígh mé é sin,' a shíl Constaintín Leivin.

'—agus iad ag saothrú báis ceal cabhrach? Tá mná garbha seoil ag marú leanaí, agus na daoine sáite san aineolas, faoi chumhacht gach aon scríobhaí. Tá ar do chumas na nithe sin go léir a chur ina gceart, agus ní dhéanann tú éinní mar níl aon tábhacht leo de réir do thuairime féin.'

Bhí fadhb mhór curtha os a chomhair ag Suirgé Iavanaivits. 'Is é fírinne an scéil nach bhfuil do thuiscint dulta chun cinn fós le go n-aithneofá go bhfuil ar do chumas feabhas a chur ar chúrsaí. Sin, nó níl aon fhonn ort do chuid ciúinis agus uabhair agus eile a íobairt chun an feabhas sin a bhrostú.'

Bhraith Constaintín Leivin nach raibh aon dul as aige ach géilleadh nó a admháil nach raibh grá a dhóthain aige chun leas an phobail a chur chun cinn. Chuir sé seo as dó, agus chuir sé brón air chomh maith.

'An dá rud,' ar seisean go cinnte. 'Ní léir dom conas a d'fhéadfadh duine—'

'Cad é? Ní féidir leat aon chabhair leighis a chur ar fáil trí leas ceart a bhaint as airgead?'

'Chomh fada agus is léir dom, tá sé dodhéanta. Ní léir dom go bhféadfaí cabhair leighis a sholáthár i ngach aon chuid den mhilliún go leith acra dár gcontae, gona thuilte, a shneachta séidte agus fad a shéasúr oibre. Lena chois sin, níl muinín dá laghad agam as an gcóras leighis i gcoitinne.'

'Téanam ort! Níl sé sin ceart, cóir ná cothrom. Is féidir liom na mílte samplaí a thabhairt duit. Bhuel, agus scoileanna?'

'Cad chuige go bhfuil scoileanna ann?'

'Ní fhéadfá a bheith i ndáiríre faoi sin! An bhféadfadh amhras ar bith a bheith ann i dtaobh an oideachais agus a fhiúntais? Má dhéanann sé maitheas duitse, ní foláir nó tá maitheas ann do gach éinne eile chomh maith.'

Braith Constaintín Leivin go raibh sé i sáinn ó thaobh na moráltachta de, agus dá bharr sin d'éirigh sé suaite, agus is i gcoinne a thola a chuir sé in iúl an bunús a bhí lena mhíchúram i leith an leasa chomónta.

'B'fhéidir go bhfuil sé sin go léir maith. Ach cad 'na thaobh go mbeinn ag fuastráil timpeall le hionaid leighis a bhunú nach mbainfidh mé fein aon leas astu, nó scoileanna a bhunú nach gcuirfidh mé mo pháistí féin chucu? Níl fonn dá laghad ar na seirfigh a gcuid páistí a chur chucu ach oiread, agus n'fheadar ach go bhfuilim ar aon tuairim leo,' ar seisean.

'Gabh mo phardún. Sa chéad áit, tá géarghá le hionad leighis. Féach, b'éigean dúinn fios a chur ar an dochtúir contae chun aire a thabhairt d'Agaifia Miochaileovna.'

'Bhuel, táimse den tuairim go bhfanfaidh a lámh camtha mar atá.'

'Sin ceist gan freagra fós. Agus is éifeachtaí mar shaothraí an seirfeach a bhfuil léamh is scríobh aige.'

'N'fheadar. D'fhéadfá ceist a chur ar pé duine is mian leat,' a d'fhreagair Constaintín Leivin go diongbháilte, 'is measa mar shaothraithe seirfigh a bhfuil léamh is scríobh acu. Ní féidir leat na bóithre a shocrú leo, agus má tá droichead le tógaint acu goidfidh siad ábhair a thógála.'

'Pé ar bith,' a dúirt Suirgé Iavanaivits agus cuma ghruama air mar nár thaitin aon bhréagnú leis, go háirithe bréagnú a léimfeadh ó phointe go pointe gan fíricí nua lena dtáthú, gan a fhios aige cad ba chóir a fhreagairt ar dtús. 'Pé ar bith, ní hé sin an cheist. Lig dom ceist a chur ort. An nglacann tú leis go bhfuil an t-oideachas ar leas an phobail?'

'Glacaim,' a dúirt Constaintín Leivin gan aird, agus thuig sé láithreach bonn nár chuir sé i bhfocal an ní a bhí ina aigne. Tuigeadh dó go mbeadh an cruthú chuige ar ball, gurbh ionann sin a admháil agus a rá go raibh ráiméis á labhairt aige. Níor thuig sé conas a dhéanfaí an argóint sin, ach bhí sé daingean deimhin de go raibh an déaduchtú loighiciúil ag teacht, agus d'fhan sé leis an gcruthúnas sin.

Bhí an argóint i bhfad ní ba shimplí ná a chreid Constaintín Leivin go mbeadh.

'Má ghlacann tú leis go bhfuil fiúntas ann,' a dúirt Suirgé Iavanaivits, 'caithfidh tú spéis a chur sa rud seo agus a bheith báúil leis, agus dá bharr sin, mar fhear macánta, níl de rogha agat ach a bheith ag obair ar a shon.'

'Ach níor ghlacas leis fós gur ní maith é seo,' a dúirt Constaintín Leivin agus é ag deargadh.

'Cad é? Tá tú tar éis a rá liom—'

'Is é sin le rá nach nglacaim leis go bhfuil sé maith ná gur féidir é a dhéanamh.'

'Ní bheadh a fhios agat sin gan triail a bhaint as.'

'Bhuel, abair go bhfuil an ceart agat,' a dúirt Leivin, ach chuaigh de a thuiscint go raibh, 'agus go bhféadfaí é a dhéanamh, cad faoi? Ní léir dom cad 'na thaobh go mbeadh sé ag déanamh tinnis domsa.'

'Cad atá i gceist agat?'

'Bhuel, ós rud é go bhfuilimid tagtha go dtí an pointe seo inár n-agallamh, nach mbeadh sé chomh maith agat cur síos go fealsúnta dom air?' a dúirt Leivin.

'Ní léir dom go bhfuil aon ghnó leis an bhfealsúnacht anseo,' a dúirt Suirgé Iavanaivits, agus ba léir do Leivin óna chuid cainte nár ghlac seisean leis go raibh ceart dá laghad ag a dhearthair a bheith ag trácht ar chúrsaí fealsúnachta in aon chor. Chuir sé sin as do Leivin.

'Seo an chúis,' a dúirt sé agus é suaite. 'Creidim nach bhfuil mar bhunús lenár ngníomhartha go léir ach ár sonas pearsanta féin. Is duine den uasaicme mé, agus ní chítear dom go bhfuil éinní in aon fhoras talmhaíochta a raghadh chun leasa dom. Níl na bóithre níos fearr, ach ní fhéadfaidís a bheith pioc níos fearr, agus ní chuireann siad as do mo chuid capall in aon chor. Níl aon ghá agam le dochtúirí ná ionaid leighis. Níl aon ghá agam le breitheamh—agus ní bheidh orm dul os a gcomhair anois ná choíche. Ní hamháin nach bhfuil aon ghá agam le scoileanna, ach ceapaim nach ndéanann siad ach dochar, mar a dúirt mé leat cheana. Dar liom féin, níl i bhforais talmhaíochta ach dualgas seacht gcóipeic in aghaidh an acra a íoc chun dul go dtí an baile mór agus oíche a chaitheamh i dteannta míolta leapa agus éisteacht le gach aon saghas ráiméise agus tuairimí seanchaite—

ach níl spreagadh dá laghad le fáil agam as na nithe sin go léir a raghadh chun mo leasa phearsanta féin.'

'Fan go fóillín!' a dúirt Suirgé Iavanaivits, ag cur isteach air le miongháire. 'Ní hé ár leas pearsanta a spreag muid chun saoirse na seirfeach a bhrostú, ach d'oibríomar linn ar a son pé scéal é.'

'Ní hea!' a chuir Constaintín isteach air agus é ag éirí níos suaite in aghaidh an nóiméid. 'Ba cheist eile ar fad é sin, ceist shaoirse na seirfeach. Bhí buntáiste pearsanta ag baint léi. Bhíomarna, na daoine maithe go léir, faoi leatrom, agus theastaigh uainn fáil réidh leis an gcuing a bhí orainn. Ach níor theastaigh uaimse ariamh a bheith i mo chomhairleoir, ag caint faoi líon na bhfear bruscair agus na claiseanna atá le tochailt i mbaile nach bhfuilim i mo chónaí ann, ná a bheith ar ghiúiré le seirfeach a chur ar a thriail, ná mo thóin a chaitheamh ar feadh sé uair an chloig ag éisteacht le ráiméis ó chosantóir is cúisitheoir, agus leis an mbreitheamh ag fiafraí d'Ailéisce an t-amadán, "An bhfuilir ag pléadáil ciontach as an mbagún a ghoid?" '

De réir a chéile bhí Constaintín Leivin ag imeacht ón argóint, ag glacadh páirt an bhreithimh agus páirt Ailéisce an t-amadán araon. Dhealraigh sé dó go raibh tábhacht leis go léir i dtaca leis an agallamh.

Ach bhain Suirgé Iavanaivits searradh as a ghuaillí.

'Bhuel, céard atá tú ag iarraidh a rá?'

'Tá uaim a chur in iúl go ndéanfaidh mé mo dhícheall, le neart mo chroí agus m'anama, na cearta a bhaineann liom a chosaint—agus is cuid de mo leas féin iad. Nuair a bhíos i mo mhac léinn agus a thug na póilíní rúnda fogha fúinn agus a léigh siad ár gcuid litreacha, bhíos réidh leis na cearta sin a chosaint go láidir, agus cearta cultúir is saoirse. Tuigim go rímhaith na dualgais mhíleata a bhaineann le leas mo chlainne, mo dhearthaireacha agus liom féin. Táim toilteanach labhairt faoi na nithe atá i ngiorracht do mo chroí, ach ní thuigim, ná ní mian liom a thuiscint, cad 'na thaobh go gcuirfinn buairt ar mo chroí i dtaobh caiteachas daichead míle rúbal d'airgead contae, nó cad 'na thaobh go mbeinn ag tabhairt breithe ar Ailéisce an t-amadán.'

Bhí Constaintín Leivin ag caint mar a bheadh sé ag ligint a rachta. Dhein Suirgé Iavanaivits miongháire.

'Cuir i gcás go mbeidh cás dlí agat amárach: arbh fhearr leat go ndéanfaí é a phlé faoin seanreacht coiriúil?'

'Ní bheidh aon chás le socrú os comhair cúirte agam. Nílim chun scornach éinne a ghearradh, agus ní gá dom a leithéid a dhéanamh, pé scéal é. Agus dála an scéil!' agus lean sé de ag tarraingt ábhar deoranta isteach sa scéal. 'Tá ár gcuid institiúidí contae cosúil leis na buinneáin beithe a chuirimid Luan Cincíse chun tabhairt le tuiscint gur fhás foraois Eorpach thar oíche; ach níl cuimhne dá laghad againn iad a uisciú, ná muinín dá laghad agam féin astu.'

Nior dhein Suirgé Iavanaivits éinní ach a ghuaillí a shearradh, le cur in iúl nár léir dó baint dá laghad idir beitheanna agus na nithe a bhí idir camáin acu, ach leis an bhfírinne a dhéanamh thuig sé go rímhaith an méid a bhí i gceist ag a dheartháir.

'I ndáiríre, ní hé sin an tslí chun tabhairt faoin ábhar seo,' a dúirt sé go cáinteach.

Ach theastaigh ó Chonstaintín Leivin é féin a shaoradh ón locht seo a cuireadh ina leith agus a thuig sé go maith, go raibh sé patuar maidir leis an leas comónta, agus lean sé de ag rá:

'Ceapaim,' arsa Constaintín, 'nach bhféadfadh aon ghníomh a bheith buan gan é a bheith bunaithe ar an leas pearsanta. Fírinne uilíoch is ea é sin, fírinne fhealsúnta,' a dúirt sé, ag cur béim ar an bhfocal 'fealsúnta' mar a bheadh sé ag tabhairt le tuiscint go raibh sé de cheart aige féin, dála gach éinne eile, trácht ar an bhfealsúnacht.

Dhein Suirgé Iavanaivits miongháire arís. 'Tá fealsúnacht dá chuid féin aige a réitíonn go binn lena chlaonta féin,' a cheap sé.

'Bhuel, bheadh sé chomh maith agat do chuid fealsúnachta a fhágaint ar leataobh,' ar seisean. 'Is é príomhfhadhb na fealsúnachta thar na haoiseanna ná an bhaint riachtanach idir an leas pearsanta agus an leas comónta a aimsiú. Ach fós féin, ní hé sin is tábhachtaí. Níl le déanamh agam ach do shampla a cheartú. Ní gan ord gan eagar a cuireadh na buinneáin, ach go cúramach, agus b'éigean do dhuine éigin aire cheart a thabhairt dóibh. Níl aon rath i ndán d'aon phobal nach bhfuil tuiscint cheart agus meas aige ar na nithe tábhachta tromchiallacha ina chuid institiúidí, agus ní féidir pobal stairiúil a thabhairt ar aon phobal gan an tuiscint sin a bheith acu.'

Is d'aon ghnó a dhírigh Suirgé Iavanaivits ar stair na fealsúnachta, nach raibh fáil ag Constaintín Leivin uirthi, agus is sa tslí sin a chuir sé éigeart a dhearcaidh ar a shúile dó.

'Ach maidir le d'easpa grá dó, maith dom é, ach níl ann ach sampla dár ndrogall agus dár ngnásanna Rúiseacha, agus táim daingean deimhin de nach bhfuil ann ach seachrán a imeoidh díot ar ball.'

D'fhan Constaintín ina thost. Bhraith sé go raibh spior spear déanta dá chuid argóintí go léir, ach ag an uair chéanna cheap sé nár thuig a dheartháir an méid a theastaigh uaidh a chur in iúl dó. Ní raibh a fhios aige ó thalamh an domhain cén chúis nár thuig sé é. Níor léir dó an raibh teipithe air a chuid smaointe a chur in iúl go cruinn, nó arbh é nár theastaigh óna dheartháir é a thuiscint, nó nach raibh ar a chumas é a thuiscint pé scéal é. Pé ar bith, lig sé uaidh an smaoineamh seo láithreach. Níor thug sé freagra ar a dheartháir, agus thosnaigh sé ag cuimhneamh ar chúram éigin dá chuid féin.

Tharraing Suirgé Iavanaivits a líne dheireanach iascaireachta isteach. Scaoil sé téad an chapaill, agus thiomáineadar leo as an áit.

[Téann Leivin i bpáirt lena chuid tuathánach chun an féar a bhaint]

Bhí lán an vaigín anois ann. Léim Iavan anuas de agus threoraigh sé an capall cneasta dea-bheathaithe lena shrian. Chaith an bhean a ráca suas ar an vaigín agus, a lámha ag luascadh, ghéaraigh sí ar a coiscéim i dtreo na mban eile a bhí ag siúl taobh le chéile. Nuair a thiomáin Iavan isteach an bóthar, chuaigh sé i bpáirt le mór-ghluaiseacht na vaigíní eile. Bhí na mná ag siúl taobh thiar díobh agus a rácaí thar a nguaillí, maisithe ag bláthanna geala, ag caint is ag cabaireacht ina nguthanna ceolmhara meidhreacha. Chuir guth garbh mná tús le loinneog amhráin, agus lean leathchéad guthanna idir ard agus íseal léi, á rá as an nua.

Bhí na cantairí ban ag teacht i dtreo Leivin, cosúil le scamall ag imeacht thart agus plimp áthais á caitheamh aige. Tháinig an scamall níos gaire go raibh sé báite faoi, chomh maith leis an stáca a raibh sé ina luí air, na stácaí eile go léir, na vaigíní, an bán ar fad agus an pháirc i bhfad amach—an uile ní ag gluaiseacht agus ag luascadh de réir tomhas rithimiúil an amhráin fhiáin mheidhrigh seo gona chuid éamh, feadaíola is béicíle. Bhí Leivin in éad lena dtaitneamh sláintiúil spleodrach, agus theastaigh uaidh a bheith páirteach leo san áthas a bhaineadar as an saol. Ach ní raibh sé in ann éinní a dhéanamh, agus b'éigean dó fanacht ina luí ag breathnú orthu is ag éisteacht leo. Nuair a bhí na daoine bailithe leo as radharc na súl agus éisteacht na gcluas maille lena n-amhrán, fuair ualach mór bróin greim air mar gheall ar a uaigneas, a easpa gníomhaíochta fisiciúla, agus a naimhdeas don saol.

Cuid de na seirfigh a bhí sáite in argóintí leis faoin bhféar, nó ar chuir sé as dóibh, nó ar theastaigh uathu cneámhaireacht a dhéanamh air, is iad is mó a d'umhlaigh go meidhreach dó anois gan oiread is drochsmaoineamh acu ina leith. Ní hamháin nach raibh aon fhonn aithreachais orthu, ach de réir dealraimh ní raibh cuimhneamh dá laghad acu go raibh aon fhonn ariamh orthu cneámhaireacht a dhéanamh air. Is é Dia a bhronn an lá. Is é Dia a bhronn an neart chun oibre. Caitear idir lá agus neart ar mhaithe leis an obair, agus is inti atá a tairbhe féin. Cé dó an obair seo? Cad iad na torthaí a bheidh uirthi? Ceisteanna tánaisteacha gan tábhacht is ea iad sin.

Is minic a mhol Leivin an bheatha seo, agus is minic a bhí sé in éad leis na daoine a chaith í ar an dóigh sin, ach den chéad uair, tar éis cuimhneamh ar an ngrá idir Iavan Parmanov agus a bhean óg, thosnaigh sé ag smaoineamh gur faoi féin a bhí sé ualach folamh mí-aiceanta a shaoil phearsanta a chur de ar mhaithe leis an saol gnóthach glan sóisialta beoga.

Bhí an seanfhear a bhí ina shuí lena thaobh bailithe leis abhaile le fada, agus gach éinne imithe as radharc. Bhíodar siúd a chónaigh i gcóngar dulta abhaile, agus iad siúd a chónaigh i gcéin ag ullmhú campa sa bhán agus i mbun suipéir. D'fhan Leivin ina luí ar an stáca i ngan fhios don phobal le go mbeadh deis aige breathnú agus éisteacht agus smaoineamh. Ba ar éigean a dhún éinne a d'fhan sa pháirc a shúile i rith an oíche ghearr shamhraidh. Ar dtús bhí caint agus comhrá meidhreach gáireata le cloisint le linn an tsuipéir, agus amhráin is gáire arís ina dhiaidh.

Níor fhág obair an lae fhada aon rian orthu ach meidhir. Roimh bhánú an lae, áfach, tháinig ciúineas ar an uile ní. Ní raibh le cloisint ach fuaimeanna oíche na loscann nár cuireadh ina dtost sa riasc, agus fuaimeanna na gcapall ag seitreach sa bhán faoin gceo a d'éirigh roimh mhaidin. Dhúisigh Leivin as a chuid aislingí, agus tháinig sé anuas ón stáca, ag breathnú ar na réalta, agus bhí a fhios aige go raibh an oíche thart.

'Bhuel, cad atá i gceist agam a dhéanamh? Conas is féidir liom tabhairt faoi?' ar seisean leis féin, ag iarraidh a chuid smaointe agus mothuithe go léir a chur i bhfocail, agus bhíodar ag déanamh tinnis dó i rith na hoíche giorra sin. Trí phróiseas éagsúla aigeanta a bhí ina chuid smaointe agus mothuithe. Bhain ceann díobh le héirí as a sheanbheatha, as a oideachas díomhaoin. Ba chúis taitnimh dó an t-éirí as sin, agus bhí sé bog simplí go leor dó. Bhain smaointe agus idéanna eile leis an saol a theastaigh uaidh a chaitheamh as seo amach. Bhraith sé simplíocht, glaine agus ciall an tsaoil seo go glan soiléir, agus bhí sé daingean deimhin de go mbeadh sásamh, faoiseamh agus dínit le haimsiú ann, rudaí a bhí ina n-ábhar tinnis dó a fhaid agus a bhíodar de dhíth air. Ach bhain an tríú sraith ceisteanna leis an tslí cheart chun an t-athrú ón tseanbheatha go dtí an bheatha nua a chur i gcrích. Agus ní raibh gach éinní soiléir dó i dtaca leis sin. 'Bean a bheith agam. Obair agus a riachtanas a bheith ann. Ar chóir dom Pocróvscái a fhágaint? Ar chóir dom talamh a cheannach? An mbeidh orm dul sa chomhluadar? An gcaithfidh mé duine de na seirfigh a phósadh? Conas is féidir liom é a dhéanamh?' a d'fhiafraigh sé de féin arís agus arís eile, gan freagra a aimsiú. 'Pé ar bith, níor dheineas aon chodladh le hoíche anuas agus ní smaointe soiléire atá agam,' ar seisean leis féin. 'Raghad ar ais i mbun smaointe níos déanaí. Tá rud amháin cinnte, áfach, gur socraíodh mo chinniúint an oíche seo. Ní raibh i mo chuid smaointe go léir i dtaobh shaol na clainne ach deargamaidí,' ar seisean leis féin. 'Tá sé seo níos simplí agus níos fearr...'

'Nach bhfuil sé seo go hálainn!' a cheap sé agus é ag breathnú ar shliogán neamhghnách néamhainn na scamall bán clúmhach a stad os a chionn i lár na spéire. 'Nach bhfuil gach éinní go hiontach san oíche iontach seo! Cathain a cruthaíodh an sliogán seo? Níl ach nóiméad ann ó bhreathnaigh mé ar an spéir agus ní raibh inti ach dhá stríoc bhána. Sea, go deimhin, is amhlaidh go dtáinig athrú do-bhraite ar mo chuid tuairimí i leith an tsaoil!'

[I gcoinne toil a fear céile, tugann Anna Caireinine cuairt ar a mac Suireoise]

Ar cheann de na cúiseanna a thug ar Anna filleadh ar an Rúis, theastaigh uaithi a mac a fheiscint. Ón lá a d'fhág sí an Iodáil ina diaidh ní fhéadfadh sí cuimhneamh ar éinní ach ar an gcoinne sin. De réir mar a thángadar i ngiorracht do Chathair Pheadair mhéadaigh ar a háthas agus ar thábhacht na coinne féin. Níor fhiafraigh sí di féin conas a dhéanfadh sí an choinne. Dhealraigh sé di a bheith simplí agus nádúrtha go leor go bhfeicfeadh sí a mac féin agus í in aon bhaile mór leis. Ach ar shroisint Chathair Pheadair di, chuimhnigh sí go beacht ar an riocht sóisialta ina raibh sí anois, agus chonaic sí cé chomh deacair is a bheadh sé aon choinne a dhéanamh.

Bhí sí i gCathair Pheadair le dhá lá cheana faoi seo. Níor imigh smaoineamh a mic uaithi ar feadh nóiméid féin, ach ní raibh sé feicthe aici fós. Bhraith sí nár cheart di dul go díreach go dtí an tigh ar eagla go gcasfaí Caireinín uirthi. B'fhéidir nach dtabharfaí cead isteach di.

B'ábhar goilliúnach di a bheith i dteagmháil lena fear céile in aon chor, nó fiú a bheith ag scríobh chuige: ní fhéadfadh sí a bheith ar a suaimhneas gan é a ligint i ndearmad. Níor leor di slite a mic a fhiosrú agus é a fheiscint trí thaisme agus é ag spaisteoireacht; bhí sí ag ullmhú i gcomhair na coinne sin agus bhí an iomad le rá aici leis, agus theastaigh uaithi barróg a bhreith air agus é a phógadh! B'fhéidir go gcabhródh seanbhuime Shuireoise léi nó go gcuirfeadh sí comhairle uirthi, ach níor chuid de theaghlach Chaireinin a thuilleadh í. Chuaigh dhá lá thart faoi scamall na míchinnteachta seo agus í gafa le cuardach na seanbhuime.

Chuala Anna faoin dlúthchairdeas idir Caireinin agus an Bantiarna Lidia Iavanóvna, agus ar an tríú lá chinn sí ar litir a scríobh chuici. Chuir sé sin dua mór uirthi, agus d'aon ghnó dhearbhaigh sí go mbraithfeadh aon chead ar mhórintinneacht a fear céile. Thuig sí go rímhaith nach ndiúltódh sé dá hiarratas a fhaid agus a bheadh cáil na mórintinneachta air.

Thug an teachtaire a sheachaid a litir freagra crúalach chuici a tháinig aniar aduaidh uirthi: ní bheadh freagra ar bith ag teacht! Ní raibh a leithéid de náire uirthi ariamh agus a bhí ar chloisint an scéil ar fad ón teachtaire. D'fhan sé ann agus ina dhiaidh sin cuireadh in iúl dó nach mbeadh aon fhreagra ann. Bhraith Anna go raibh sí náirithe agus gonta, ach chonacthas di go raibh an ceart ag an mBantiarna Lidia Iavanóvna de réir a tuairime féin. Ba ghéiride a brón go raibh uirthi glacadh leis léi féin. Ní raibh ar a cumas é a roinnt le Vrónscaí, agus níor theastaigh uaithi é a roinnt leis pé scéal é. Cé gurbh é Vrónscaí ba chionsiocair lena brón, thuig sí go rímhaith go mba rud gan tábhacht dó é a mian a mac a fheiscint. Thuig sí nach mbeadh ar a chumas doimhneacht a crá a thuiscint, agus go méadódh fuacht a fhreagra ar a fuath dó dá ndéanfaí aon tagairt don cheist. Thar éinní ar domhan, bhí eagla uirthi faoi sin, agus cheil sí air d'aon ghnó éinní a bhain lena mac.

Tar éis an lá ar fad a chaitheamh ag machnamh ar na nithe seo ag an óstán, bheartaigh sí ar litir a chur chuig a fear céile. Bhí an litir cumtha aici cheana nuair a tháinig freagra ó Lidia Iavanóvna. Chuir tost an bhantiarna náire uirthi, ach chuir an litir seo cantal uirthi mar gheall ar na nithe nár cuireadh in iúl go dearfach inti. Chuir drochaigeantacht na litreach déistin uirthi i gcomparáid lena grá dleathach dílis dá mac, agus in ionad milleán a chur uirthi féin, neartaigh an litir seo ar a fearg le daoine eile.

'An fuacht agus an fhimínteacht seo!' ar sise léi féin. 'Is mian leo mé a ghoineadh agus an buachaill a chiapadh, ach an ngéillfidh mé dóibh? Ní ghéillfidh, ar chuntar ar bith! Tá sise níos measa ná mise. Pé ar bith, ní haon bhréagaire mé!' Lom láithreach shocraigh sí ina hintinn go raghadh sí go díreach go tigh a fear céile an lá dár gcionn, lá breithe Shuireoise, agus bhreabfadh nó mheallfadh sí na searbhóntaí, ach ar ais nó ar éigean chífeadh sí a mac agus chuirfeadh sí deireadh leis an mbréag ollmhór seo a d'inis siad don bhuachaill mí-ámharach.

Thiomáin sí go siopa na mbréagán, áit ar cheannaigh sí lear mór bréagán, agus leag sí a pleananna amach. Raghadh sí go breá luath ar maidin, timpeall a hocht a chlog, chun deimhin a dhéanamh de nach mbeadh Caireinin ina shuí. Bheadh airgead réidh ina glaic le tabhairt don doirseoir agus don ghiolla freastail le go scaoilfidís isteach í. Ní ardódh sí a caille ach déarfadh sí gur chuir athair baistí Shuireoise ann í le beannachtaí a thabhairt dó ar ócaid a lá breithe, agus gur iarradh uirthi na bréagáin a chur taobh lena leaba. Is é an t-aon rud amháin nach raibh beartaithe aici ná na focail a déarfadh sí lena mac. Cé gur mhachnaigh sí le fada ar an gceist sin, focal ar bith níor éirigh léi a aimsiú.

An mhaidin dár gcionn chuaigh sí léi féin. Thuirling sí den charráiste ar a hocht a chlog agus bhain sí clog phríomhdhoras an tí, a bhíodh ina bhaile aici féin tráth dá raibh.

'Téir amach ach féach cé atá ann. Bean éigin atá ann,' a dúirt Capatónaits nach raibh feistithe fós, agus bhreathnaigh sé tríd an bhfuinneog gan ach cóta mór agus a bhuataisí air. Chonaic sé an bhean ina seasamh faoi chaille i mbéal an dorais. Ar éigean a d'oscail a chúntóir an doras, agus isteach le Anna, nach raibh aithne aige uirthi, agus thóg sí nóta trí rúbal as a mufa go tapaí chun é a shá isteach ina lámh.

'Suireoise… Suirgé Alacsuits!' ar sise agus shiúil sí ar aghaidh. Tar éis an nóta a iniúchadh chuir an cúntóir stad léi ag an doras gloine istigh.

'Cé atá á lorg agat?' a d'fhiafraigh sé.

Níor chuala sí a chuid cainte, agus freagra ar bith níor thug sí.

Chomh luath agus a thug Capatónaits faoi deara go raibh mearbhall ar an strainséir, tháinig sé féin amach chun a gnó a fhiosrú.

'Táim tagtha ón bPrionsa Scoradúmov chun cuairt a thabhairt ar Shuirgé Alacsuits,' ar sise.

'Níl sé ina shuí fós,' a dúirt an doirseoir agus é ag breathnú go géar ar a haghaidh.

Ní raibh súil ar bith ag Anna go raghadh an halla i bhfeidhm uirthi chomh mór agus a chuaigh, agus ní raibh aon athrú tagtha air ó chónaigh sí sa tigh ar feadh breis is naoi mbliana. Tháinig a cuid cuimhní cinn chuici ceann i ndiaidh a chéile, cuid acu sona is cuid acu pianmhar, agus dhein sí dearmad ar feadh tamaill ar chúis a turais.

'Ar mhaith leat fanacht anseo tamall?' arsa Capatónaits, agus thug sé lámh cúnta di lena fallaing a bhaint di.

Tar éis an méid sin a dhéanamh thug sé stracfhéachaint arís ar a haghaidh, d'aithin sé í, agus d'umhlaigh sé go híseal di gan focal a rá.

'Fáilte romhat, a Shoilse,' ar seisean.

Theastaigh uaithi labhairt ach theip a guth uirthi; thug sí súil chiontach air go himpíoch, ach chuaigh sí de choiscéimeanna éadroma suas an staighre. Chrom Capatónaits chun cinn agus rith sé ina diaidh, cé go raibh a bhuataisí ag cur moill air, ag iarraidh teacht suas léi.

'B'fhéidir go mbeidh an teagascóir ann ach gan a bheith feistithe fós. Fógróidh mé do theacht.'

Lean Anna suas na céimeanna seanaitheanta gan caint an tseanduine a thuiscint.

'An tslí seo, le do thoil! Ar chlé! Maith dom é nach bhfuil sé glan a dhóthain fós. Aistríodh go dtí an seanseomra suí é,' a dúirt an doirseoir agus saothar anála air. 'Lig dom! Fan nóiméad, a Shoilse. Breathnóidh mé isteach ann ar dtús,' ar seisean agus é tagtha suas léi. D'oscail sé doras mór agus chuaigh sé i bhfolach taobh thiar de. Ghlac Anna faoiseamh agus d'fhan sí ann. 'Níl sé ach tar éis dúiseacht,' a dúirt an doirseoir nuair a tháinig sé amach arís.

Agus é ag caint, chuala sí fuaimeanna buachalla ag méanfach; d'aithin sí a mac ar fhuaim a mhéanfaí agus chuimhnigh sí go soiléir ar a dhreach.

'Scaoil isteach mé! Scaoil isteach mé!' a dúirt sí in ard a gutha, agus chuaigh sí isteach tríd an doras mór. Ar an taobh dheis den doras bhí leaba agus buachaill ina shuí uirthi agus cnapáin a léine oíche oscailte aige. Bhí sé ag lúbadh siar lena dhroim a shíneadh agus ag críochnú a mhéanfaí. An nóiméad a raibh a beola ag dúnadh leathnaigh siad ina ngáire codlatach séanmhar arís, agus leis an ngáire sin thit sé siar arís go bog mall.

'A Shuireoise!' a dúirt sí de chogar, ag teacht i gcóngar dó gan aon fhuaim a dhéanamh.

Nuair a scaradh ó chéile iad, agus le linn an tocht mór grá a líon a croí le déanaí, chuimhnigh sí air mar bhuachall a bhí ceithre bliana d'aois fós, an aois ar thug sí an grá ba mhó dó. Ach anois, ní hamháin nach raibh sé mar a d'fhág sí é, ach ba mhór idir é agus an buachaill ceithre bliana a bhí ann, níos mó agus níos tanaí. Cén chiall a bhí leis? Nach raibh a aghaidh an-tanaí go deo! Nár ghearr a chuid gruaige! Nárbh fhada a dhá lámh! Nach mór an t-athrú a bhí tagtha air ó chonaic sí an uair dheireanach é! Ach eisean a bhí ann, go deimhin. Bhí an claonadh céanna cinn aige, ba leis na beola, agus an muineál bog, agus na guaillí leathana.

'A Shuireoise!' a dúirt sí de chogar i gcluas an bhuachalla.

D'ardaigh sé é féin ar a uillinn, chas sé gruaig aimhréidh a chinn ó thaobh go taobh mar a bheadh rud éigin á chuardach aige, agus d'oscail sé a dhá shúil. Staon sé go ciúin ceistitheach ar a mháthair go ceann tamaill, agus d'fhan sí gan bogadh os a chomhair. Go tobann, ag gáire go séanmhar, dhún sé caipíní troma a shúl agus thit sé siar arís, ach i lámha a mháthar an babhta seo.

'A Shuireoise, mo bhuachaillín ionúin!' a dúirt sí, agus baineadh an anáil asti agus í ag breith barróg ar a chorp beag ramhar.

'A mháthair!' ar seisean de chogar, agus bhog sé ina lámha le go mbeadh sé in ann teagmháil leo le baill éagsúla a choirp.

Dhein sé gáire codlatach agus bhí a dhá shúil dúnta, agus bhog sé a lámha ramhra ó chúl na leapa go dtí a guaillí, ag luí uirthi agus á clúdú faoi chumhracht mhilis codlata agus teasa nach mbíonn ag éinne ach páistí, agus thosnaigh sé á chuimilt féin i gcoinne a muiníl agus a gualainne.

'Bhí a fhios agam!' ar seisean agus é ag oscailt a shúl. 'Is é mo lá breithe inniu. Bhí a fhios agam go dtiocfá. Éireoidh mé anois díreach...'

Ach bhí sé ag titim ina chodladh arís cheana féin agus é á rá sin.

Bhreathnaigh Anna air go cíocrach. Thug sí faoi deara cé chomh mór a d'fhás agus a d'athraigh sé ón uair dhéireanach a chonaic sí é. D'aithin sí a chosa nochta ar éigean, agus iad chomh mór san áit nach rabhadar clúdaithe ag an mblaincéad, agus bhí a leicne níos tanaí, maille le dlaoithe gearra a chuid gruaige ar chúl a mhuiníl, áit ar phóg sí go minic é. Leag sí lámh air go léir agus ní raibh sí in ann labhairt: bhí sí tachtaithe ag a cuid deor.

'Cén fáth go bhfuilir ag gol, a mháthair?' a fhiafraigh sé di agus é ina lándúiseacht anois. 'A mháthair, cad is cúis le do dheora?' a dúirt sé de ghlao imníoch.

'Stadfaidh mé den ghol... Táim ag gol le neart áthais! Is fada ó chonaiceas thú. Stadfaidh mé,' ar sise, ag alpadh a cuid deor agus ag casadh uaidh. 'Ach tá sé in am duit do chuid éadaí a chur ort,' ar sise tar éis tamaill agus í tagtha chuici féin arís. Níor scaoil sí a greim ar a dhá lámh ach shuigh sí síos taobh lena leaba ar shuíochán a raibh a chuid éadaí ag feitheamh leis cheana féin air.

'Conas is féidir leat do chuid éadaí a chur ort gan mise? Conas?' Dhein sí a dícheall labhairt go simplí óna croí amach, ach chuaigh sin di, agus chas sí arís uaidh.

'Ní bhím do mo ní le huisce fuar. Dúirt Daidí liom gan é sin a dhéanamh. An bhfaca tú Vasailí Lúcaits? Tiocfaidh sé ar ball. Agus an bhfuilir i do shuí ar mo chuid éadaí?'

Scairt Suireoise amach ag gáire. Bhreathnaigh sí air agus dhein sí gáire chomh maith.

'A Mhamaí! Mo mhamaí!' a scairt sé in ard a chinn. Chaith sé é féin uirthi agus rug sé barróg uirthi, mar a bheadh a gáire tugtha faoi deara aige go soiléir faoi dheireadh.

'Ní theastaíonn sé sin uaim,' ar sise agus bhain sí a boinéad di, agus nuair a chonaic sé í gan é, thosnaigh sé á pógadh arís mar a bheadh sí go díreach tar éis teacht isteach sa seomra.

'Bhuel, agus cad a cheap tú fúm? Níor cheap tú go rabhas marbh?'

'Níor chreideas é sin ariamh.'

'Níor chreid tú é, a stór?'

'Bhí a fhios agam! Bhí a fhios agam!' a dúirt sé de ghlao, ag athrá an ráiteas ab ansa leis. Rug sé ar an lámh a bhí ag cuimilt a chuid gruaige, bhrúigh sé i gcoinne a bhéil í agus chlúdaigh sé le póga í…

[Idir an dá linn thuig an teagascóir Vasailí Lúcaits gurbh í Bean Caireinine a bhí i bhfochair a dhalta, agus bhí sé idir dhá chomhairle ar cheart é sin a chur in iúl dá mháistir nó gan aird a thabhairt air mar ghnó nár bhain leis. D'fhan sé lasmuigh de dhoras an tseomra, agus thit na deora uaidh nuair a chuala sé fuaim a ngutha istigh agus a thuig sé tábhacht na nithe a bhí á rá acu le chéile.

Bhí na searbhóntaí san airdeall leis agus iad an-chosantach ar an mbuachaill is a mháthair. Bhíodar ag faire amach agus shocraíodar go ndéanfaidís a ndícheall moill a chur ar Chaireinin nuair a d'fhillfeadh sé abhaile, sa tslí go mbeidís in ann a bhean a thabhairt slán as an tigh gan bualadh leis. Chuaigh seanbhuime an bhuachalla isteach sa seomra agus phóg sí Anna ar a gualainn agus a lámha, ag tabhairt le tuiscint di go mbeadh Caireinin ag filleadh ar ball. Faoi dheireadh, nuair a thuigeadar go raibh a fear céile sa tigh cheana féin, chuireadar in iúl dá n-iarmháistreás go mbeadh uirthi an áit a fhágaint láithreach.]

Ní raibh sí in ann cuimhneamh ar na nithe go léir a theastaigh uaithi a rá, ach thuig Suireoise gach rud ar a gnúis. 'Ó, a Chúitic, a stór, a stór mo chroí!' a dúirt sí, ag glaoch air as a ainm peata. Thuig Suireoise go rímhaith go raibh sí míshona agus go raibh grá aici dó. Thuig sé an méid a dúirt a bhuime de chogar léi, fiú. Chuala sé na focail 'roimh a naoi a chlog i gcónaí' agus thuig sé go rabhadar ag tagairt dá athair, agus nár chóir go mbuailfeadh a athair is a mháthair le chéile. Thuig sé an méid sin féin, ach ní raibh sé in ann a dhéanamh amach an fáth go raibh idir náire agus eagla le feiscint ar a haghaidh. Theastaigh uaidh ceist a chur le scamaill a chuid amhrais a scaipeadh, ach ní raibh sé de dhánacht aige éinní a rá ina thaobh. Chonaic sé go raibh sí ag fulaingt agus bhí trua aige di. Bhrúigh sé ina coinne go tostach, agus faoi dheireadh dúirt sé de chogar,

'Ná himigh: níl sé ag teacht fós!'

Tharraing a mháthair siar uaidh chun deimhin a dhéanamh de gur chreid sé an rud a bhí á rá aige, agus chonaic sí i gcuma imníoch a aghaidhe, ní hamháin go raibh sé ag tagairt dá athair ach go raibh sé ag fiafraí a tuairime féin air di chomh maith.

'A Shuireoise, a chroí!' ar sise. 'Tabhair grá dó! Tá sé níos fearr agus níos cneasta ná mise, agus tá milleán orm maidir le m'iompar ina thaobh. Nuair a bheidh tú fásta aníos beidh tú in ann an bhreith sin a thabhairt.'

'Níl éinne sa saol mór is fearr ná tusa!...' a dúirt sé trína dheora de ghlao éadóchasach. Fuair sé greim ar a guaillí le neart a dhá lámh agus rug sé barróg mhór uirthi is a lámha ar crith óna iarracht.

'A stóirín! A lao!' arsa Anna, ag gol ar an dóigh chéanna leis.

Is ag an nóiméad sin go díreach a d'oscail an doras agus a bhuail Vasailí Lúcaits isteach chucu.

Bhí coiscéimeanna le cloisint ag teacht i dtreo an dorais eile, agus dúirt an bhuime go himníoch de chogar, 'Tá sé ag teacht!...' agus shín sí a boinéad chuici.

Lig Suireoise é féin anuas ina leaba agus thosnaigh sé ag gol, ag clúdú a aghaidhe faoina dhá lámh. Bhog Anna na lámha ó chéile, phóg sí arís a aghaidh fhliuch, agus chuaigh sí amach faoi dheabhadh. Bhí Careinin ag teacht ina treo. Nuair a chonaic sé í, stad sé agus chrom sé a cheann.

D'ainneoin an méid a bhí ráite aici le Suireoise i dtaobh Caireinin a bheith níos fearr agus níos cneasta ná í féin, fuair mothú feirge agus fuatha greim uirthi mar gheall ar a mac nuair a thug sí stracfhéachaint air. D'ísligh sí a caille agus bhrostaigh sí amach as an seomra mar a bheadh sí ag rith.

Ní raibh am a dóthain aici chun na clúdaigh a bhaint de na bréagáin a cheannaigh sí an lá roimhe leis an oiread sin cúraim agus grá dá mhac, fiú, agus thug sí abhaile léi iad.

[Aithníonn Leivin fírinne agus fiúntas a bheatha faoi dheireadh]

Nuair a d'fhág Leivin seomra an pháiste bhí sé leis féin, agus chuimhnigh sé arís ar an smaoineamh nár dhealraigh a bheith soiléir a dhóthain dó roimhe.

In ionad filleadh go dtí an seomra suí a raibh fuaim guthanna le cloisint ann, d'fhan sé ar an vearanda. Lig sé a uillinneacha anuas ar an mbalastráid agus bhreathnaigh sé suas ar an spéir.

Bhí sé dubh dorcha anois, ach bhí an spéir ó dheas geal fós sa treo a raibh sé féin ag breathnú, áit a raibh na scamaill ag gluaiseacht. B'shin é an áit a raibh tintreach le feiscint, agus bhí sé ag déanamh toirní i bhfad amach. D'éist Leivin le sileadh rithimiúil na mbraoiníní báistí de na crainnte teile sa ghairdín, agus bhreathnaigh sé suas le seanaitheantas ar réaltbhuíon triantánach agus ar Bhealach na Bó Finne a thrasnaigh í lena chraobhacha. Gach re seal mhúch an tintreach a radharc ar an mBealach céanna, agus ar na réalta geala fiú, ach nóiméad ina dhiaidh, nochtadar iad féin arís sna háiteanna céanna, mar a bheidís scaipithe ann ag lámh gan iomrall.

'Bhuel, cad atá ag déanamh tinnis dom?' a d'fhiafraigh Lcivin de féin, ach bhraith sé roimh ré, fiú má ba i ngan fhios dó féin é, go raibh freagra a fhaidhbe aige cheana ina anam istigh.

'Sea, is é an t-aon nochtadh cinnte follasach ar Dhia ná dlí na maitheasa atá curtha in iúl don duine. Is é sin a bhraithim i mo chroí istigh, agus trína admháil, ní hé go n-aontaím féin, ach aontaítear mé (de mo dheoin nó de m'ainneoin) le daoine eile in aon chomhluadar creidimh amháin a dtugtar an Eaglais air. Ach cad faoi na hIúdaigh, na Moslamaigh, na Confúicigh, na Búdaigh —cad fúthu siúd?' a d'fhiafraigh sé de féin, ag ceapadh go raibh an cheist sin pas beag baolach. 'An féidir go mbeadh an bheannaitheacht is aoirde de dhíth ar na céadta mílliún daoine, agus a fhios againn nach bhfuil aon bhrí leis an mbeatha ina héagmais?' a mhachnaigh sé, ach cheartaigh sé é féin láithreach. 'Ach cad is cúis le mo cheist?' ar seisean leis féin. 'Táim ag fiafraí faoin gcoibhneas idir Dia agus tuairimí éagsúla an chine dhaonna. Táim ag cuimhneamh ar nochtadh ginearálta Dé don chruinne iomlán gona néalta scamallacha. Cad atá ar siúl agam? Is fíor gur nochtadh dom go pearsanta, i mo chroí, eolas nach bhfuil infhaighte ag an réasúnaíocht, ach leanaim ar aghaidh go dána ag iarraidh an t-eolas sin a chur in iúl trid an réasún agus i bhfocail.

'Nach bhfuil a fhios agam go rímhaith nach iad na réalta atá ag gluaiseacht?' ar seisean leis féin agus é ag breathnú ar an bplainéid ab aoirde sa spéir, a bhí tar éis bogadh as an áit a raibh sí go dtí an chraobh ab aoirde de chrann beithe. 'Ach maidir liom féin, agus mé ag breathnú ar ghluaiseacht na réalt, is fíor nach féidir liom imchasadh an domhain a shamhlú dom féin, agus dá bharr sin tá an ceart agam a rá go bhfuil na réalta ag gluaiseacht.

'Agus an mbeadh ar chumas na réalteolaithe gach éinní a thuiscint agus a chomhaireamh dá gcuirfidís san áireamh gach aon chuid de ghluaiseachtaí casta éagsúla na cruinne? Tá gach aon cheann dá gconclúidí iontacha i dtaca le faid, meáchan, gluaiseachtaí agus athruithe na reanna neimhe bunaithe ar a ngluaiseacht shofheicthe timpeall ar dhomhan seasta. Is ar an ngluaiseacht cheannann chéanna os mo chomhair amach anois atá siad bunaithe, agus b'amhlaidh a dhealraigh an ghluaiseacht chéanna do na milliúin daoine thar na céadta bliain, agus is amhlaidh a bheidh sí choíche is go deo, agus is féidir é sin a fhíorú. Agus ní bheadh aon bhrí chinnte le conclúidí na réalteolaithe gan iad a bheith bunaithe ar a mbreathnóireacht i dtaca le fadlíne amháin agus léaslíne amháin. Bheadh mo chonclúidí féin neamhchinnte gan bhrí chomh maith mara mbeidís bunaithe ar thuiscint ar an maitheas a bheith ar fáil ag gach éinne choíche is go deo mar a bhí i gcónaí ariamh. Is í an Chríostaíocht a nocht dom an mhaitheas seo, agus is féidir liom í a fhíorú i m'anam istigh. Maidir le créanna eile agus i gcoibhneas le Dia, níl ar mo chumas ná de cheart agam breith a thabhairt air.'

'Ó, nílir imithe fós?' a d'fhiafraigh Caite de go tobann agus í ag dul i dtreo an tseomra suí. 'Níor chuir aon rud as duit, ar chuir?' a d'fhiafraigh sí de, ag stánadh go haireach ar a aghaidh faoi sholas faiteach na réalt.

Ach ní bheadh sí in ann a ghnúis a dhéanamh amach i gceart marach an tintreach a las na spéartha agus a mhúch na réalta ag an nóiméad sin, agus a chaith a solas uirthi. Ba faoin solas sin a fuair sí lán a radhairc ar a aghaidh, agus chonaic sí go raibh sé sona sásta, agus dhein sí gáire leis.

'Tuigeann sí,' a cheap sé. 'Tá a fhios aici faoi ábhar mo smaointe. An neosfad éinní di ina dtaobh? Neosfad...' Agus bhí sé ar tí labhairt, ach thosnaigh sise:

'Ó, a Chosta! Bí go maith agus téir isteach sa seomra cúil agus féach conas atá na nithe eagraithe acu i gcomhair Suirgé Iavanaivits! Níl ar mo chumas é a dhéanamh mé féin, agus an bhfuil an seastán nua níocháin curtha isteach acu?'

'Sea. Cinnte, raghad,' arsa Leivin. Dhírigh sé é féin agus thug sé póg di.

'Ní hea. Bheadh sé chomh maith agam gan éinní a insint di,' a cheap sé nuair a bhí sí bailithe léi. 'Rún is ea é nach bhfuil tábhachtach d'éinne eile ach amháin domsa, agus nach féidir a rá i bhfocail pé ar bith.

'Nílim athraithe ag an mothú nua seo. Nílim níos sona mar gheall air, agus ní thugann sé solas nua intinne dom mar a cheapas, ach tá sé cosúil leis an mothú atá agam i leith mo mhic. Níor bhain sé geit asam ach an oiread. Ach bíodh sé ina chreideamh nó ná bíodh—n'fheadar cad atá ann—tá an mothú sleamhnaithe isteach chugam tríd an bhfulaingt gan é a aireachtáil, agus tá sé préamhaithe go daingean i m'anam.

'Is cinnte go mbead fós i bhfeirg le Iavan an cóisteoir mar a bhím i gcónaí, agus go mbead ag argóint ar an dóigh chéanna, agus go gcuirfead mo chuid smaointe in iúl go míchuí. Beidh falla ann i gcónaí idir áit naofa m'anama agus daoine eile, agus fós féin cuirfead milleán ar mo bhean chéile mar gheall ar m'eagla féin, agus bead aithríoch faoi ina dhiaidh. Ní thuigfidh mo réasún fáthanna mo phaidreoireachta, ach leanfad léi, agus níl mo bheatha, mo bheatha ina hiomláine, gan bhrí níos mó. Tá gach uile chuid di lán de bhrí dho-cheistitheach na maitheasa, neamhspleách ar éinní a thitfidh amach, agus tá ar mo chumas an mhaitheas sin a chur ag obair inti.'

[Cuireann Anna Caireinine lámh ina bás féin]

Bhuail an clog. D'imigh dornán beag óganach thart faoi dheifir. Bhíodar gránna dúshlánach, ach d'aithníodar go rímhaith an tslí ar chuadar i bhfeidhm ar gach éinne. Chuaigh Peotar, gona libhré, a loirgneáin agus a aghaidh dhúr ainmhíoch, trasna an tseomra chomh maith chun í a thionlacan go dtí an traein. Thit beirt ghlórach ina dtost nuair a chuaigh sí thar bráid ar an ardán, agus dúirt duine díobh rud gránna éigin fúithi de chogar. Chuaigh sí suas céim ard na traenach agus shuigh sí i gcarráiste folamh ar shuíochán salach lingeach a bhí glan bán tráth. D'ardaigh Peotar a hata órbhróidnithe le gáire amaideach chun slán a fhágaint léi; dhún garda míbhéasach traenach an doras de phlab agus tharraing sé an laiste. Rith bean anchumtha faoi phrompa thart (bhí scanradh ar Anna nuair a chuimhnigh sí ar a héagruth dá mbeadh sí os a comhair gan folach ar bith uirthi) agus cailín ina teannta a dhein gáire áiféiseach.

'Tá gach éinní ag Caitiríne Aindréavna, *ma tante!*' a dúirt an cailín beag in ard a gutha.

'Níl inti ach cailín beag, agus tá sí giodalach galánta, ag cur strainceanna uirthi féin cheana,' a cheap Anna. Sa tslí nach bhfeicfeadh sí éinne, d'éirigh sí faoi dheifir agus shuigh sí síos taobh leis an bhfuinneog eile sa charráiste folamh. D'imigh tuathánach salach míchumtha thart ar an taobh sin. Bhí caipín air agus a chuid gruaige aimhréidhe ag gobadh amach uaidh de réir mar a chrom sé os cionn rothaí an charráiste. 'Aithním rud éigin faoin tuathánach anchumtha úd,' a cheap sí. Agus nuair a chuimhnigh sí ar a brionglóid, chuaigh sí thar n-ais go dtí an doras eile arís, ar crith le scanradh. D'oscail an garda traenach an doras le fear agus a bhean chéile a scaoileadh isteach.

'An mian leat tuirlingt?'

Níor fhreagair Anna é. Níor thug an garda traenach ná na daoine ag teacht isteach an scanradh faoi deara ar an aghaidh faoin gcaille. D'fhill sí ar a cúinne agus shuigh sí síos. Shuigh an bheirt eile síos os a comhair amach, ag breathnú ar a gúna go géar i ngan fhios. Chuir an fear agus a bhean chéile déistin ar Anna. D'iarr an fear cead uirthi tobac a chaitheamh, ach ní raibh aige ach leathscéal cainte. Chomh luath agus a fuair sé cead thosnaigh sé ag spalpadh Fraincise lena bhean, agus ba lú a dhúil sa chaint ná sa tobac. Thráchtadar go mímhacánta ar rudaí gan bhrí le go gcloisfeadh sise iad. Thuig Anna go breá soiléir go rabhadar bréan tuirseach dá chéile. Ba dhoiligh gan fuath a thabhairt do neachanna gránna mar iad.

Chuala sí glór an dara clog, ansin bagáiste ag bogadh, agus gleo, glaonna is gáire. Ba léir d'Anna nach raibh ábhar sonais ag éinne, agus chuir an gáire seo uirthi go pianmhar gur theastaigh uaithi a dhá chluas a dhúnadh ar eagla go gcloisfeadh sí é. Sa deireadh thiar bhuail an clog den tríú uair, lig an t-inneall fead as agus dhíosc sé, ag tarraingt na slabhraí ceangailte go tobann, agus ghearr an fear céile comhartha na croise air féin. 'Bheadh sé an-spéisiúil fiafraí de cén chiall a bhaineann sé as sin,' a cheap Anna a bhreathnaigh go nimneach air. Bhreathnaigh sí amach as an bhfuinneog, thart ar an mbean uasal, ar na daoine ar an ardán a bhí tagtha le slán a fhágaint leis an traein agus a dhealraigh a bheith ag sleamhnú siar uaithi. Scinn an carráiste a raibh Anna ann go rithimiúil thar nascanna na ráillí, ag fágaint an ardáin is an fhalla cloiche ina dhiaidh, agus lean sé ar aghaidh ag cleatráil thar na comharthaí iarnróid agus cúpla traein eile. De réir a chéile d'éirigh fuaim na rothaí níos boige rithimiúla; tháinig solas geal an tráthnóna isteach trí na fuinneoga, agus chorraigh leoithne na dallóga. Lig Anna na paisinéirí eile i ndearmad; luasc gluaiseacht an charráiste í, agus le linn di an t-aer úr a tharraingt isteach ina scamhóga thosnaigh sí ag smaoineamh as an nua ar chúrsaí.

'Cár stadas? Bhíos tagtha go dtí pointe nach bhféadfainn cuimhneamh ar aon bheatha nár chéasadh í; gur le fulaingt a cruthaíodh gach éinne againn, go dtuigimid go léir an fhíric sin agus sinn ag ceapadh seifteanna le dallamullóg a chur orainn féin faoi. Ach nuair is léir duit an fhírinne, cad tá le déanamh?'

'Le héalú óna chuid trioblóidí go léir a tugadh réasún don duine,' a dúirt an bhean i bhFraincis, agus í ana-mhortásach as a deismíneacht féin agus a nath.

Ba chosúil go raibh na focail ag freagairt do smaointe Anna.

'Le héalú as a chuid trioblóidí go léir,' a dúirt Anna arís ina haigne féin. Thug sí stracfhéachaint ar an bhfear deargleicneach agus a bhean chéile thanaí. Thuig sí gur chreid an bhean nár tuigeadh i gceart í, go raibh a fear cealgach agus gur chothaigh sé pé tuairimí a bhí aici ina taobh féin. Dhírigh Anna tóirsholas a hintinne orthu, agus cheap sí gur thuig sí a scéal, agus go bhfaca sí an áit ab uaigní ina gcroíthe. Ach ní raibh aon ábhar spéise ann di, agus lean sí dá machnamh féin.

'Sea! Tá buairt ana-mhór orm, agus tugadh réasún dúinn le héalú; ar an ábhar sin, caithfidh mise éalú! Cad 'na thaobh nach múchfainn an choinneal mara bhfuil a thuilleadh le feiscint, agus má chuireann gach éinní déistin orm? Cad 'na thaobh gur shiúil an garda traenach sin thart agus greim aige ar an ráille láimhe? Cad 'na thaobh go bhfuil na hógánaigh sa chéad charráiste eile ag gáire? Cad 'na thaobh go bhfuilid ag caint agus ag cabaireacht agus ag gáire? Níl aon fhírinne in éinní. Níl ann ach bréaga, cluain, urchóid...'

Nuair a stad an traein ag an gcéad stáisiún eile, thuirling Anna i dteannta slua mór paisinéirí, agus sheachain sí iad amhail lobhair. D'fhan sé tamall ar an ardán ag iarraidh cuimhneamh ar an gcúis a thug ann í agus an rud a bhí le déanamh aici. Má dhealraigh gach éinní a bheith chomh héasca roimhe seo, ba dhoiligh di éinní a thuiscint i gceart anois, go háirithe i measc an tslua urghránna ghlóraigh seo nach dtabharfadh aon suaimhneas di. Rith giollaí bagáiste suas síos ag tairiscint a gcuid seirbhísí. Chuaigh fír óga thart agus a n-iallacha ag cleatráil ar adhmad an ardáin, ag caint os ard agus ag breathnú uirthi. Nuair a sheas daoine sa bhealach uirthi, chuadar ar an taobh mhícheart di chun í a sheachaint. Chuimhnigh sí go raibh sí chun leanuint ar aghaidh mara mbeadh aon fhreagra ann, agus d'fhiafraigh sí de ghiolla an raibh cóisteoir tagtha le nóta ón gCúnta Vrónscaí.

'An Cúnta Vrónscaí? Bhí duine eigin anseo tamaillín ó shin a bhí ag feitheamh leis an mBanphrionsa Soraicíne agus a hiníon. Cén chuma a bhí ar an gcóisteoir?'

Agus í ag caint leis an ngiolla tháinig Miochail an cóisteoir féin aníos chucu. Bhí cuma shláintiúil ghealgháireach air, cóta gorm dea-dhéanta agus slabhra uaireadóra air. Ba léir go raibh sé ana-mhórtasach go raibh a chuid orduithe curtha i gcrích chomh paiteanta sin aige, agus shin sé nóta chuici. D'oscail sí é, agus tháinig lagmhisneach uirthi fiú sula raibh sé léite aici.

'Tá brón orm nach dtáinig an nóta chugam fós. Bead sa bhaile arís ar a deich,' a scríobh Vrónscaí ina pheannaireacht aimhréidh.

'Sea. B'shin é an rud a raibh súil agam leis!' a dúirt sí le miongháire tarcaisneach.

'Maith go leor. Féadfaidh tú dul abhaile anois,' a dúirt sí go bog le Miochail. Labhair sí go bog mar gur chuir bualadh tapaí a croí isteach ar a hanáil. 'Ní hea! Ní ligfead duit mé a chiapadh,' a cheap sí, agus ní raibh sí ag bagairt éinní air nó uirthi féin ach ar an rud sin ba chúis lena cuid fulaingthe go léir, agus shiúil sí ar aghaidh ar an ardán agus thart ar fhoirgnimh an stáisiúin.

Bhí beirt chailíní aimsire ag spaisteoireacht thart ar an ardán. Chasadar a gcinn siar chun breathnú uirthi agus bhíodar le cloisint ag cur síos ar a gúna. 'Fíorlása atá ann,' ar siad. Níor thug na fír óga aon suaimhneas di: bhreathnaíodar siúd go díreach idir na súile uirthi agus iad ag gáire is ag glaoch ar shlí ana-mhímhúinte. D'fhiafraigh máistir an stáisiúin di an mbeadh sí ag dul ar aghaidh.

Dhírigh buachaill a shúile uirthi, díoltóir cvas. 'A thiarcais! Cá raghad?' a cheap sí, agus í ag siúl níos faide ar aghaidh ar an ardán i gcónaí. Stad sí ag a dheireadh. Bhí baicle bheag ban agus páistí ann a bhí tagtha chun fáiltiú roimh fhear uasal a raibh spéaclaí ar a shrón. Bhíodar ag caint agus ag gáire go spleodrach, ach thostadar agus bhreathnaíodar uirthi go cúramach agus í ag dul thar bráid. Ghéaraigh sí ar a céim uathu amach agus i dtreo an chuid dheireanach den ardán. Bhí traein earraí ag teacht i ngiorracht. Chroith an t-ardán agus cheap sí ar feadh nóiméid go raibh sí sa traein arís.

Ansin go tobann, chuimhnigh sí ar an bhfear a leagadh ar an gcéad lá a casadh Vrónscaí uirthi, agus anois thuig sí go beacht cad a bheadh lc déanamh aici. Chuaigh sí go héadrom gan mhoill síos na céimeanna ón umar uisce go dtí na ráillí, agus d'fhan sí gar don traein a bhí ag dul thart. Thug sí stracfhéachaint ar thóin na dtrucailí, ar na boltaí agus na slabhraí agus rothaí móra iarainn an chéad trucail a ghluais léi go mall. Dhein sí a dícheall an pointe lárnach idir na rothaí tosaigh is na rothaí cúil a aimsiú, agus thomhais sí cathain a bheadh sí go díreach os a comhair.

'Féach,' ar sise agus í ag breathnú ar scáth na trucaile ar dheannach an ghuail a bhí ina luí ar thrasnáin an iarnróid. 'Ansin, ina lár: is ann a imreofar pionós air agus a dhéanfar m'fhuascailt faoi dheireadh… agus fuascailt uaim féin a bheidh ann chomh maith.'

Bhí sí chun í féin a chaitheamh síos faoin gcéad trucail nuair a bheadh a lár os comhair na háite a raibh sí ina seasamh. Chaill sí an deis chuige agus a lámh i bhfostó ina mála beag dearg taistil; ní raibh sí in ann é a chaitheamh uaithi. Bhí sí ag feitheamh leis an nóiméad cuí. Bhuail mothú anuas uirthi ina thonn mhór amhail an mhothú a bhí aici fadó agus í ag cuimhneamh ar thumadh in abhainn, agus ghearr sí comhartha na croise uirthi féin faoi dheifir. Thug an gníomh simplí seo sraith cuimhní óna hóige thar n-ais chuici, agus briseadh ar bhrat an dorchadais a cheil an uile ní uirthi. Láithreach bonn, bhí an bheatha ina caor os a comhair. Níor bhain sí a súile den trucail; agus nuair a bhí sí i lár baill agus a lár idir an dá rotha ann, chaith sí uaithi a mála dearg, tharraing sí a ceann idir a dhá ghualainn agus, a dhá lámh sínte amach roimpi, chaith sí í féin síos ar a dhá ghlúin faoin trucail. Is ag an nóiméad sin a bhuail an t-uafás í le neart agus í ag fiafraí di féin cén chúis a bhí lena beart.

'Cá bhfuilim? Cad tá á dhéanamh agam? Cad 'na thaobh?'

Dhein sí iarracht éirí aníos chun tarraingt siar as; ach bhuail rud arrachtach dolúbtha éigin í. Bhuail sé a cloigeann agus chaith sé ar chúl a cinn í.

'A Thiarna, maith dom an uile ní!' a dúirt sí de mhonabhar agus í ag éirí as a hiarracht lag.

Bhí oibrí beag ag obair ar an iarnród agus é ag cogar isteach ina fhéasóg.

Agus an choinneal a thug solas di le leabhar a léamh a bhí lán d'imní, cur i gcéill, pian agus olc, d'éirigh a lasair anois ina bladhm a thug solas níos mó di ná a bhí feicthe aici ariamh cheana agus nocht sí gach a bhí faoi dhorchadas roimhe sin. Phreab sí go faiteach agus d'imigh sí as choíche is go deo.

TÚIRGÉINIEV

Iavan Suirgéivits Túirgéineiv (1818-83)

LIAM Ó RINN

Rugadh Iavan Suirgéivits Túirgéineiv an 28ú lá de Dheireadh Fomhair 1818, i bProibhinse Óiriol i Lár na Rúise. Coirnéal marc-shlua ab ea a athair. Phós sé bean shaibhir nach raibh ró-óg nó ró-sciamhach agus ná raibh aon ghrá aige dhi. Sa bhliain 1834 cuireadh é go Príomhscoil Chathair Pheadair, mar ar chuir sé aithne ar an Ollamh Pleitneiv, fear a bhí ana-mhór le Púiscin. Bhí saghas ceangail, mar sin, idir é agus aois órga litríocht na Rúise agus dhein sin é a dhealú amach óna chomhaimsirigh. Nuair a chuaigh sé go Beirlín sa bhliain 1838 chun éisteacht le léachtaí fealsúnachta Hegel casadh na hIdéalaigh agus na Radacaigh leis. Thaitin a gcuid idéalachais agus a gcultúr aesteitiúil leis, agus ba dhuine díobh as san amach é. D'fhill sé go Moscó i gceann dhá bhliain ina dhiaidh sin.

Tugadh a chéim léinn dó agus bhí sé ag cuimhneamh tráth ar a bheith ina scoláire, ach ina ionad san dhírigh sé ar an bhfilíocht. Sa bhliain 1843 foilsíodh a chéad leabhar *Paraise*, scéal íorónta i ranna filíochta go raibh rian éigin de Léarmontov agus de Byron air. Chuir Beilinscí, an léirmheastóir mór, céad míle fáilte roimhe. Lean sé den fhilíocht go ceann tamaill, ach tar éis na bliana 1846 níor fhoilsigh sé a thuilleadh dhi agus b'fhearr leis ina dhiaidh sin ná cuirfí a chuid véarsaíochta i gcuimhne dhó. Ní hinchomórtais lena chuid próis í. Ach dhein cleachtadh na filíochta maitheas dá stíl ina dhiaidh sin i dtreo gur sháraigh sí stíl a chomhaimsireach nár oileadh ariamh faoi smacht na meadarachta. Ní fiú puinn, áfach, na chéad iarrachtaí a dhein sé ar scéalta a ríomhadh mar faightear neamhaibíocht iontu agus seanrómánsacht shéidte agus, mar a dearfá, na dathanna a bheith róláidir.

Sa bhliain 1845 chuir sé aithne ar Pauline García (Mme Viardot), amhránaí mór, agus thug sé grá dhi a mhair ar feadh a shaoil go léir, ach níor dhíol sise an comhar leis—ní raibh le fáil aige uaithi ach beagán beag caradais. Deirtear gur fhág san a rian ar gach scéal grá dar scríobh sé. N'fheadar an í seo atá i gceist aige sa dá dhán próis 'Na Cloiginn' agus 'Stad'. Níor gheal lena mháthair a ghrá don amhránaí mná ná a ghrá don litríocht. D'éirigh sí as a bheith ag tabhairt airgid dó agus bhí sé neamh-acmhainneach a dhóthain ón mbliain 1845 go dtí an bhliain 1848 nuair a fuair sí bás agus a d'fhág sí maoin agus saibhreas aige.

Sa bhliain 1846 thosnaigh sé ar *Saipiscí Ochótnaice* (Nótaí (nó Scéalta) Sealgaire) a fhoilsiú sa *Sovraiméinic* (An Comhaimsearach), irisleabhar go raibh dlúthbhaint aige le stair litríocht Rúisise na 19ú haoise. Scríobhadh Dostaidheivscí, Gerston, Tolstái agus na húdair mhóra go léir don irisleabhar seo. Ceapadh Niocalái Neacrásov, file, ina chomheagarthóir air. Nuair a cuireadh na *Nótaí* amach i bhfoirm leabhair tuigeadh gurbh údar mór an té a scríobh iad. Nocht sé a éirim mhór ina lán-neart ann. Deirtear i dtaobh ceann de na scéalta atá sa leabhar gurb é an píosa próis is fearr dar cumadh riamh i dteanga na Rúise é. An bhliain gur tugadh an leabhar san amach (1852) scríobh Túirgéineiv aiste inar mhol sé go hard móiréirim aorach Ghógal a bhí díreach tar éis bháis. Díbríodh chun a fhearannais féin é mar gheall ar an aiste sin agus b'éigean dó tuairim bliain go leith a chaitheamh ann.

Scríobh sé roinnt scéalta ann a admhaítear a bheith ar na cinn is fearr dar cheap sé.

Ní nárbh ionadh, nuair a d'fhill sé chun na príomhchathrach admhaíodh é mar mháistir. Bhí sé féin agus beirt eile, Neacrásov agus P V Anancov, léirmheastóir, nach mór uilechumhachtach i measc na scríbhneoirí. An dá fhile ba mhó dá raibh sa Rúis an tráth san, Feit agus Tiúiteiv, ní ligtí a saothar i gcló gan é a theacht faoi láimh Thúirgéineiv ar dtús.

D'éag an Sár Niocalái I sa bhliain 1855, agus an bhliain ina dhiaidh sin, seo thar n-ais arís ón tSibéir an méid a bhí ina mbeatha fós de na 'Nollagaigh', dream a díbríodh sa bhliain 1825 mar gheall ar éirí amach an 14ú lá de mhí Nollag na bliana san. Ní raibh ach cúpla céad fear páirteach sa troid sin. Nuair a cuireadh cúigear chun báis agus a díbríodh timpeall is céad acu, b'ionann é agus scrios ar an litríocht. Chrom an Sár nua ar fheabhas a chur ar rialú agus ar shaol na Rúise, agus ní foláir nó chuidigh sin agus filleadh na reibiliúnach le fás na litríochta. Pé scéal é, d'fhoilsigh Túirgéineiv a chéad úrscéal fada *Rúidin* an bhliain chéanna sin. Bhí saghas rialach ag na léirmheastóirí go gcaithfeadh gach úrscéal baint a bheith aige le cúrsaí comhaimseartha—cúrsaí polaitíochta, eacnamaíochta, etc. Tá a rian san ar *Rúidin*, ina gcuirtear os ár gcomhair saghas áirithe fir a bhí ann an tráth san, an fear lag a labhradh go tréan ar cad ba cheart a dhéanamh agus ar conas é a dheanamh agus gurbh fhada uaidh san am céanna éinní a dhéanamh.

Thug sé faoina mhalairt sin ar fad d'fhear a thaispeáint dúinn i *Nacanúine* (An Lá Roimhe Sin) a foilsíodh sa bhliain 1860. Réabhlóideach Bulgárach darb ainm Iansárov an fear san, ach ligeann an t-údar don fhear láidir sin bás d'fháil sara n-éiríonn leis gníomh mór a dhéanamh, mar b'é a thuairim (nó ligeadh sé air gurbh é) ná raibh sé ceart, de réir rialacha céille agus ealaíne, go n-éireodh an saol le héinne.

Dúirt na léirmheastóirí gur thaispeáin an leabhar seo gur cheap Túirgéineiv nárbh fhéidir d'aon Rúiseach a bheith ina Iansárov, ach i gceann dhá bhliain (1860) bhréagnaigh sé iad le

Otsaí i Déiti (Aithreacha is Clann (Mic)). Sa scéal seo thug sé cuntas ar shaghas fir ná raibh tagtha fós ach a bhí a fhios aige a thiocfadh. Bhíodh sé ag faire i gcónaí, ag scrúdú meon na ndaoine ina thimpeall i dtreo go bhféadfadh sé carachtar a chruthú ina mbeadh a dtréithe le feiscint. Bhraith sé go raibh an 'nihilí' (focal a chum sé féin) ag teacht agus chuir sé ina steillbheatha san úrscéal nua seo é. Ní hionann nihilí agus fear gur mian leis ríthe is impirí a mharú, faoi mar a mheasann a lán. Is é a dhéanann sé, mar phrionsabal, ná gach ní a shéanadh, pé acu Dia nó eaglais é, córas rialtais nó córas machnaimh, ealaíne nó áilleachta, go dtí go gcruthaítear gur fíor nó gur maith é. Fear láidir garbh an nihilí seo, Basarov. Cheap an seana-dhream cúlchéimneach gur ag tabhairt faoi na radacaigh a bhí sé sa scéal seo. Cheapadar san an rud céanna agus bhíodar ar buile mar gheall air. Dúradar go raibh an t-údar tar éis fealladh ar a bhuíon pholaitiúil féin. Níor thuig aon taobh acu gurbh fháistine a bhí déanta aige, fáistine a d'fhíorfaí ar ball nuair a thiocfadh dream daoine óga agus a ghlacfaidís le Basarov mar phátrún dóibh féin. Ach ghoill sé air chomh mór san gur fhág sé an tír ar fad agus ní thagadh sé thar n-ais ach ar chuairt ghearr anois agus arís.

Chuir sé faoi i mBaden-Baden ar dtús, agus i mBougival, láimh le Páras, ina dhiaidh. Sa bhliain 1867 scríobh sé *Dim* (Deatach). San obair seo dhein sé ceann de na scéalta grá is fearr gur chum sé riamh a lot trí fhogha a thabhairt faoi Rúisigh Baden-Baden ann.

Tháinig roinnt scéalta gearra óna pheann ina dhiaidh sin (agus cuid acu thar barr) agus úrscéal eile *Nóiv* (Talamh Nua) i dtaobh na bPobalóirí, dream a bhí ag craobhscaoileadh sóiscéil réabhlóidigh i measc mhuintir na tuaithe, ach ní fhéadfadh sé a bheith go maith mar ní raibh aon dlúthbhaint aige féin leis an dream san.

Bíodh nár cuireadh oiread suime sna scríbhinní deireanacha seo is a cuireadh sa tsraith d'úrscéalta a scríobh sé ina thír féin, bhí clú is cáil thar barr air, agus bhí sé tugtha suas dó gurbh é ab fhearr de na húdair Rúisise go léir. Thug sé cuairt chun a dhúiche féin sa bhliain 1880 agus cuireadh fáilte mhór roimhe.

I ndeireadh a shaoil bhíodh sé ag cuimhneamh ar a bhás. Chuir sé suim sa spioradachas agus tá a rian san ar scéal eile uaidh, *Clara Milits*. *Stiochatvairéine va Prósaía* (Dánta Próis) nó *Senilia* an obair dheiridh a dhein sé. Bhí sé á scríobh ó 1878 go dtí 1882. Seoda beaga iad seo agus is deacair iad d'aistriú gan an fhilíocht atá iontu a lot. Chímid meon agus fealsúnacht an údair féin iontu. An ceann acu dar teideal 'Poróg' (An Tairseach), ní heol dom gur cuireadh Béarla air fós. Is é a chuirtear in iúl dúinn ann ná a fheabhas a bhí na mná Rúiseacha úd a thug a saol ag obair sa ghluaiseacht réabhlóideach agus a fuair bás ar a son. D'éag sé i mBougival an 22ú lá de Lúnasa 1883, in aois a cúig bliana is trí fichid.

Maidir le stíl Thúirgéineiv, deirtear go mbíonn a chuid próis chomh haoibhinn sin uaireanta go gcuireann sé saghas meisce ar an léitheoir. Prós ana-shaothraithe is ea é d'ainneoin gan ach gnáthchaint shimplí nádúrtha neamhliteartha a bheith ann dar leis an ngnáthléitheoir. Údar mór is ea Túirgéineiv ach níl sé in aon ghaobhar a bheith chomh hard le Tolstái nó le Dostaidheivscí i gcúrsaí éirime agus intleachta. De réir na léirmheastóirí tá cuid dá phrós ar an bprós Rúisise is áille dar scríobhadh riamh. Dá fhiliúla is dá líofacht a stíl, áfach, ní éiríonn leis draíocht a chur orainn chomh maith agus a éiríonn le Téachov, nó ní fhaighimid ina chuid scéalta aontacht chomh críochnaithe is a gheibhimid i scéalta an údair sin. Is ionann sin, ámh, is a rá nach féidir do dhuine a bheith thar barr ar fad ar gach slí in éineacht. Ní féidir dó an-aire ar fad a thabhairt i dtaobh eile dhi. An té go mbeadh príomhthréithe fónta an cheathrair sin, Dostaidheivscí, Tolstái, Téachov agus Túirgéineiv, ann, bhéarfadh sé an chraobh leis ó údair an domhain uile, ach cá bhfuil sé le fáil?

Aithreacha agus Mic

[Cuireann an chlann aithne níos fearr ar Bhasarov]

Thug Arcadaí céim i dtreo a uncail agus bhraith sé arís a chroiméal cumhra ag cuimilt lena leicne féin. Shuigh Paval Peitrivits chun boird. Bhí fallaing ghalánta maidne ar an nós Sasanach air, agus caipín beag Turcach ar a cheann. Thug an caipín seo agus a chiarsúr scaoilte rud éigin faoi shaoirse bheatha na tuaithe le fios; ach maidir le bóna righin a léine, ní bán a bhí sé ach daite mar ba chóir do chóiriú na maidne, agus ghreamaigh sé den smig dhea-bhearrtha go dolúbtha.

'Cá bhfuil do chara nua?' a d'fhiafraigh sé d'Arcadaí.

'Níl sé sa bhaile. Is nós leis éirí go moch ar maidin agus as go brách leis. Is é an rud is tábhachtaí ná gan aon aird a thabhairt air. Is fuath leis deasghnátha.'

'Is léir an méid sin, go deimhin.' Thosnaigh Paval Peitrivits ag leathadh ime ar a chuid aráin go díomhaoin. 'An bhfuil sé ar intinn aige fanacht i bhfad anseo?'

'Braitheann sé. D'fhan sé anseo ar a bhealach go tigh a athar.'

'Cá bhfuil cónaí ar a athair?'

'Sa limistéar céanna linne—suas is anuas le sé scór míle ón áit seo. Tá eastát beag aige ansin. Ba mháinlia airm é tráth dá shaol.'

'Bhuel, bhuel, bhuel! B'shin é an chúis gur leanas ag fiafraí díom féin, "Cár chuala tú an t-ainm sin Basarov cheana?" Dealraíonn sé dom, a Niocalái, go raibh máinlia darbh ainm Basarov i rannán ár n-athar.'

'Ceapaim féin go raibh, ceart go leor.'

'Tá an ceart agat. Is é an mainlia úd a athair. Hum!' Shlíoc sé a chroiméal. 'Bhuel, agus céard é Basarov é féin? Céard é?' a d'fhiafraigh sé go cúramach.

'Céard é Basarov?' Dhein Arcadaí gáire. 'Más maith leat, a uncail, neosfad duit céard é go fírinneach.'

'Mura miste leat, a nia dhil, abair liom.'

'Nihilí is ea é.'

'Cad é?' a d'fhiafraigh Niocalái Peitrivits, agus Paval Peitrivits ag ardú a scine agus bolgam ime ar a rinn gan bogadh.

'Nihilí is ea é.'

'Nihilí,' a dúirt Niocalái Peitrivits de chogar. 'Focal Laidine atá i *nihil* agus an chiall "neamhní" leis, de réir mar a thuigim; dá bharr sin, ciallaíonn an focal sin nach bhfuil i nduine ach duine nach dtugann urraim d'éinní?'

'Abair, duine nach bhfuil meas aige ar éinní,' a dúirt Paval Peitrivits, ag cur isteach air agus é fós ag leathadh an ime.

'Duine a bhfuil seasamh neamhspleách criticiúil aige ar an uile ní,' a dúirt Arcadaí.

'Nach ionann an dá rud?' a d'fhiafraigh Paval Peitrivits.

'Ní hea. Ní hionann. Nihilí is ea fear nach ngéilleann d'údarás ar bith, nach nglacann le prionsabal ar bith ar fhocal éinne eile, agus is cuma leis faoi iontaoibh éinne eile as pé prionsabal atá i gceist.'

'Agus an bhfuilir ag rá gur rud maith é sin?' a dúirt Paval Peitrivits, ag cur isteach air.

'Braitheann sé, a uncail. Tá sé maith do dhaoine áirithe gan a bheith maith do dhaoine eile.'

'Dar mo choinsias! Téann sé sin dínne. Daoine den tseanghlúin sinn. Tuigimidne nach féidir aon chéim a ghlacadh ná aon anáil a tharraingt ach amháin de réir prionsabail a nglactar ar fhocal daoine eile.' (Go bog ar nós na bhFrancach a dúirt Paval Peitrivits an focal 'prionsabal', ach dúirt Arcadaí go crua é agus béim ar an gcéad siolla.) 'Ach *vous avez changé tout cela*. Go dtuga Dia sláinte agus céim ginearáil duit, agus do do chairde, na... Conas a deireann tú é?'

'Ni-hil-ithe,' a dúirt Arcadaí go breá soiléir.

'Sea. Bhíodh daoine de lucht leanúna Hegel ann, ach tugtar nihilithe orthu anois. Chífimid conas a mhairfidh tú sa bhfolús, i spás gan aer. Ach anois, tarraing an cloigín le do thoil, a Niocalái Peitrivits, a dhearthráir; tá sé in am dom mo chuid cócó a ól.'

Bhí an ciúineas i réim ar an ardán go ceann tamaill. D'ól Paval

Peitrivits a chuid cócó ina shúimíní, ach d'ardaigh sé a cheann go tobann.

'Seo chugainn an nihilí chun a chur de chomaoin orainn a bheith inár gcomhluadar,' a dúirt sé idir ard agus íseal.

Agus b'shin é Basarov le fírinne, ag teacht trasna na mbláth-cheapach. Bhí láib greamaithe lena chóta línéadaigh agus a threabhsar; agus timpeall banda a sheanchaipín chruinn bhí planda droighneach réisc; bhí greim ag a lámh dheas ar mhála beag agus neacha beo ar snámh laistigh de. Tháinig sé go tapaí i dtreo an ardáin, ag claonadh a chinn agus dúirt, 'Móra dhaoibh ar maidin, a dhaoine uaisle! Tá brón orm go bhfuilim déanach i gcomhair tae. Bead ar ais láithreach. Níl uaim ach áit dídine a fháil do mo chuid íobartach.'

'Cad tá agat ansin? Súmairí?' a d'fhiafraigh Paval Peitrivits.

'Ní hea. Loscainn is ea iad.'

'An mbíonn tú á n-ithe nó á dtógaint?'

'I gcomhair trialacha,' a d'fhreagair Basarov ar nós cuma liom, agus chuaigh sé isteach sa tigh.

'Chifidh tú. Dioscfaidh sé iad,' a dúirt Paval Peitrivits. 'Is cuma leis faoi phrionsabail ach tá spéis an domhain aige i loscainn.'

Bhreathnaigh Arcadaí le trua ar a uncail, agus bhain Niocalái Peitrivits searradh as a ghuaillí go fáilí. Bhraith Paval Peitrivits nach raibh a chuid cainte tráthúil go leor, agus thosnaigh sé ag trácht ar an eastát agus an bainisteoir nua a bhuail isteach aige cúpla lá roimhe le gearán a dhéanamh i dtaobh mí-iompar Fhóma a chuir ó mhaith é.

D'fhill Basarov. Shuigh sé chun boird agus thosnaigh sé ag slogadh a bholgam tae go tapaí. Bhreathnaigh an bheirt deartháireacha air gan focal a rá, agus ó am go chéile bhreathnaigh Arcadaí ar a athair, agus anois ar a uncail, ach i ngan fhios dóibh.

'Ar shiúil tú i bhfad?' a d'fhiafraigh Niocalái Peitrivits sa deireadh thiar thall.

'Tá riasc bheag agat taobh le coill na gcrann creathach. Scanraíos timpeall cúig naoscach chun siúil ansin. Is ann a bheidh foghlaeireacht go leor agat, a Arcadaí.'

'Nach sealgaire thusa?'

'Ní hea.'

'Tuigim gurb í an fhisic is mó is spéis leat?' a d'fhiafraigh Paval Peitrivits ar a sheal.

'Sea, an fhisic; na heolaíochtaí nádúrtha i gcoitinne.'

'Deireann siad go bhfuil dul chun cinn mór déanta ag na Teotanaigh i dtaca leo siúd.'

'Sea. Is iad na Gearmánaigh ár dteagascóirí iontu,' a d'fhreagair Basarov go neamhairdiúil.

Bhain Paval Peitrivits leas as an bhfocal 'Teotanaigh' go híoróineach, ach níor thug éinne aon aird air.

'An bhfuil meas chomh mór sin agat ar na Gearmánaigh?' a dúirt Paval Peitrivits go béasach galamaisíoch. Bhraith sé fearg ag borradh aníos ann faoi rún. Chuir macántacht neamhbhalbh Bhasarov as dá nádúr uasal. Ní hamháin nach raibh aon náire ar mhac seo an mháinlia, ach d'fhreagair sé go giorraisc, mar a bheadh sé ag freagairt i gcoinne a thola, agus thar éinní eile bhí rud éigin garbh, nó fiú neamhchríonna, ag baint lena chuid cainte.

'Dream breá is ea a lucht léinn.'

'Sea. Sea. Is dóigh liom nach mbeadh an tuairim bhreá chéanna agat ar lucht léinn na Rúise.'

'Is dóigh liom go bhfuil an ceart agat.'

'Tá d'umhlaíocht le moladh, go deimhin,' a dúirt Paval Peitrivits, agus dhírigh sé é féin, ag claonadh a chinn siar. 'Ach conas a dúirt Arcadaí Niocaláivits tamall ó shin nach raibh aon iontaoibh agat as aon údáras? Nach gcreideann tú iad?'

'Cad 'na thaobh go dtabharfainn aon aird orthu? Agus cad ba chóir dom a chreidiúint? Má chuirtear fíric in iúl dom, aontaím leis: sin an méid.'

'An é nach mbíonn ach fíricí á rá ag Gearmánaigh?' a dúirt Paval Peitrivits, agus tháinig dreach aduain ar nós cuma liom ar a aghaidh, mar a bheadh sé bailithe leis go dtí aird scamallach éigin.

'Ní hé,' a d'fhreagair Basarov, ag déanamh iarracht de

mhéanfach, agus ba léir nach raibh fonn dá laghad air leanúint leis an gcaint seo.

Thug Paval Peitrivits stracfhéachaint ar Arcadaí, mar a theastaigh uaidh a rá leis, 'Caithfead a admháil gur duine fíorbhéasach é do chara.'

'Maidir liom féin,' agus chuir sé dua air féin labhairt arís, 'ní mór an grá atá agamsa, mar pheacach, do Ghearmánaigh, gan trácht ar Ghearmánaigh na Rúise, agus tá's againn go léir cén saghas éiní iad siúd. Ach is fuath liomsa Gearmánaigh na Gearmáine féin. Ní raibh a sinsir leath chomh holc, agus ar a laghad bhí leithéidí Schiller nó, abair, Goethe ann. Tá deathuairim ag mo dheartháir orthu, ach anois níl ach mórshiúl ceimiceoirí agus ábharaithe ag dul thart ina dtír—'

'Is fiú fiche file aon cheimiceoir amháin,' a dúirt Basarov, ag cur isteach air.

'Go deimhin!' a dúirt Paval Peitrivits, agus is ar éigean a d'ardaigh sé a mhalaí, mar a bheadh sé ar tí titim ina chodladh. 'Agus nach dtugann tú aitheantas don ealaín?'

'Ealaín le hairgead a dhéanamh, nó deireadh a chur le fíocas,' a dúirt Basarov go hard agus aoibh dhrochmheasúil air.

'Sea. Sea. Bíodh ábhar gáire agat. Séanann tú é sin go léir? Maith go leor. Is é fírinne an scéil, mar sin, nach gcreideann tú in éiní ach san eolaíocht?'

'Mar a chuireas in iúl duit cheana féin, ní chreidim in éiní. Cad is eolaíocht ann, pé scéal é, gnátheolaíocht? Tá eolaíochtaí ar leith ann amhail ceirdeanna agus gairmeacha, ach níl a leithéid agus gnátheolaíocht ann in aon chor!'

'Maith go leor, a dhuine uasail. Bhuel, an nglacann tú an seasamh diúltach céanna maidir le hinstitiúidí eile a nglactar leo go coitianta mar chuid de shaol an duine?'

'Céard é seo? An cúistiúnacht é?'

D'éirigh Paval Peitrivits pas beag bán san aghaidh. Cheap Niocalái Peitrivits go raibh sé thar am aige féin páirt a ghlacadh sa chomhrá.

'Déanfaimid an scéal a phlé arís amach anseo, a Eivgéiní

Vasailits, a chroí. Cloisfimid do thuairimí ina leith agus neosfaimid duit ár gcuid tuairimí féin. Maidir liom fein, tá áthas an domhain orm a chloisint go mbíonn tú gafa leis na heolaíochtaí nádúrtha. Chualas go bhfuil nithe suntasacha aimsithe ag Liebig i dtaca le leasú páirce. D'fhéadfá teacht i gcabhair orm maidir le mo chuid talmhaíochta agus comhairle úsáideach a roinnt liom.'

'Táim faoi do réir, a Niocalái Peitrivits; ach cén gnó atá againn le Liebig? Caithfimid an aibítir a fhoghlaim ar dtús, agus ina dhiaidh sin beidh ar ár gcumas dul i muinín na leabhar. Níor leagamar súil ar A fós.'

'Déarfainn gur nihilí thú gan aon agó,' a cheap Niocalái Peitrivits. 'Fós féin, lig dom dul ar d'iontaoibh in am an ghátair,' a dúirt sé os ard mar aguisín. 'Ach maidir leis an am i láthair, a dhearthári, ceapaim go bhfuil sé in am dúinn beirt dul amach agus labhairt leis an mbáille.'

D'éirigh Paval Peitrivits aníos as a chathaoir.

'Sea,' a dúirt sé, gan aird a thabhairt ar éinne, 'is mór an trua é cúig bliana a chaitheamh faoin tuath gan teagmháil le daoine móra léannta! I ndeireadh na dála, ní bheidh ionat ach amadán ceart críochnaithe. Déanann tú do dhícheall greim a choimeád ar an méid atá foghlamtha agat, agus i ngan fhios duit dealraíonn sé nach raibh ann ach deargamaidí pé scéal é, agus cuirtear in iúl duit nach cúram do dhaoine cliste bacaint le mionrudaí dá leithéid, agus nach bhfuil ionat, a dhuine uasail, ach caipín seanfhaiseanta oíche. Cad tá le déanamh? Tá gach dealramh ar an scéal go bhfuil an t-aos óg i bhfad níos cliste ná sinne.'

D'iompaigh Paval Peitrivits ar a shála go mall agus shiúil sé as an áit ar a sháimhín só. Lean Niocalái Peitrivits é.

'Cogar, an mbíonn sé amhlaidh i gcónaí?' a d'fhiafraigh Basarov d'Arcadaí go fuarchúiseach chomh luath agus a dhún an doras ar an mbeirt deartháireacha.

'Éist, a Eivgéiní, chaith tú go róghiorraisc leis,' a dúirt Arcadaí. 'Chuir tú as dó.'

'Nílim chun na huaisle tuaithe seo a loiteadh. Níl ar siúl acu ach féinspéis, forcamás, gaigiúlacht! Ba chóir dó fanacht i gCathair Pheadair má oireann sí chomh maith sin dó. Pé ar bith, go gcumhdaí Dia é! An bhfuil a fhios agat go bhfuaireas ciaróg uisce thar a bheith neamhghnách: *Dysticus marginatus.* An bhfaca tú a leithéid ariamh cheana? Taispeánfaidh mé ceann duit.'

[Bhí Paval Peitrivits ar buile chun dul ag argóint arís le Basarov. Bhí fonn troda chomh mór sin air go raibh sé lánchinnte go bhfaigheadh sé deis chuige an chéad bhabhta eile. Bhí an t-ádh leis nuair a chuaigh sé isteach sa seomra suí faoi dheabhadh i gcomhair tae agus a tháinig sé ar Bhasarov. Níor nós le Basarov mórán a rá ina láthair, ach an tráthnóna áirithe seo bhí sé in ísle brí agus é ag ól a chupán tae ina thost.]

Thosnaíodar ag trácht ar dhuine de na tiarnaí talún sa chomharsanacht.

'Bithiúnach; duine ardnósach uasaicmeach,' a dúirt Basarov go suaimhneach: casadh air é i gCathair Pheadair.

'Más ceadmhach dom ceist a chur ort,' a thosnaigh Paval Peitrivits agus a bheola ar crith, 'de réir do choincheap féin, tá an chiall chéanna leis an bhfocal "bithiúnach" agus an focal "uasaicmeach"?'

'Is é a dúirt mé ná "duine ardnósach uasaicmeach",' a dúirt Basarov, ag sú a chuid tae go díomhaoin.

'Sea, go deimhin. Ach is dóigh liom gurb ionann do mheas ar an uasaicme agus ar dhaoine ardnósacha? Creidim go bhfuil dualgas orm a chur in iúl duit nach bhfuilim ar aon tuairim leat. Tá sé de dhánacht agam a rá go bhfuil cáil an liobrálachais orm agus gur mór liom aon dul chun cinn ar leas an phobail. Is ar an ábhar sin atá meas agam ar an uasaicme, is é sin le rá, ar ar na huaisle cearta. Cuimhnigh, a dhuine uasail,' (agus chas Basarov a shúile i dtreo Phaval Peitrivits ar chloisint na bhfocal sin dó), 'cuimhnigh, a dhuine uasail,' a dúirt sé arís go searbhasach, 'ar uaisle Shasana. Ní ghéilleann siad pioc dá gcuid pribhléidí, agus dá bharr sin tá meas acu ar chearta daoine eile. Bíonn siad ag éileamh go gcomhlíonfar gach aon dualgas ina leith, agus dá bharr sin comhlíonann siad a ndualgais féin. Is í an uasaicme a bhronn saoirse ar Shasana agus atá ina gcrann taca di sa tír sin.'

'Is minic a chualamar an seanphort céanna sin cheana,' a d'fhreagair Basarov. 'Ach cad tá tú ag iarraidh a chruthú leis?'

'Is éard is mian liom a chruthú, a dhuine uasail, ná seo.' (Nuair a thagadh fearg ar Phaval Peitrivits, deireadh sé rudaí mar seo, d'ainneoin nach dtáinig na focail go hiomlán leis an ngramadach a bhí ar eolas aige. Chuirfeadh an aistíl chéanna traidisiún ó laethanta Alacsandar I i gcuimhne duit. Bhí de nós ag na daoine mór le rá sa tréimhse úd labhairt mar seo ina dteanga dhúchais, agus b'annamh leo í a labhairt pé scéal é. Theastaigh uathu a thabhairt le tuiscint gur Rúisigh ó dhúchas iad fós ach gur dhaoine mór le rá iad, agus dá bharr sin go raibh cead acu rialacha scolártha a dteanga a chur as a riocht dá mba mhian leo.) 'Is mian liom a chruthú ná gan meas a bheith agat ort féin—agus ní foláir nó tá meas go leor ag aon duine uasal air féin—níl aon bhunús daingean faoin gcomhluadar, faoin *bien public*, an struchtúr sóisialta. Pearsantacht, a dhuine uasail—sin é is tábhachtaí: caithfidh pearsantacht duine a bheith chomh crua le cloch, mar is uirthi a bhraitheann an uile ní. Tuigim go rímhaith go ndealraíonn mo chuid nósanna, mo chóiriú—i bhfocal amháin, mo ghlaine— thar a bheith áiféiseach duit. Ach baineann sé go léir leis an meas atá agam orm féin, agus leis an dualgas—sea, an dualgas, a dhuine uasail—an dualgas a bhraithim a bheith orm. Tá cónaí orm faoin tuath, sa bhfásach, ach ní cheadaím dom féin titim i léig: tá meas agam ar an bhfear atá istigh ionam.'

'Más ceadmhach dom é a rá, a Phaval Peitrivits,' a dúirt Basarov, 'tá tú ag rá go bhfuil meas agat ort féin, ach tá tú i do shuí agus do dhá lámh fáiscthe ina chéile. Cén mhaith é sin don leas poiblí, don *bien public*? B'fhearr dá ndéanfá níos mó, agus maolú ar do rómheas ort féin.'

D'imigh an dath d'aghaidh Phaval Peitrivits. 'Ceist eile ar fad is ea é sin. Níl aon dualgas orm a chur in iúl duit an chúis go bhfuilim i mo shuí agus mo dhá lámh fáiscthe ina chéile, mar a deir tú. Níor theastaigh uaim ach a rá gur prionsabal é an uaisleacht agus nach bhfuil ar chumas éinne ach daoine mímhorálta gan éirim maireachtaint gan phrionsabail. Sin é a chuir mé in iúl d'Arcadaí an chéad lá tar éis filleadh abhaile dó, agus deirim anois leatsa é. Nach bhfuil an ceart agam, a Niocalái?'

Chlaon Niocalái Peitrivits a cheann go moltach.

' "Uasaicme", "liobrálachas", "prionsabail", agus "dul chun cinn", fiú,' a dúirt Basarov idir an dá linn. 'Cuimhnigh gur focail iasachta gan bhrí iad go léir. Ní ghlacfadh aon Rúiseach leo dá dheoin féin.'

'Cad tá uaidh, mar sin, an dóigh leat? Ag éisteacht leatsa, cheapfá go bhfuil cónaí orainn in áit atá lasmuigh den chine daonna agus neamhspleách ar a chuid reachtanna. I ndáiríre, a dhuine uasail, cuireann loighic na staire d'iachall orainn—'

'Cén gnó atá agat leis an loighic sin? Nach bhfuil ag éirí go geal linn ina héagmais?'

'Conas sin?'

'Mar seo. Tá súil agam nach bhfuil aon ghnó agat leis an loighic chun bolgam bia a chur i do bhéal agus ocras ort. Cén mhaith dúinn na teibíochtaí seo go léir?'

Bhí sé ag caitheamh a lámh san aer. 'Ní thuigim in aon chor anois thú. Tá tú ag maslú náisiún na Rúise. Téann díom a thuiscint cad 'na thaobh nach dtugann tú aon aird ar phrionsabail ná rialacha! Cén t-údar atá agat le do chuid gníomhartha?'

'Dúirt mé leat cheana, a uncail, nach dtugaimid aitheantas d'údaris ar bith.'

'Feidhmímid de réir na nithe a dhealraíonn dúinn a bheith ina gcabhair dúinn,' a dúirt Basarov, 'agus ag an uain seo is é an ní is áisiúla ná an diultú: diúltaím.'

'Do gach éinní?'

'Sea. Gach éinní.'

'Cad é? Agus tá sibh ag diúltú don ealaín agus don fhilíocht—ach is uafásach an ní a leithéid a rá.'

'Gach éinní,' a dúirt Basarov arís le sochmacht dholabhartha.

Stán Paval Peitrivits air. Ní raibh súil dá laghad aige leis an bhfreagra sin, ach las aghaidh Arcadaí le háthas ar a chloisint.

'Ach más ceadmhach dom é a rá,' a dúirt Paval Peitrivits arís, 'diúltaíonn sibh glan don uile ní—nó lena rá níos cruinne, díothaíonn sibh an uile ní—ach nach gá, ina dhiaidh sin, gach éinní a thógaint as an nua?'

'Ní bhaineann sé sin linne. Caithfear an áit a ghlanadh ar dtús.'

'Sin an t-éileamh a fhreagraíonn don riocht ina bhfuil pobal ár linne,' a chuir Arcadaí leis go dínitiúil. 'Caithfimid na héilimh seo a chur i gcrích. Níl sé de cheart againn freastal ar ár leithleas féin.'

Ba léir gur chuir an ráiteas sin as do Bhasarov. Bhí blas na fealsúnachta air, fealsúnacht an rómánsachais go háirithe, agus thug Basarov rómánsachas ar an bhfealsúnacht i gcoitinne; ach níor léir dó gur ghá a dheisceabal óg a cheartú.

'Ní hea! Ní hea!' a dúirt Paval Peitrivits agus taghd tobann paisin air. 'Ní mian liom a chreidiúint go dtuigeann sibhse—daoine uaisle—náisiún na Rúise i gceart, nó go seasann sibh ar son a chuid riachtanas nó aidhmeanna. Ní hea. Ní mar a chéile an lochtú atá déanta agaibh daoibh féin agus náisiún na Rúise. Tugann sé sin urraim don traidisiún. Tá sé athartha. Ní féidir dó maireachtaint gan chreideamh.'

'Ní rachaidh mé ag sáraíocht leat ina thaobh,' a chuir Basarov isteach air. 'Táim sásta a admháil go bhfuil an ceart agat sa mhéid sin, fiú.'

'Agus má tá an ceart agam—'

'Ní chruthaíonn sé dada.'

'Sin é. Ní chruthaíonn sé dada,' a dúirt Arcadaí agus muinín an imreoir oilte fichille aige a chíonn gníomh baolach a chéile comhraic gan buairt dá laghad a bheith air.

'Conas nach gcruthaíonn sé dada?' a dúirt Paval Peitrivits de chogar agus saghas mearbhaill air. 'Nach bhfuilir ag dul i gcoinne do náisiúin féin?'

'Cén dochar, má tá? Samhlaíonn daoine go bhfuil Éilias fáidh ag dul thart sna flaithis ina charbad nuair a bhíonn toirneach ann. An gcaithfidh mise a bheith ar aon intinn leo? Agus thairis sin, más Rúisigh iad, nach Rúiseach mise chomh maith?'

'Ní hea. Ní haon Rúiseach tusa tar éis an méid sin a chur in iúl dom. Ní aithním mar Rúiseach thú.'

'Ba threabhadóir mo sheanathair,' a d'fhreagair Basarov le bród sotalach. 'Cuir ceist ar éinne de do chuid seirfeach, agus is túisce a aithneoidh sé mise mar chomhthíreach ná tusa. Níl ar do chumas labhairt leo, fiú.'

'Ach bíonn tusa ag caint leo agus déanann tú díspeagadh orthu ag an am céanna.'

'Cad 'na thaobh nach ndéanfainn, má tá díspeagadh tuillte acu? Lochtaíonn tú mo chlaonadh, ach cé a dúirt leat gur rud faoi leith ionam féin é? Nach é an spiorad náisiúnta céanna atá á mholadh agat a spreag mise?'

'Bhuel, cén mhaith atá sna nihilithe?'

'Ní fút féin atá sé breith a thabhairt ar an maith sin nó a mhalairt. Nach gceapann tú féin go bhfuilir ag fónamh do rud éigin?'

'A dhaoine uaisle! Le bhur dtoil. Ná bígí ag maslú a chéile!' a dúirt Niocalái Peitrivits agus é ag éirí aníos dá chathaoir.

Dhein Paval Peitrivits gáire agus leag sé lámh ar ghualainn a dhearthár, ag cur d'iallach air suí síos arís.

'Ná bíodh buairt ort,' ar seisean. 'Ní dhéanfaidh mé dearmad ar mo bhéasa—de bharr na dínite céanna atá ina hábhar magaidh ag an dochtúir uasal anseo. Lig dom a rá,' agus chas sé arís i dtreo Bhasarov, 'go gceapann tú, is cosúil, gur rud nua amach as amach é bhur dteagasc. Ach smaoineamh díomhaoin is ea é sin. Is minic a bhí bhur gcuid ábharachais sa bhfaisean, agus theip air gach aon uair—'

'Focal iasachta eile!' a chuir Basarov isteach air. Bhí sé ag éirí feargach agus tháinig dath garbh dearg ar a aghaidh. 'Ar an gcéad dul sios, nílimid ag teagasc éinní. Ní nós linn é sin a dhéanamh—'

'Bhuel, cad a dhéanann sibh, mar sin?'

'Neosfaidh mé duit cad a dhéanaimid. Tugaimid fíricí crua chun solais: go nglacann státseirbhísigh breabanna, nach bhfuil bóithre againn, ná tráchtáil, ná cothrom na féinne ar bith.'

'Sea. Sea. Criticeoirí is ea sibh. Is dóigh liom gurb é sin a thugann sibh air. Táim ar aon intinn libh maidir le cuid de na gearáin a dhéanann sibh, ach—'

'Agus i ndeireadh ná dála, chonacthas dúinn gur ar éigean is fiú trácht ar ár gcuid cneánna, nach mbíonn de thoradh ar a leithéid ach scéal seanbhróg agus dogmatachais. Fuaireamar amach nach bhfuil fiúntas ar bith inár gcuid eagnaithe nó sna daoine atá in ainm is a bheith mar cheannnairí agus criticeoirí. Thuigeamar nach raibh inár gcuid saothair go léir ach amaideacht agus sinn ag trácht ar an ealaín, ar an gcumhacht neamhchomh-fhiosach cruthaitheach, ar an bparlaiminteachas agus cúrsaí dlí agus gach éinní eile, seachas a bheith ag caint ar an arán laethúil agus leatrom na bpiseog. Ní raibh aon rath i ndán do na gnólachtaí tráchtála mar go raibh daoine macánta de dhíth lena rith, agus níl aon fhiúntas sa bhfuascailt is breá leis an rialtas mar gurbh fhearr lenár gcuid seirfeach a bhfuil acu a scaipeadh go díomhaoin agus a sáith branda a fháil i dtigh tábhairne.'

'Á!' a chuir Paval Peitrivits isteach air. 'Á, chuir sibh an méid sin go léir ina luí oraibh féin agus bheartaigh sibh gan éinní dáiríre a chur i gcrích?'

'Dheineamar cinneadh gan dul i mbun éinní,' a dúirt Basarov arís go gruama. Chuir sé as dó go tobann go raibh sé sáite in argóint leis an duine uasal sin.

'Agus magadh a dhéanamh faoi gach ní?'

'Agus magadh a dhéanamh faoi gach ní.'

'Agus tugtar nihileachas air sin?'

'Tugtar nihileachas air sin!' a dúirt Basarov arís go garbh.

Dhún Paval Peitrivits a shúile go héadrom.

'Á! Sin é an tslí!' a dúirt sé i nguth suaimhneach aduain. 'Is é nihileachas an leigheas ar an dearóile go léir, agus is sibhse ár laochra agus lucht ár bhfuascailte. Sea. Ach cad 'na thaobh nach bhfuil meas agaibh ar dhaoine eile, nó fiú ar na criticeoirí céanna? Nó an é nach mbíonn sibh ach ag cabaireacht, dála gach éinne eile?'

'Féadfaidh tú do rogha rud a chur inár leith, ach ní ghreamóidh sé sin dínn,' a dúirt Basarov trína fhiacla.

'Bhuel? Bíonn sibh ag gníomhú, nach mbíonn sibh? Tá sibh ag ullmhú chun gnímh?'

Níor thug Basarov freagra ar bith air. Ghabh creathán trí Phaval Peitrivits ach chuir sé guaim air féin.

'Hum! Gníomh, bris...' agus lean sé leis. 'Ach conas a bhrisfidh sibh éinní mara dtuigeann sibh cad chuige?'

'Brisimid mar go bhfuil an chumhacht againn,' a dúirt Arcadaí chun an comhrá a chur ar aghaidh beagáinín.

Thug Paval Peitrivits stracfhéachaint ar a nia agus dhein sé gáire.

'Sea. Ní gá don chumhacht aon mhíniú a thabhairt uirthi féin,' a dúirt Arcadaí agus é a dhíriú féin.

'A shuarácháin!' agus dhein Paval Peitrivits olagón. Chaill sé a ghuaim air féin faoi dheireadh. 'Nach dtuigeann tú ciall na cainte suaraí seo maidir leis an Rúis agus na nithe a dtacaíonn tú leo? Ní hea. Chaillfeadh aingeal ar bith a ghuaim air féin ar chloisint na cainte sin. Tá cumhacht ag Calmucach fiáin agus ag fear as an Mongóil, ach cén mhaith sin dúinne? Is fíor go bhfuil meas againn ar an tsibhialtacht, a dhuine chóir, sea, agus gur mór linn a cuid torthaí. Ná habair liom gur torthaí gan mhaith iad. Is mó fiúntas an dathadóra is suaraí amuigh, nó an fhidléara a n-íoctar cúig chóipeic an oíche leis, ná do leithéidí, mar ní don chumhacht gharbh Mhongólach a sheasann siad ach don tsibhialtacht! Ceapann sibh gur ceannairí sibh, ach ní oirfeadh éinní daoibh ach both suarach threibh na gCalmucach. Cumhacht! Cuimhnígí, a dhaoine uaisle na cumhachta, nach bhfuil ach ceathrar agus buachaill agaibh ann ar fad, ach go bhfuil na milliúin eile ann nach gceadóidh daoibh satailt ar a gcreideamh naofa agus a chuirfidh faoi chois sibh.'

'Má dhéanann siad amhlaidh, is léir gurb é atá i ndán dúinn,' a dúirt Basarov. 'Ach tá tú i bhfad ón bhfírinne. Tá líon i bhfad níos mó dínn ann ná a shamhlaítear duit.'

'Cad é? An bhfuilir i ndáiríre go bhféadfadh sibh seasamh i gcoinne naisiún iomlán?'

'Tá a fhios agat féin gur leor coinneal pingine le Moscó a loisceadh,' a d'fhreagair Basarov.

'Sea. Sea. Uabhar Shátain ar dtús, agus an tarcaisne ina dhiaidh! Sin an ní a bheireann an t-aos óg leis. Sin é an ní a fhaigheann an bua ar chroíthe agus ar bhuachaillí gan aon taithí acu ar an saol! Breathnaigh orthu. Tá duine díobh suite le d'ais; is geall le hadhradh an urraim a thugann sé duit: breathnaigh air.' (Chas Arcadaí a cheann uaidh agus chuir sé grainc air féin.) 'Tá an phlá seo leata ar fud na háite. Deirtear liom nach bhfuil fonn ar ár gcuid ealaíontóirí turas a thabhairt ar Vatacáin na Róimhe anois agus go mbreathnaíonn siad ar Raffaello mar shaghas leath-amadáin mar, an dtuigeann tú, gur údarás é! Ach maidir leo féin, chuirfeadh a seisce fonn múisce ort. Ní théann a gcuid samhlaíochta thar *Cailín Cois Tobair*, dá mhéid a ndícheall. Agus drochphéintéireacht atá le tabhairt faoi deara sa chailín sin, pé scéal é. Dream breá is ea iad sin go léir dar leatsa, is dócha?'

'Maidir liom féin agus mo thuairim,' a d'fhreagair Basarov, 'ní fiú pingin rua Raffaello, agus níl an dream atá á lua agat pioc níos fearr ná é.'

'Maith thú! Maith thú! Éist leis sin, a Arcadaí! Sin an tslí cheart do dhaoine óga na linne seo iad féin a chur in iúl! Ar ath-chuimhneamh dom, cad 'na thaobh nach ndéanfainnse aithris orthu! Roimhe seo, b'éigean d'fhir óga staidéar a dhéanamh. Níor theastaigh uathu a bheith ina n-aineolaigh agus d'oibríodar go tréan, i gcoinne a dtola féin go minic. Ach anois, níl le déanamh acu ach "Deargráiméis is ea an uile ní!" a rá, agus sin tús deiridh an scéil. Tá na daoine óga sona sásta. Ní raibh iontu ach dundaláin roimhe seo, ach anois ar iompú boise, is nihilithe iad.'

'Bíonn tú ag maíomh as do neamhspleáchas nó do dhínit phearsanta, más mian leat, ach bréagnaíonn sí thú,' a dúirt Basarov go fuarchúiseach. Las Arcadaí agus lonraigh a dhá shúil go feargach. 'Tá ár ndíospóireacht dulta thar fóir. Dealraíonn sé go mba chóir deireadh a chur léi láithreach bonn. Agus bead réidh chun aontú leat,' a dúirt sé agus é ag éirí aníos, 'nuair a bheidh tú in ann a tháispeáint dom go bhfuil oiread is institiúid pobail nó teaghlaigh amháin ann i láthair na huaire nár chóir deireadh a chur léi gan trua gan trócaire.'

'Taispeánfad na milliúin díobh duit!' a dúirt Paval Peitrivits go hard. 'Na milliúin! Níl le déanamh ach cuimhneamh ar chomún an tsráidbhaile, cuir i gcás.'

Bhain gáire fuar an chuma de bheola Bhasarov. 'I dtaca leis an gcomún,' a dúirt sé, 'ba chóir duit labhairt le do dheartháir. De réir dealraimh tá fios fátha an scéil aige ina thaobh, aimsithe aige as a thaithí féin. Chítear dó go bhfuil comhfhreagracht pobail, measarthacht agus an-chuid nithe breátha cosúil leo ag baint leis.'

'An teaghlach, más é do thoil é: cuimhnigh ar an teaghlach mar atá sé le fáil i measc ár gcuid seirfeach!' a ghlaoigh Paval Peitrivits in ard a chinn.

'B'fhearr duit gan dul isteach go mion sa ghnó sin. Éist, a Phaval Peitrivits, glac faoiseamh dhá lá chun smaoineamh ar na cúrsaí seo as an nua. Is beag an baol go n-aimseoidh tú ní ar bith roimhe sin. Cuimhnigh ar choinníollacha go léir na beatha. Déan machnamh orthu go léir, agus idir an dá linn beidh Arcadaí agus mise—'

'Ag déanamh beag is fiú de gach éinní!' a chuir Paval Peitrivits isteach orthu.

'Ní hea. Ag dioscadh loscann a bheimid. Téanam ort, a Arcadaí! Slán agaibh, a dhaoine uaisle!'

Agus d'imigh an bheirt chairde amach i dteannta a chéile.

Cór agus Cailínits

MAIRÉAD NÍ MHAICÍN
a d'aistrigh

Maidin lá arna mhárach, chomh luath agus a bhí ár gcuid tae ólta againn, d'imíomar linn a sheilg arís. Nuair a bhíomar ag tiomáint fríd an tsráidbhaile, dúirt Polúitícin leis an chóisteoir stad taobh amuigh de bhothán beag íseal, agus scairt sé in ard a ghutha: 'Hóigh, a Chailínits!' 'Sa bhomaite, a dhuine uasail; sa bhomaite,' scairt duine ón bhábhún. 'Tá mé ag ceangal mo chuid cuarán.' Thiomáineamar linn faoi chéim coise agus ní raibh ann ach gur shroiseamar imeall an tsráidbhaile nuair a tháinig an duine a fhad linn. Fear ard tanaí a bhí ann, cloigeann mhionda air agus í á coinneáil go hard díreach aige. Ba é seo Cailínits. Bhí aghaidh mharanta dhonn air agus lorg na bolgaí uirthi, agus thaitin a dhreach liom chomh luath agus a d'amharc mé air. Cailínits seo (mar a fuair mé amach ina dhiaidh sin), théadh sé amach gach aon lá leis an mháistir chun na seilge, d'iompraíodh a mhála agus, in amanna, a ghunna dó; bheireadh sé faoi deara cá háit a raibh na héanacha; théadh sé faoi choinne uisce; chruinníodh sé súnna talún; níodh sé bothóga, agus reathadh sé i ndiaidh an dróiscí. Ní thiocfadh le Polúitícin coiscéim a shiúl gan é. Duine deas lách aigeantach a bhí i gCailínits. Bhíodh sé i gcónaí ag gabháil ceoil dó féin go leathíseal agus ag amharc uaidh go neamhchúramach. Bhí glór rud beag srónach aige; nuair a bhíodh sé ag gáire, thigeadh leathdhrud ar a shúile gealghorma, agus bhí sé de ghnás aige a bheith ag méaradrú ar a fhéasóg scáinte chearnach. Shiúladh sé go mall réidh, gidh go raibh coiscéim fhada aige, agus é ag baint taca as bata fada caol. Labhair sé liom cúpla uair i rith an lae, agus rinne sé freastal maith orm gan a bheith ró-umhal; ach rinne sé a mháistir a fhriotháladh mar a bheadh sé sin ina leanbh. Nuair a thug teas bruithneach an mheán lae orainn a ghabháil a chuartú scátha, thug sé leis muid go dtí beachlann a bhí aige i gceartlár na coille. D'fhoscail sé an bhothóg dúinn. Bhí fleascacha de thirim-luibheanna cumhra crochta leis na ballai taobh istigh, agus chuir Cailínits muid inár suí ar mhollta d'fhéar úr tirim. Chuir sé féin cineál de mhála mogallach ar a cheann, thug leis scian, pota beag, agus breo, agus chuaigh amach chun na coirceoige go dtug sé cuid den mhil chugainn. D'ólamar deoch fíoruisce i ndiaidh na meala te, agus chuamar a chodladh, agus crónán na mbeach agus siosarnach an duilliúir inár gcluasa.

Mhúscail feochan beag gaoithe mé féin. D'fhoscail mé mo shúile agus chonaic mé Cailínits. Bhí sé ina shuí ar lic an dorais leathfhoscailte, ag snoí spúnóige lena scian. Mhair mé seal fada ag amharc air. Ba dheas liom a aghaidh; bhí sí chomh ciúin séimh le dea-spéir tráthnóna. Mhúscail Polúitícin fosta, ach d'fhanamar tamall beag gan éirí. B'aoibhinn a bheith inár luí gan bogadh ar an fhéar tirim i ndiaidh an tsiúil fhada agus an tsuain a bhí déanta againn. Ba dhoiligh linn scaradh ón teocht a bhí inár dtimpeall, agus bhí na súile ag druid orainn le falsacht phléisiúrtha. Faoi dheireadh d'éiríomar agus d'imíomar ag siúl romhainn go dtáinig an tráthnóna. Nuair a bhíomar ag déanamh ár suipéara tharraing mé orm Cór agus Cailínits arís. 'Tuathánach maith Cailínits,' arsa Polúitícin liom. 'Tuathánach ullamh úsáideach, ach ní thig leis a fheirm a choinneáil san eagar ceart: bímse dá thabhairt ar shiúl uaithi i dtólamh. Théid sé amach liom gach aon lá chun na seilge… Tuigfidh tú féin nach rachadh sin go mór chun sochair dá chuid feirmeoireachta.'

Tháinig mé leis sa mhéid sin, agus chuamar a luí.

Lá arna mhárach, b'éigean do Pholúitícin a ghabháil chun an bhaile mhóir: bhí gnó éigin le socrú idir é féin agus a chomharsa Pítsiúchov. Threabhaigh an chomharsa seo Pítsiúchov giota talaimh de chuid Pholúitícin, agus sciúrsáil sé bean dá chuid tuathánachsan ar an ghiota céanna talaimh. Chuaigh mé amach a sheilg liom féin agus nuair a tháinig an tráthnóna, bhuail mé isteach i dtigh Chór. Casadh seanduine orm ag doras an tí: fear breá ramhar leathanslinneánach agus blagaid ann. Ba é Cór féin é. D'amharc mé go fiosrach fiafraitheach air. Thug a dhreach

Sócraitéas i mo cheann: an clár éadain ard cnapánach céanna, na súile beaga, agus an gaosán geanach. Chuamar isteach sa teach ár mbeirt. Thug Féidia údaí deoch bhainne agus giota aráin dhuibh chugam. Shuigh Cór síos ar bhinse agus thosaigh ag comhrá liom agus é ag slíocadh a fheasóg chatach go réidh i rith an ama. Chonaiceas dom go raibh fios a luacha féin aige. Labhradh sé agus chorraíodh sé go mall, agus ó am go ham níodh sé seitgháire faoina chroiméal fada.

Bhíomar ag caint faoi chur an tsíl, faoi na barraí, faoi shaol an tuathánaigh... Bhí sé ag teacht liom faoi gach aon rud i gcosúlacht; ach ansin tháinig cineál amhrais orm agus dar liom nach raibh mé ach ag glagaireacht... Mar sin de, ní raibh ár gcuid comhrá gan a bheith aisteach. Is dócha go raibh Cór ar a fhaichill, nó labhair sé go doiléir dothuigthe in amanna... Seo sampla dár gcuid comhrá:

'Cogar mé seo, a Chór,' arsa mise leis, 'cad chuige nach gceannaíonn tú do shaoirse ó do mháistir?'

'Agus cad chuige a gceannóinn mo shaoirse? Tá eolas agam ar mo mháistir agus tá a fhios agam cén cíos atá orm. Máistir maith atá againn.'

'Ach ina dhiaidh sin is uile, is fearr a bheith saor,' arsa mise.

D'amharc sé as faoina shúile orm.

'Cinnte,' ar seisean.

'Bhuel, cad chuige nach gceannaíonn tú do shaoirse, mar sin?'

Chroith Cór a cheann.

'Cá leis a gceannóinn í, a dhuine uasail?'

'Seo anois, a bhráthair!'

'Dá gcastaí Cór i measc daoine saora,' ar seisean, ag labhairt leis go leathíseal mar a bheadh sé ag caint leis féin, 'bheadh gach aon fhear gan fhéasóg ina fhear níos fearr ná Cór.'

'Bhail, bain díot d'fheasóg.'

'Cad é rud féasóg? Níl inti ach féar. Thig a ghearradh.'

'Bhuel...?'

Comhrá

LIAM Ó RINN
a d'aistrigh

'Níor shiúil cos duine riamh fós ar an Jungfrau ná ar an bhFinsteraarhorn!'

Mórbheanna na nAlp maorga... Slabhra fada d'ard-fhailltreacha... Ceartlár na sléibhte. Spéir chiúin shocair mhín, spéir lonrach bhánghlas go hard os a gcionn. Sioc géar gránna. Sneachta crua drithleannach. Ina gcnapáin ghruama os cionn an tsneachta chítear na failltreacha fuara, clúdaithe le leac oighir agus an stoirm ag séideadh ina dtimpeall.

Dhá charn mhóra, dhá fhathach, ceann ar gach taobh de bhun na spéire, an Jungfrau agus an Finsteraarhorn.

Agus labhrann an Jungfrau lena comharsain: Cad é an scéal é? Chíonn tusa níos mó ná a chímse. Cad tá ansin thíos?

Imíonn na mílte eile bliain, is níl ann ach nóiméad.

Sea, agus anois? arsa an Jungfrau.

Chím anois. Is é an scéal céanna i gcónaí ansin thíos é. Breac, agus mion! Uiscí ag éirí gorm, foraoisí ag dubhachtaint, cairn cloch is dath glas ag teacht orthu. Ag fuadráil anonn is anall eatarthu sin, chím na ciaróga úd is eol duit, na déchosaigh nár thruailligh mise ná thusa riamh fós.

Daoine?

Sea, daoine.

Imíonn na mílte bliain—sin nóiméad eile.

Sea, agus anois? arsa an Jungfrau.

Níos lú ciaróg, is dóigh liom, arsa an Finsteraarhorn de ghuth toirní. Tá sé níos glaine ansin thíos; tá na huiscí imithe i laghad; tá na foraoisí níos tanaí.

Imíonn na mílte bliain arís, is níl ann ach nóiméad.

Cad a chíonn tú? arsa an Jungfrau.

Tá sé ag glanadh suas in aice linn, measaim, ach tá spotaí i bhfad amach ansin sna gleannta fós, agus tá rud éigin ag gluaiseacht.

Agus anois? arsa an Jungfrau tar éis nóiméad a mhair na mílte eile bliain.

Tá gach ní go maith; tá gach áit glan, ina bhrat geal bán pé treo a bhféachtar... Ár sneachta-na i ngach aon bhall, sneachta agus leac oighir gan briseadh gan bearna. Tá gach ní ar fheabhas anois, ciúineas ann.

Go maith! arsa an Jungfrau. Ach tá ár ndóthain cainte déanta againn, a sheanbhuachaill. Is mithid dúinn dul a chodladh.

Is mithid.

Tá an dá shliabh ábhalmhóra ina gcodladh, agus an spéir ghlan ghlas ina codladh leis, os cionn réigiún an chiúinis shíoraí.